# 做对选择

SHIFT AHEAD:
HOW THE BEST COMPANIES
STAY RELEVANT IN
A FAST-CHANGING
WORLD

[美] 艾伦·亚当森　　乔尔·斯特克尔 / 著
　(Allen Adamson)　　(Joel Steckel)

戴莎 / 译

上海交通大学出版社
SHANGHAI JIAO TONG UNIVERSITY PRESS

**图书在版编目（CIP）数据**

做对选择 /（美）艾伦·亚当森,（美）乔尔·斯特克尔著 ; 戴莎译 . -- 上海 : 上海交通大学出版社,2022

书名原文 : Shift Ahead: How the Best Companies Stay Relevant in a Fast-Changing World

ISBN 978-7-313-26568-5

Ⅰ . ①做… Ⅱ . ①艾… ②乔… ③戴… Ⅲ . ①企业管理 – 通俗读物 Ⅳ . ① F272-49

中国版本图书馆 CIP 数据核字（2022）第 022620 号

**上海市版权局著作权合同登记号：图字：09-2021-968**

Copyright © 2018 by Allen Adamson and Joel Steckel
Published by arrangement with The Stuart Agency, though The Grayhawk Agency Ltd

**做对选择**

**ZUODUI XUANZE**

| | | | | |
|---|---|---|---|---|
| 作　　者： | ［美］艾伦·亚当森　　［美］乔尔·斯特克尔 | | | |
| 译　　者： | 戴　莎 | | | |
| 出版发行： | 上海交通大学出版社 | 地　　址： | 上海市番禺路 951 号 | |
| 邮政编码： | 200030 | 电　　话： | 021-52717969 | |
| 印　　刷： | 上海盛通时代印刷有限公司 | 经　　销： | 全国新华书店 | |
| 开　　本： | 690mm ×980mm　1 / 16 | 印　　张： | 16 | |
| 字　　数： | 220 千字 | | | |
| 版　　次： | 2022 年 4 月第 1 版 | 印　　次： | 2022 年 4 月第 1 次印刷 | |
| 书　　号： | ISBN 978-7-313-26568-5 | | | |
| 定　　价： | 56.00 元 | | | |

版权所有　侵权必究

告读者：如发现本书有印刷质量问题请与印刷厂质量科联系

联系电话：021-52711066

# 前　言

据说，越是忙碌的人，越是有成就。以前我也这样认为，忙是我的生活主旋律，无论是在走路，还是在地铁上，在出租车上，我都是在工作。我不是在开会，就是在奔赴会议室的路上；不是在写邮件，就是在回邮件。忙碌而紧凑的工作节奏让我感觉充实，但是，忙碌真的有助于提高工作质量吗？真的有助于我为客户提供更好的服务吗？

世界飞速运转，时代快速向前，我们也被裹挟着跟跄奔跑。回头去看，过去的我仿佛被困在一个叫作"瞎忙"的气泡里，看不清前路，也听不到真音，忙忙碌碌却也浑浑噩噩。现在我决定打破这个气泡，改变瞎忙状态，换一个角度看这个世界，找到新的前进方向。经过一段时间的沉淀与思考，我发现那些顶尖的公司在面对这个飞速运转的世界时，自有一套"武功秘籍"，能让它们始终在时代的洪流里屹立不倒，我将这些所思所得整理成册，即是本书。

我不想写一本普普通通、规规矩矩的书，我希望我的书能给读者展现不同于以往的大格局、大视角、大维度。于是我与老搭档贝琪·卡普绞尽脑汁，希望写出一本与众不同的好书。

我们一次次讨论，一次次头脑风暴，都找不到合适的切入点。直到有一天，贝琪忽然说："我们是不是可以从转变这个角度来做做文章？那些顶尖的企业，它们是如何做到既能调整自己适应不断变化的外界环境，又能坚守固有的价值取向与信念的呢？"正中靶心！我们立刻就决定以此切入点进行深入研究，贝琪真是我的得力干将，她以非凡的行动力在短短一年时间里，收集汇总了一百多份来自顶尖公司市场营销专家的访谈记录，给我写作本书提供了第一手资料。如果没有她，本书肯定会"难产"，谢谢我的老搭档，聪明能干的贝琪！

第二位要感谢的人是我的新搭档，乔尔·斯特克尔。他不仅拓宽了我的眼界，还帮助我反复推敲写作思路。我在纽约大学斯特恩商学院做客座讲师时认识了乔尔，我们一见如故，相谈甚欢，课后经常相约讨论，讨论着讨论着就把这本书的主题思想、基本框架都讨论出来了。他思维敏捷，看法独到，观点新颖，总是能给我新的启发，让我受益良多。

第三组要感谢的人是我的同事们：感谢实习生艾米丽·安布罗斯帮助收集、汇总、提炼资料；感谢我的助手苏珊·委拉斯凯兹，不仅帮我转录、整理访谈记录，还帮我收集、核实写作素材；感谢查克·鲁蒂埃帮忙设计了本书英文原版的封面。此外还要感谢曾经给予我帮助与启迪的朋友们、同事们，谢谢你们的宝贵时间与珍贵建议。

第四组要感谢的人是我的孩子们，他们也是激发我写这本书的重要原因之一。有一次我们全家去英国牛津大学旅行，我儿子乔希和我女儿艾丽莎在书店里看到了我写的第一本书，他们对自己老爸写书为生的职业非常好奇，这也让我很有成就感。谢谢我的孩子们给我带来的成就感与浓浓的爱。

我也要谢谢我的妻子，麦迪。谢谢她总是鼓励我突破局限，实现自我完善，她让我变成了更好的自己。

最后，我要感谢我的父亲乔，我的母亲鲁斯，他们当年从纳粹德国逃亡到美国的时候身无分文，一无所有，却顽强地活了下来。正是他们面对逆境不放弃，反而迎难而上的不懈努力，我才有机会追求自己想要的自由生活，对此我一直心怀感恩，谢谢我的父母。

——艾伦·亚当森

感谢艾伦·亚当森邀请我一起写作本书。我至今仍记得第一次听到他讲课时的感受，我边听边对自己说"这个人的想法跟我不谋而合"。艾伦和我是互补型的搭档，他实践经验丰富，而我擅长理论研究。他有丰富的实践案例，而我有强大的归纳总结能力，我们相互帮助，一起完成了本书的写作。感谢艾伦给我这个机会参与本书的写作，让我受益良多。

感谢我的老师们：伦恩·劳德士，阿巴·克里格以及杰瑞·温德。正是他们的悉心教导，我才能学有所得，掌握归纳总结的基本技巧。我何其有幸，能与这些世界级的学者们一起学习、工作，他们非凡的学识、严谨的治学态度、多元的思维模式都让我受益良多，正是在他们的启迪下，我才逐渐成长为一名合格的学者。

感谢我们的写作团队，谢谢贝琪、艾米丽、苏珊。

谢谢我的孩子们，本和菲尔，从他们出生起，我的人生重心就变成了他们，他们是我一切决定的动因，而伴随他们成长的过程，我逐渐懂得了转变的意义。

感谢我的妻子菲利斯，感谢她对我的大力支持与无私付出。她是我的头号支持者，是为我呐喊助威的啦啦队长，也是我在思维卡壳时可以随时求助的外援。她是我的灵感源泉，激励我不断向前。

——乔尔·斯特克尔

目录

/ 第一章 /
**写作动因**　/ 001

/ 第二章 /
**发现危险信号**　/ 021

第一个危险信号：关键指标变化　/ 023

第二个危险信号：品牌差异度下降　/ 024

第三个危险信号：不注重数据分析　/ 026

第四个危险信号：过分依赖优势　/ 027

第五个危险信号：骄兵必败　/ 029

第六个危险信号：过分依赖舒适区　/ 030

第七个危险信号：上下不同心　/ 034

/ 第三章 /
**转变之路上的阻碍因素**　/ 037

第一个案例：不愿改变，以柯达公司为例　/ 039

第二个案例：追加沉没成本，以施乐公司为例　/ 047

第三个案例：发展方向错误，以玩具反斗城为例 / 051

第四个案例：尾大不掉，以宝洁公司为例 / 055

第五个案例：舍本逐末，以黑莓公司为例 / 059

第六个案例：目光短浅，以《国家地理》为例 / 063

第七个案例：价值观过时，以《花花公子》为例 / 067

第八个案例：缺乏竞争意识，以美国癌症学会为例 / 071

第九个案例：失去初心，以"为美国而教"为例 / 074

本章小结 / 077


/ 第四章 /
**做好转变的准备** / 087

第一个案例：永不停步，以美国运通公司为例 / 089

第二个案例：消费者为先，以赫兹租车公司为例 / 091

第三个案例：三大基本因素，以脸书为例 / 094

第四个案例：互相依存，以纽约人寿保险为例 / 097

第五个案例：善待员工，以达美航空为例 / 099

第六个案例：回到最擅长的领域，以索尼为例 / 104

本章小结 / 107


/ 第五章 /
**对未来有清醒认知** / 117

本章小结 / 126

/ 第六章 /
**转变的方向** / 131

第一个案例：充分了解自己，以巴诺书店为例 / 134

第二个案例：以不变应万变，以卡兹熟食店为例 / 135

第三个案例：小步向前，以脆谷乐为例 / 138

第四个案例：有舍才有得，以孩之宝为例 / 140

第五个案例：找到平衡点，以 CNN 为例 / 144

第六个案例：双管齐下，以保护国际组织为例 / 149

第七个案例：步履不停，以 IBM 为例 / 153

第八个案例：强强联合，以林德布拉德旅游公司为例 / 156

第九个案例：全面开花，以康卡斯特电信公司为例 / 158

第十个案例：吸取教训，以英国石油公司为例 / 164

本章小结 / 167


/ 第七章 /
**领导力** / 173

第一个案例：约翰·塞克斯顿之于纽约大学 / 178

第二个案例：夏兰泽之于奥美集团 / 183

第三个案例：道格拉斯·布朗斯基之于纽约中央公园 / 186

第四个案例：福布斯传媒：逆境是重生之母 / 191

第五个案例：哥伦比亚语法预备学校：

用坦诚和决心重建学校 / 197

本章小结 / 200

/ 第八章 /
**发现并抓住机遇** / 205

第一个案例：依靠员工的力量，以万豪集团为例 / 209

第二个案例：坚守核心价值，以联邦快递为例 / 213

第三个案例：抓住主动权，以格林尼治公共图书馆为例 / 219


/ 第九章 /
**成功不是终点** / 227

第一个案例：始终关注新需求，以伊拉克战争和

阿富汗战争退伍军人协会为例 / 229

第二个案例：永不停止向前，以美国电视网为例 / 233

第三个案例：125 年来一路向前，以通用电气为例 / 236


后记一 / 241

后记二 / 243

# 第一章

## 01

### 写作动因

谈到本书的写作动因，就不得不提到一个关键词"与时俱进"。当我们说与时俱进这个词的时候，除了含有"有关联性"这一层意思之外，还有另外一层更深刻的意思，即"有意义"。可以说与时俱进是一切成功背后的关键性因素，作家与艺术家希望能创作出与时俱进的作品，音乐人希望能做出与时俱进的音乐，电影制作人希望拍出与时俱进合乎当下观众口味的电影，学者希望自己的研究成果是与时俱进的，老师希望他们教授的知识是与时俱进的，而不是"老皇历"。具体到本书，与时俱进意味着时刻保持与消费者之间的紧密联系，时刻掌握消费者的新需求新审美新潮流，只有与时俱进，才能在商场上立于不败之地。

但是，在这样一个瞬息万变的世界中，想要始终保持与时俱进，无异于逆水行舟，所要面临的压力与挑战都空前巨大。

著名作家、纽约时报专栏作者托马斯·弗莱德曼这样评论这个时代：摩尔定律（科技领域）、市场经济规律（经济全球化）、自然法则（气候变化及生物多样性减少）是影响世界发展的三大核心规律。当前，这三大因素正以前所未有的速度变化，深刻作用并快速改变着人类社会包括经济、政治、社会、国际关系、伦理道德在内的五大核心领域。

他认为："如果将世界发展变化的速度具象化，每小时 5 英里与每小时 500 英里，所带来的效果是截然不同的。当变化速度在每小时 5 英里时，哪怕一时落后，咬咬牙还是有可能赶上，但是当这个速度提高到每小时 500 英里时，哪怕只是一分一秒的落后，都有可能被远远甩在后面，再也追赶不上了。现在的世界就像是正以每小时 500 英里的速度狂奔，如果我们不能对所处的环境保持清醒的认知，不能对时代前进方向有准确的判断，不能对影响世界变化的关键因素有深刻的理解，我们就无法在这个飞速向前的时代中立足。摩尔定律、市场经济规律、自然法则这三大因素不仅仅深刻改变了当今世界，它们还从根本上颠覆了我们原有的认知，给各行各业带来了根本性的变革。这种变革不仅体现在经济领域，还体现在社会的方方面面。我们能做的只有改变自己去适应这个瞬息万变、时刻革新的世界；反过来，如果不与时俱进，就会被这个时代所淘汰。这也意味着，从现在开始，我们就要为后续的改变做好准备。"

当前，自然科学、数据分析、医疗卫生、新闻媒体、文化教育等领域都正在经历深刻而快速的转变，我们开始使用新的金融手段、新的安保设施、新的娱乐方式、新的养生之道，我们逐渐改变了获取信息的方式，接受了共享的概念，发展出了新的消费模式与家庭生活模式，我们的生活正在以前所未有的速度快速改变。而技术的革新、经济的快速发展以及日常生活模式的改变又反过来作用于我们自身，潜移默化中，我们的工作模式、思维习惯、生活状态都被或多或少改变了。

而本书的写作，正是基于这种深刻的改变。基于我们自身的经历，基于我们所掌握的最新资料，更重要的是，基于 100 多位知名企业高管与业内专家学者的深度访谈记录。我们希望通过本书，向读者展现世界一流公司是如何在这个快速发展、深刻变化的时代中保持与时俱进的，它们在面对技术革新、经济全球化、政治环境改变、文化创新、消费者品位与消费习惯改变等诸多不确定因素时，是如何完成自我调整，从而始终屹立潮头，赢得竞争，不断满足消费者的新需求的。这是本书写作的第一个动因。

而本书写作的第二个动因是希望向读者展现这些世界一流公司是如何在调整自我、保持与时俱进的过程中，始终坚守自身固有价值取向与信念的。在这样一个毫无秘密可言却又尔虞我诈的世界里，真诚可靠是多么难能可贵的品质。有太多的企业在时代滚滚向前的洪流中迷失了自我，只顾着一味迎合市场，而忽视了坚守内在品质，这样的企业虽然完成了与时俱进的转变，却也在这个过程中丢失了最宝贵的固有价值取向与信念。

我们在这本书里介绍了100多个真实案例，这些案例来自不同行业不同领域的精英与专家，他们有的侧重实践经验，有的侧重理论知识。无论你是创业公司的创始人、非营利组织的管理人员，还是大型跨国企业的高管，无论你身处传统行业还是投身于高新技术领域，我们都希望你能从这些案例中获得启迪。希望本书能带给读者知识、技巧、方式、方法，但最重要的是，希望读过这本书的人都能保持一颗积极进取、与时俱进的心。

在市场营销领域，保持产品的与时俱进是企业生存的基础，这里所说的"与时俱进"也可以解读成"明显优于同类竞争产品"。从事市场营销的人都明白一个道理，产品的独特性是提高消费者认可度与忠诚度的关键，只有具有明显优于同类竞争产品的独特性才能让其在众多竞品中脱颖而出。在商业实践中，决定这种独特性的因素有很多，如企业管理优势、品牌优势、消费者喜好等。优秀的企业能清醒地认识到产品的独特性是决定其能否在激烈的竞争中脱颖而出的关键，并以此为基础，在打造产品的独特性上下苦功夫，达到人无我有、人有我优的效果。优秀的企业善于解决问题，特别是善于比竞争者更高效便捷地解决问题。大多数时候，企业所要解决的问题都是日常生活中的琐碎问题，比如，怎么样才能更快将货物运送到指定地点，怎么样才能让衣服洗得更干净，怎么样才能提高儿童早餐质量，怎么样才能快速解渴，怎么样才能提高汽车的燃油使用效率，怎么样才能缓解头痛，怎么样才能给老年宠物狗提供优质狗粮，怎么样才能更好地储存和分享照片，怎么样才能让消费者及时找到靠谱的水管工电工，等等。优秀的公司在面对这些问题时，往往会比同行业竞争者更敏感地意识到消费者的需求与市场现有产品、服务之间的差距，从中找到商机，并提供更优秀的产品、更高效的解决方案，所以，哪怕它们的产品比同行业竞品售价更高，消费者也愿意为此买单。这就是所谓的市场导向型企业的生存之道。

大概 25 年前，世界知名的扬罗必凯广告公司提出了用品牌资产标量（Brand Asset Valuator，BAV）作为衡量某个品牌的品牌力的基本指标，这个指标不仅能体现出品牌现有状态，还能分析出该品牌后续能否健康、持续、强劲发展。

品牌资产标量是目前世界上最大的、基于消费者视角分析的品牌力数据库，它能为品牌发展与企业自我完善提供基础数据与解决方案。该数据库定期向消费者发送调查问卷，积累了 43000 多个品牌 72 个不同指标的基础数据，并形成了每个品牌相较于同类竞争品牌之间的竞争力指数。例如，美国邮政在数据库中的得分是 90 分，这就意味着消费者认为美国邮政比 90% 以上的同类竞品要优秀。

扬罗必凯公司在如此庞大的基础数据的基础上，将品牌资产标量涉及的 72 个不同指标归纳为四大类，形成了四个评价维度，也就是支撑品牌资产标量的四大支柱：

（1）品牌差异度：某一品牌不同于其他品牌的独特性，是决定产品存在和走向的重要指标；

（2）品牌相关度：某一品牌对于消费者的个人适应性，适应性越高，产品越能吸引消费者；

（3）品牌尊重度：消费者对某一品牌的认可与接受程度；

（4）品牌认知度：消费者对某一品牌的了解程度与熟悉程度。

品牌资产标量这四大支柱是对 72 个不同指标的整合，是整个数据库的基础，它们之间的具体关系可见表 1-1。

表 1-1　品牌资产标量建立在"四个评价维度"即"四大支柱"的基础上

| 指标 | 消费者感知度 | 测量量表 | 品牌资产标量数据 | 该指标意义 |
|---|---|---|---|---|
| 品牌差异度 | 独特<br>与众不同 | 是 / 否<br>是 / 否 | 是<br>是 | 评测品牌是否具有独特性；<br>定义品牌，反映品牌是否具有在竞争中脱颖而出的能力；<br>决定品牌后续发展能力，是品牌后续健康、强劲发展的动力 |
| 品牌相关度 | 是否与我相关 | 1-7 | 达到平均分 | 反映品牌与消费者之间的相关性与适应性，得分越高，相关性越强，对消费者越重要；<br>决定品牌的市场占有率与持续力，得分越高，市场占有率越大，品牌持续表现越强 |
| 品牌尊重度 | 认可度高<br>行业领先地位<br>质量可靠<br>可信任度高 | 1-7<br>是 / 否<br>是 / 否<br>是 / 否 | 达到平均分<br>是<br>是<br>是 | 反映消费者对品牌的认可程度及消费态度；<br>体现产品在满足消费者需求方面的能力 |
| 品牌认知度 | 对品牌的熟悉程度 | 1-7 | 达到平均分 | 体现消费者对品牌的认知与理解程度；<br>反映消费者与品牌的亲密程度，得分越高，表示品牌越能抓住消费者的心；<br>体现消费者与品牌之间的联系与互动 |

资料来源：娜塔莉·米吉克和罗伯特·雅各布森合撰，《消费者对品牌特性的感性认知所带来的商业价值》，《市场营销期刊》2008 年第 45 期，第 16 页。

　　品牌差异度和品牌相关度之间的关系，决定了品牌的后续走向，相关度高而差异度小的品牌，在后续发展中会逐渐变得平庸，逐渐失去消费者的青睐。而品牌尊重度和品牌认知度值之间的关系则影响着品牌的市场地位，品牌尊重度高而品牌认知度低的品牌比较小众，却在相对固定的消费群体中拥有好口碑，这吸引着更多消费者想要进一步了解、使用这个品牌的产品，对产品竞争利大于弊。相反，品牌认知度高而品牌尊重度低的品牌在消费者中容易陷入"人人皆知的大路货"这一困境中，消费者对该品牌非常熟悉，反而降低了产品的独特性与吸引力。而像苹果、迪士尼、通用电气、宝马、亚马逊、谷歌等世界一流企业，它们在四个评价维度的得分都非常高，品牌力表现非常出色。

品牌资产标量作为世界上最大的品牌数据库还在不断自我更新，自我完善。2005年，该数据库增加了一个新指标：品牌活力，用来评价品牌后续发展的冲力。正因如此，品牌资产标量被成功应用在股票市场预测方面，过去十年里，其预测结果与标准普尔指数显示的结果不谋而合。扬罗必凯公司还加强了与学术界的合作，力求在全球范围内评估品牌价值对企业市场地位的影响。仅仅在美国，就有超过200多个种类的3000余个品牌被纳入了每季度品牌资产标量的测评中。

我们有幸访问了扬罗必凯公司的前首席顾问约翰·吉泽玛先生，他在任期间帮助扬罗必凯公司建立了品牌资产标量体系。吉泽玛先生是行业内的先驱式人物，他是最早一批关注品牌力的人，他提出要关注社会潮流变化，及时调整产品理念以满足消费者不断变化的消费需求。他创办了明亮视线公司，致力于帮助企业解决财务管理及品牌方面的难题，帮助企业管理层理解消费者的需求，提高品牌价值，保持与消费者之间的良好关系。当我们向他请教品牌资产标量体系时，他说："当今世界瞬息万变，品牌建设与品牌塑造早已不能用过去那一套老方法了。在过去，我们总习惯先明确一个品牌的市场定位，然后根据这个定位来做工作。但是现在形势变化实在太快太彻底，根本没有时间也没有必要去预设品牌的市场定位。消费者们喜新厌旧的速度越来越快，我们只有搞清楚他们'厌旧'的原因才有可能赢得他们'喜新'的机会。今天的消费者不仅希望产品具有独特性与相关性，还希望这种独特性与相关性能一直保持下去。优秀的企业之所以能成功，就是明白了这一点，它们早于同行竞争者发现品牌建设并不是一劳永逸的，而是永远需要与时俱进的，因此，这些优秀企业一直往前，从不停止创新，也从不放弃自我完善。"

可以说，品牌资产标量体系所代表的精神正是本书所希望传达给读者的核心内容。首先，目光长远，永远往前看，当品牌差异性逐渐降低时，品牌发展就会进入停滞期，如果不及时调整，就有可能降低品牌与消费者之间的相关性。其次，永不停滞，一直保持动态进取状态。品牌资产标量体系是一个跨品类的综合性评估体系，跳脱出了品牌所在种类的狭窄视角，能从整个消费体验的角度来分析品牌竞争力。产业与产品之间的界限越来越模糊，特别是媒体行业与科技行业，在这样的背景下，企业保持动态进取的能力很大程度上决定了消费者对该企业品牌的重视程度。对企业管理层来说，只有清晰准确认识到所属企业的竞争力与品牌的市场地位，才有可能从中分析出消费者对品牌的态度与期望，从而与消费者保持良好的互动关系。这也是本书要重点探讨的内容之一，即用更宽广更开放的视野来分析企业竞争力与品牌市场地位，并从中找到在时代洪流中与时俱进、屹立不倒的秘诀。

下面我们来谈谈本书的基本内容。在写作时，我们将企业与时俱进的转变过程分解成了一系列具有可操作性的具体步骤，我们将这个过程的第一个环节称为发现危险信号，即本书第二章的主题。所谓"发现危险信号"，从字面上来理解，就是企业在发展过程中，发现了可能阻碍后续发展的问题。而这个危险信号会带来一系列引申问题，例如，发现问题后，到底什么时候才应该开始调整与转变？怎样判断转变的时机到底是为时已晚还是为时过早？其实，一旦品牌发展出现问题，管理者还是能从很多方面发现危险信号示警的，例如，产品销量停滞、股票表现不佳、顾客反馈问题增多等。但是，在发现问题后，要准确判断并把握住转变的关键时机却没有这么容易。消费者对产品与服务的态度和评价是逐渐改变的，当品牌发展出现问题时，很难判断出在当下这个阶段，消费者的消费态度到底是在走下坡，是停滞不前，是到了谷底，还是已经无可挽回了。特别是当行业领域内出现技术革新而消费者的消费态度发生转变时，很难决定在何时采取何种举措来转变品牌发展路径，是应该不顾成本，立刻采取措施毫无保留地使用新技术，还是应该保守一点，看看这项新技术在业内的使用效果再做决定？在本书第二章中，我们引入了丰富的案例，帮助读者们理解几种最重要的危险信号，以及在发现危险信号后，应该在何时采取何种举措来及时调整品牌发展路径或及时止损。

大量引用案例是本书的一大特色，我们在书中引用了一百多个非常有用的访谈记录，访谈对象都是业界精英、行内专家，访谈内容都是他们的亲身经历与实践经验。通过这些访谈，我们可以了解到这些行家里手在面对这个瞬息万变的时代时是怎么做的。他们的做法有的很成功，有的不那么成功，有的甚至还没有真正掌握转变的真谛。例如，在讲到危险信号时，我们引用了凯悦酒店集团首席市场营销官玛利亚姆·班尼克里姆女士在哥伦比亚大学商学院的演讲材料。班尼克里姆女士最早供职于扬罗必凯公司，曾是美国最大的报业集团甘乃特集团的第一任首席市场营销官，在她任内，她出色完成了公司重整与品牌重塑等一系列重要工作。她在谈到企业转变的危险信号时这样说："现在我们已经对爱彼迎与优步习以为常了，但是，如果十年前有人告诉我们，乘客会愿意花钱去坐陌生人的私家车出行，我们一定会说这个人在说疯话。同样的道理，我们可以推测，十年后的市场也一定不会是现在这个市场。但是，除非迫不得已，没有企业愿意主动转变。媒体行业其实是最早受到冲击的行业，我们比其他行业更早感受到危机，虽然时至今日，绝大多数行业都受到了时代变革所带来的冲击，但是，媒体行业应该是所有行业里最早一批受冲击的行业了。这迫使我们进一步拓宽思路，打开视野，以更开放的心态来面对新变化，也让我们学会了在不断转变中坚守自身固有价值取向与信念。"她认为:"大家都觉得服务业要做出创新与改变非常困难,因为这个行业本身可供改变的空间非常小。但是,如果我们将创新与转变的重点放在为顾客提供创造新体验上,服务业的转变空间就打开了。其实阻碍转变的并不是行业本身,而是行业从业者们的惯性,特别是害怕承担失败的惯性。1993年,时代华纳公司产生了一个名为探索者的创新项目,这个项目的研究内容有点像我们今天的网上娱乐项目,但是时代华纳公司放弃了。同样是在1993年,时代华纳公司还产生了另一个创新项目奥兰多电视项目,有点类似今天的流媒体巨头网飞,可惜时代华纳公司还是选择了放弃。能产生这两个项目的时代华纳公司肯定是当时行业内的领头羊,但是也正因为处于佼佼者的地位,他们不敢轻易冒险尝试创新,他们不愿意承担创新失败带来的损失与后果。因此,他们自己扼杀了创新的念头,失去了转变的时机。时代华纳公司的教训是很深刻的,世界瞬息万变,时代飞速向前,我们没有时间停下来站在原地徘徊不前、犹豫再三,我们必须要与时俱进,紧紧跟上时代前进的步伐,时刻做出转变。"

正如班尼克里姆女士所说,"时刻做出转变"正是保持与时俱进的核心要义。发现危险信号是实现转变的第一步,实践中,总有一些因素阻碍着企业继续完成转变的全过程。在本书第三章里,我们探讨了可能阻碍企业继续完成转变的因素,有经济因素、文化因素,还有心理因素。我们同样引入了具体案例来分别说明每种因素可能造成的不同后果,也列举了一些受到深刻教训的企业,如柯达、黑莓手机、玩具反斗城、《花花公子》杂志等。本书第三章不仅分析了这些企业衰落的原因,还分析了这些企业在当时能做什么、应该做什么,为读者总结出了在类似情形下应该如何应对的经验教训。此外,我们也介绍了一些小公司在面对阻碍因素时的正确做法,这些小公司虽然名气不大，但其做法还是很有参考价值的。

在写作前，我们对许多非营利组织进行了调研，如《国家地理》杂志、美国癌症学会、"为美国而教"项目等，我们发现，阻碍因素的出现并不以其所在组织性质的不同而不同，无论是非营利组织还是以营利为目的的企业都会在转变过程中遇到阻碍因素。我们甚至发现，非营利组织所面临的阻碍因素要比营利企业多，转变压力比营利企业大。（请记住：有时候一次转变是远远不够的，必要时要实施第二次转变，如果认为转变是一劳永逸的，就有可能会被时代所淘汰。）

在探讨了危险信号与阻碍因素后，本书第四章重点探讨了实施转变所需要具备的基本条件。企业在实施转变时，必须要具备一些基本条件，以确保上下达成共识，齐心协力为成功实现转变做好准备。换言之，第四章主要讨论了在实施转变时，企业在经济上、心理上、文化上，所应具备的基本条件。但是，要具备这些基本条件绝非易事，计划很丰满，现实往往很骨感，企业也许会面临资金短缺，调查研究不深入，企业上下不同心，员工不肯全力投入等问题。而在这些基本条件中，保持乐观进取的态度是转变成功的核心所在。

此外，在实施转变前，还有一个最常见却也是最容易被忽视的基本条件——清楚了解消费者的需求。时代在变，消费者的需求也在变，在企业实施转变前，管理层应该摸清消费者关注的重点在哪里，他们的需求在哪里，他们与产品的关联节点在哪里。成功运营了尼克国际儿童频道等多个知名品牌的鲍勃·皮特曼先生认为："企业管理层必须要对品牌的核心价值有清楚认知，并以此为基础，建立与消费者的良好互动关系。我始终认为，建立与消费者的良好互动关系是企业一切行为的前提与基础。我的工作环境是多公司多领域交叉融合的复杂环境，我要跟电视公司、房地产公司、主题游乐园运营公司以及互联网公司打交道，将这些不同公司融合到一起的关键点在于掌握消费者群体的特性与需求，消费者会告诉你他们需要什么，他们在关注什么，他们是如何评价品牌的，他们在决定什么是好的什么是坏的，而不是我。"

没有对消费者的深刻理解，企业的转变就无从谈起。在本书中，我们尽可能多地涵盖了不同类型的企业，而我们接触到的每一位企业管理人员都跟我们强调了理解消费者的重要性，如美国运通公司的前市场总监约翰·海耶斯、达美航空公司的首席执行官爱德华·巴斯蒂安、《脸书效应》一书的作者大卫·柯克帕特里克。这些行业精英从内行人的角度向我们强调了理解消费者与做好转变准备的重要性，他们认为，在做出转变的决定前，就应该充分考量转变的基础条件是否充分。

本书第五章探讨了转变的方向，即搞清楚在何时转变，由谁主导转变，转变要达到什么目的这三个问题。在第五章中，我们探讨了如何利用自身资源，使用合适的方法，找到转变的方向与目的，从蛛丝马迹中推断出未来市场可能出现的变化，提前把握时代发展的潮流。有些发展潮流与趋势改变是可以从消费者行为改变中推断出来的，如人工智能设备销量增加，网络视频观看量相较于传统电视观看量大幅上升，固定电话逐渐减少，无麸质饮食变得流行，小面积户型受欢迎，智能设备销量增加，无污染的洗衣粉被普遍采用等。时至今日，高科技与大数据的发展日新月异，企业管理层在寻找企业转变方向时，都会更多借助于这两大手段。随着大数据应用越来越广泛，我们生活的方方面面都离不开大数据，从消费者使用在线搜索引擎、发短信、上社交网站到各种智能设备 IP 地址留痕，数据记录了消费者所有的需求与行为，而那些善于利用大数据做决定的公司，就能从中挖掘出转变的方向与目标。能成功完成转变，跟上时代潮流的公司，一定能及时发现危险信号，了解时代变化趋势，擅长利用大数据了解、掌握消费者需求。在第五章中，我们同样引入了很多案例，那些具有远见卓识，能准确分析形势的业内精英们与我们观点基本一致。

前文我们提到过著名作家、纽约时报专栏作者托马斯·弗莱德曼，他认为，我们正处于一个日新月异的时代，企业要在这个时代中适应各种变化，提前为未来可能出现的转变做好准备。

"实现与时俱进的最大问题在于，科技发展、市场转变、气候变化的速度远远超过我们现有的转变速度。以科技发展为例，苹果手机、安卓系统、Kindle 阅读器的问世大大推进了行业的发展。每毫秒就有消费者从苹果商城下载应用软件，每隔几分钟就有 1000 个消费者购买苹果公司的电子产品。

"现在可能不太有人记得了，一开始美国电话电报公司并不在苹果手机服务商范畴内。苹果公司曾一度不允许消费者安装其他公司的应用，直到 2008 年，苹果公司才开放应用商店，一时间，美国电话电报公司的业务需求量激增，在接下来的 7 年时间内增加了 10 倍。而这种业务增加量对事先没有做好准备的企业来说并不是商机，反而是灭顶之灾。苹果公司一个简单的开放应用商城的行为，就引发了市场的巨大变动，推动了通信网络的新发展。通信网络公司不得不加大软件应用研发力度，以适应动态、可扩展、大容量的现代计算机环境。如果没有通信网络的这次大变革，我们就无法像今天这样随心所欲地使用智能手机。对那些提前找准转变方向，并为此做好准备的企业来说，这样的大变革恰恰就是企业发展过程中实现飞跃的契机。"

弗莱德曼提出，科技的变化是以指数级发生的，这从根本上改变了传统的商业模式。

苹果公司是世界上市场价值最高的公司，面对科技指数级变化的 21 世纪，他们与时俱进，及时调整，快速完成了一次次转变。像苹果这样的快速发展企业在美国硅谷地区比比皆是，硅谷的精英们普遍信奉快速发展理念，他们推动着企业快速转变以适应这个快速向前的时代。谷歌公司前任首席执行官埃里克·施密特和谷歌公司产品管理和营销高级副总裁乔纳森·罗森伯格合著的《谷歌的经营之道》一书更是深入探讨了这种企业发展理念。而硅谷里不断崛起的这些独角兽企业就是这一发展理念的最好诠释，这些独角兽企业能在短短一两年时间内，完成传统企业几十年才能完成的积累，动辄估价十几亿、几十亿美元。

与这些新兴企业不同，传统企业在这个快速发展的时代中，面临着发展迟缓甚至停滞的危机。传统企业的管理层对当前这种快速发展的模式忧心忡忡，生怕自己的企业跟不上时代的节奏而被淘汰，相较于过去，现在的企业从成立、发展、衰落到破产结束的速度大大加快，新的理念在行业内快速形成、传播、应用于实践，基于大数据打造的新供应链逐渐完善，消费者的投诉与建议能通过脸书等社交平台快速反馈。

亚马逊、谷歌、爱彼迎、网飞等新兴的商业巨头深刻改变了零售业、广告业、旅游业和媒体业，它们的兴起迫使每一个企业管理人员重新评估企业当前所面临的严峻形势，新兴企业对传统企业形成了巨大的冲击，原有的商业模式发生了颠覆式的改变。那些善于顺应新形势，将冲击变机遇的企业，在危机中找到了可负担的、有创新性的解决方案，并最终完成了转变，改变了被淘汰的命运。

本书第六章重点探讨了企业的转变方向问题。比起另起炉灶、推倒重来，在现有企业框架内进行创新与转变，无疑更容易实现，如威瑞森通信公司完成了从有线通信到无线通信的转变，苹果完成了从主打台式机笔记本到主打平板电脑再到主打手机与手表的转变，美国电视网完成了从播放别人的节目到播放原创作品的转变，星巴克完成了从单纯卖咖啡到菜单涵盖几十种餐饮内容的转变，这些转变的实现都有一个共同点，即企业找到了适合自己的发展方向，这种方向背后隐藏着消费者对这个品牌的认知与认可，是推动企业发展最初也是最核心的力量。在企业实现转变的过程中，最困难的部分就是如何让消费者接受企业的转变，改变消费者对品牌的固有认知，接受转变带来的新元素。如亚马逊公司在实现从零售商到产品的制造者、配送者的转变时，通用电气公司在实现从传统照明设施与冰箱的制造商到新型数字工业公司的转变时，英国石油公司希望在石油业务之外涉猎其他领域时，都遇到了转变消费者固有认知的问题。

在实现转变的过程中，企业应该注重建立、维系与消费者之间的良好关系，尽力向消费者传达可靠可信的态度，争取消费者对转变的支持与认可。如果你的品牌先天不具备这种取信于人的特质，可以通过后天努力来重新塑造品牌特质。在本书中，我们通过引用不同行业管理精英的亲身经历与经验，详细探讨了重塑品牌特质的方法与步骤，以供读者们参考使用。在本书第六章中，读者们会读到孩之宝公司首席执行官布莱恩·戈德纳，IBM 公司副总裁乔恩·岩田，保护国际组织创始人彼得·赛里格曼，CNN 总裁杰弗里·祖克，CNN 前任副总裁，现为独立营销顾问的斯科特·赛佛恩，通用磨坊公司前市场总监马克·阿迪克斯等管理精英的真知灼见。

本书第七章重点介绍了带领企业实现转变所应具备的领导力，同样引用了很多管理精英们的亲身经历来现身说法，他们在带领企业完成转变时所表现出来的非凡领导力很值得读者们学习借鉴，包括广告业精英谢莉·拉扎瑞斯及艾德·维克、重塑纽约市中央公园的道格拉斯·布朗斯基、学术界先锋人物约翰·塞克斯通和理查德·索霍伊安、帮助福布斯集团适应技术革新并成功转型的布鲁斯·罗杰斯。

在这些管理精英里，梅里尔·布朗的经历与观点最值得深入研究。1996年前后，布朗供职于微软全国有线广播电视公司，这是由微软与美国国家广播公司合资成立的广播公司，用他自己的话说，他的工作主要是"将微软的技术与美国国家广播公司的新闻连接起来"。除此之外，他还是《华盛顿邮报》的专栏作家，担任了蒙特克莱尔州立大学传媒学院主任一职。他带领公司实现了从模拟到数字的转变，他认为，实现转变最重要的是要有预见未来趋势的能力并做好充足的准备，当时机到来时，毫不犹豫地完成转变。他说："在报业，实现数字化转变最大的阻碍是行业本身太孤立了，直到最近五六年，报纸行业还是固守成规，没有大改变。早在1998年，我就多次在行业会议上对同行强调转变的重要性，试图说服他们实现转变，我不止一次提醒他们，报纸销量在走下坡路，我们需要对此有清醒的认识。可惜，很多同行认为报纸行业属于垄断行业，利润非常可观，他们根本不想改变现状。事实上，报纸的分类广告收入在逐渐减少，传统广告收入也不乐观。在当时，旧金山出现了新的广告类型，挤压了原本属于报纸行业的广告利润。"

当时在旧金山地区出现了新广告类型，即克雷格列表，不同于传统广告形式，克雷格列表是一个大型免费分类广告网站，只有文字，没有图片，信息量巨大且完全免费。而克雷格列表仅仅是传统报纸行业面临危机的冰山一角，随着技术的发展，人们逐渐改变了过去只能通过报纸来获取新闻与信息的习惯，信息获取渠道变得丰富多元。布朗先生及时意识到了行业所面临的冲击，并以非凡的远见卓识，带领所在公司完成了与时俱进的转变。他比同行们更早预见了未来人们可能会通过互联网获取信息，而承载信息的媒介不再是传统的报纸，而有可能是智能手机、平板电脑、计算机等，信息的传输与分享速度大大提升，实时分享信息成为可能。布朗先生早于同行们，看到了未来的样子。

"在创立微软全国有线广播电视公司时，我们面临三大挑战，分别是技术层面的挑战、新闻行业层面的挑战及文化层面的挑战。"布朗先生说道，"在当时，通过互联网实现信息实时分享是新鲜事。我做新闻记者时，特别关注技术发展所带来的规则改变。当我接手这里的工作时，我就觉得这是一个契机，互联网重新给了电视行业无数可能性与发展机会。我的领导力不是天生的，而是后天习得的，我学着带领公司完成转变。"

"1995年，我在美国全国广播公司做顾问，主要帮助美国全国广播公司研究互联网策略及分销策略。微软全国有线广播电视公司之所以能从一开始就获得成功，是因为我们从一开始就借助了微软的技术力量，而这也是我们最大的竞争优势之一。"他说，"技术发展到今天，已经深刻改变了人们的生活，新闻行业发生了过去根本无法想象的变化。在今天，时间与空间的阻隔被技术打破，每个人都能获取到自己想要的信息，新闻行业面临着前所未有的巨大挑战。一方面，我们无法预料到技术发展到底会将新闻行业带向何方，另一方面，我们又要在这种未知的快速变化中保持新闻工作者应有的正直诚实。"

本书第八章重点探讨了转变可能出现的后果，如果按照本书前七章所讲内容逐步推进企业转变，最终会不会如愿以偿转变成功？在本章，我们引入了转变成功的案例，包括格林尼治公共图书馆如何成功实现数字化转变，万豪集团与联邦快递公司如何应对技术革新带来的新问题并实现成功转变。这些案例从不同的角度解读了不同企业可能面对的不同冲击与危机，并向读者展现了优秀公司是如何成功化解这些难题，成功完成转变的。

本书第九章重点探讨了企业在成功实现转变后所面临的新情况，成功转变的成绩属于过去，在这个不断快速发展、永不停歇的时代里，只有保持与时俱进，才有可能在时代发展的洪流里立于不败之地。在本书中出现的众多企业中，有两个值得特别关注，一个是美国电视网，一个是通用电气公司，因为在我们看来，这两个公司都具有保持与时俱进的能力。对企业来说，能有一个目光长远、与时俱进的领导人固然是优势，但比这更重要的是，永远不要放弃转变的机会，永远保持发现机遇、抓住机遇的能力。我们在第九章中引入了美国电视网与通用电气公司的案例，希望通过分析这两个公司的成功经验，给读者们一些有益的启迪。

通过阅读第九章，读者们会了解到美国电视网为什么过去不会是、将来也不会是单纯的电视频道，它是如何逐步变成媒体节目的创造者与提供者；通用电气公司又是如何重塑自身品牌特征，以适应不断变化的新时代。说到底，我们希望读者在阅读本书后，能了解为什么有的行业、有的企业、有的人能更快跟上时代前进的脚步，更快完成自身转变，更快地满足市场的新需求，而有的行业、有的企业、有的人却正在被这个时代所淘汰。

企业实现转变的能力，是企业在竞争中获胜的关键能力之一。有的企业对转变跃跃欲试，有的则心生恐惧、避之唯恐不及，可是，无论对转变抱着何种态度，转变的到来都是必然的。在当今这个瞬息万变、快速发展的时代，转变的速度只会越来越快，我们生活的方方面面，从经济到技术，从社会领域到文化领域，都在发生着深刻的变化。面对这些深刻变化，我们能做的，只有及时自我转变，紧紧跟上这个时代。人人都面临着转变，无论是企业，还是政府部门、非营利组织，无论是商人还是政客、学者、工人，无论是产品制造商还是服务提供商，都面临着不转变就被淘汰的残酷现实，从本质上来说，这是社会发展领域的进化论。我们能做的只有与时俱进。

写到这里，让我们回头去看本文一开始提到的那个问题——为什么写这本书？在这个瞬息万变、竞争激烈的时代，在不丧失自我的前提下，保持转变的能力，是每个人应该掌握的核心技能。对很多企业来说，转变已经迫在眉睫。本书写作的目的正在于打开读者思路，提供一种更高效的方法，希望通过阅读本书，读者能准确把握转变时机，做好转变前的准备，并一鼓作气完成转变。在写作时，我们引入了很多富有借鉴意义的案例与见解深刻的访谈记录，全面展示了实现转变所涉及的内部因素与外部因素，希望读者们在读完本书后，能及时发现危险信号，能克服可能出现的困难，能在转变过程中保持信念，能成功转变。

说到底，本书是将复杂困难的转变过程，具化成了一个明确的战略：要在竞争中保持屹立不倒就必须保持与众不同、与时俱进的特性；为了保持这个特性，就必须根据时代的发展而完成转变；为了完成这个转变，就必须要全力以赴，讲究方式方法。本书所要探讨的，就是这些方式方法。

# 02

## 第 二 章

### 发现危险信号

从某种程度上来说，听到一句久违的老广告词带来的感受，有点像无意间在相册里翻出一张被遗忘了的老照片，让我们回忆起遗失在旧时光里的那些人那些事，让人感慨万千。从最简单直接的角度来看，广告词承载了某一企业在当时当地所想要坚守与传达给消费者的价值观与产品理念。好的广告词能简洁有力地传达出该产品与众不同的特性，在一众竞争品中脱颖而出。比如，安飞士的广告词"我们加倍努力"（We try harder.）就给人一种奋发努力、迎头赶上的朝气；美国联合航空的广告词"友好飞行"（Fly the friendly skies.）传达出友善亲和的航空服务理念；可口可乐公司1969年的广告词"这是真事"（It's the real thing.）放在美国成功登月的大背景下，很容易传达出可口可乐公司坚守品质、创造非凡的价值观。好的广告词能精准抓住当时当地消费者们的关注点，一击即中。

时代变迁，广告词也发生了翻天覆地的变化，但是，出色的广告词却能代代相传，成为经典，有些甚至变成了耳熟能详的俚语，被人们在日常生活中频繁使用。比如，温迪国际快餐连锁集团的广告语"牛肉在哪里？"（Where's the beef?），威瑞森通信公司的广告语"你现在听到我了吗？"（Can you hear me now?），耐克公司的"想做就做！"（Just do it!），以及美国陆军的征募词"做最好的自己"（Be all you can be.）。

每个人对广告的偏好不同，一千个人心目中有一千个最喜欢、最难忘的广告词。但是，那些及时转变观念、紧跟时代步伐的成功企业在营销方面都有一个共同点，它们都准确把握住了时代变迁的脉搏，创造出引领潮流的广告词。而那些没有跟上时代步伐的企业，则在竞争中逐渐落后，它们没有认真思考过以下这些问题：陈旧的广告词会不会对消费者越来越没有吸引力？陈旧的产品与服务会不会被飞速前进的时代所抛弃？消费者会不会对这些陈旧的产品与广告感到厌倦？与竞争对手相比，这些毫无生气的陈旧营销方式是不是抱残守缺？

举个例子，黄页曾一度非常流行，它的广告词说：动动手指翻黄页，不用跑腿就能找到商机。《广告时代》杂志评论黄页是"以手代步"（Let your fingers do the walking.），这句广告词也成为20世纪排名前十的经典广告词。然而，随着互联网的兴起，网上搜索变得越来越普及，使用黄页查找信息的人越来越少。到了2011年，七成以上的美国人都不再使用纸质黄页来查找信息了。而随着语音识别技术的发展，出现了诸如苹果公司的Siri及亚马逊公司的Alexa这样的语音搜索软件，人工打字上网搜索也变得越来越少。时至今日，出于环保考虑，人们越来越少使用印刷出来的纸质黄页，查找信息的方式与手段变得更为丰富多元，"以手代步"这句广告词也应该改成"以嘴代步"（Let your voice do the asking.）。

当然，"事后诸葛亮"人人都可以做，站在现在回头去看过去，人人都是先知与预言家，人人都能说得头头是道。但是，决定成功的关键因素并不是事后检讨的能力，而是事先提高警惕、发现危机，并及时反应。那么，到底哪些信号值得引起关注，并应及时采取措施呢？这是在实现转变前，要解决的第一个问题。根据我们所掌握的资料、案例、数据来看，有两类信号值得重点关注。其中，第一类值得关注的信号是企业的某个硬性指标呈现出下降趋势。接下来，我们将这些硬性指标也分成两类，逐一进行研究。

## 第一个危险信号：关键指标变化

在企业出现问题时，最直观的反映就是各类数据指标变得不如预期，对市场总监来说，关注企业的各类财务数据是基本功课。数据指标对企业状况的反映是非常直观、非常有力的，例如，销售额下降，每季度收益减少，利润降低，而成本与各类费用却在上升，这就是最直观的企业出现问题的信号。在非营利机构，数据同样可以反映出该组织当下的状况，例如，在一个周期内，收到的捐款捐赠下降或者没有增加新的捐款人，管理层就应该考虑是否有其他同类型的非营利机构在分流原本应该属于自己的捐款。

对企业管理层来说，并不是说销量与利润出现明显下降才意味着企业出现了问题，数据保持不变，企业发展处于停滞状态，也是一种值得引起关注的危险信号。不发展，就等死，是企业发展的黄金定律。Adobe 公司的首席执行官山塔努·纳拉延认为："发展是企业的基本要务，如果企业进入到停滞阶段，市场营销总监就应该竭尽全力打开视野，寻找新的发展机遇。"

无论是企业还是非营利机构，所有的社会组织的状况都可以用数据来反应，关键性的数据指标可以在企业发展遇到问题时，向管理人员发出示警。本书无意探讨这些关键指标发出示警的原理是什么，我们只是希望读者们了解数据指标示警的重要性，当在实践中遇到这类示警时，认真查找背后的原因，并立刻采取行动。很多企业管理人员在遇到数据示警时，既没有认真查找原因，也没有采取任何措施，白白浪费了实现转变的机遇。等到他们真的意识到企业出现问题，想要着手改变时，一切为时已晚，他们早已经错失了转变的时间、资金与机遇。当企业管理人员忽视数据示警，不把它们当回事时，其实就已经失去了下一个走向成功的机遇。下一章我们会详细讨论如何在发现示警后，及时采取行动，抓住转变时机，改变企业命运。

## 第二个危险信号：品牌差异度下降

在本书第一章，我们详细介绍了决定品牌价值与市场地位的重要测评工具与测评指标：品牌资产标量。品牌资产标量体系告诉我们一个残酷的事实：

平庸不是一件好事。平庸就意味着其所生产的产品或提供的服务虽然与消费者有关联性，但是没有差异性，也缺乏维持定价的内在价值。对所有企业来说，产品或服务在剔除产品成本与利润之后，应该具有较高的内在价值，而这部分内在价值才是消费者愿意掏钱买单的关键所在。企业只有千方百计提高产品或服务的内在价值，才能在行业竞争中立于不败之地。

但是，产品的内在价值是有一定限制的，并不能无限提升，这就意味着，哪怕能做到一时领先，迟早会有新的竞争对手追赶上来，生产出具有同样或类似内在价值的产品。也就是说，企业间的竞争是动态的，不是静止的，只有适应这种动态竞争，不断提升企业的竞争力，才有可能避免像泛美航空、百视达、沃尔沃斯、鲍德斯书店那样逐渐走向衰落。扬罗必凯公司的前首席顾问约翰·吉泽玛先生，他在任期内帮助扬罗必凯公司建立了品牌资产标量体系，他认为："要保持品牌差异度，推动企业不断发展，是很困难的一件事。高管们在下决心时，往往会吃不准到底何时应该出手，还是应该再等等静观其效。"

一旦企业错过了实现转变的最佳时期，错过了提高产品差异度的时机，为了保持产品销量，就不得不降价。而一旦价格优势成为产品的主要优势，消费者对产品的兴趣也会随之逐渐消失。对消费者来说，如果某个产品或某项服务一直一成不变，既没有提高内在价值，也没有提高差异度，那他们为什么要花这个钱来买一个千篇一律的产品或服务呢？很可惜，很多企业没有早早地预见到这一点，错失了转变的时机，等到消费者们用脚投票，再想改变为时已晚。我们调查发现，当产品差异度开始出现下降征兆时，企业就立刻采取行动，实现成功转变的概率会比事后被迫实施转变高得多。但是实践中，大多数企业都对产品差异度的变化视而不见，等到情况恶化到不得不做出转变时，往往已经太迟了。甚至很多企业都没有关心过自己品牌的差异度，也没有追踪过品牌的市场价值与市场地位，这太不明智了，要知道，品牌价值才是企业生存的根本。希望看过本书的读者们都能改变观念，重视这第二个危险信号：品牌差异度。

## 第三个危险信号：不注重数据分析

19世纪，科学家约翰·霍尔丹在研究如何避免煤矿工人在矿井作业中一氧化碳中毒死亡时发现，如果下井时能带上几只金丝雀之类的小动物，作为毒气探测器，就会大大提高工人在井下的生存率。因为这些小动物体型比人类小太多，轻微的一氧化碳就能导致它们中毒死亡，这就给了矿工一个时间差来逃生。当然，时至今日，这种方法早已废弃不用，但是，由此保留下来的俗语"煤矿里的金丝雀（危险的预兆）"，已经成了预示重大危机的代名词。在营销领域，特别是涉及与消费者信心相关的问题，也有可以预示危险信号的"金丝雀"。

除非特意开展大规模调研，否则，一般情况下，顾客都不会主动反馈他们对产品的想法及使用产品后的感受。用史蒂夫·乔布斯的话说，消费者通常都不知道自己想要什么，直到你将产品呈现到他们面前，他们才会意识到自己想要这样的产品。即使开展定性又定量的客户体验调查，大多数消费者都不会在调查中呈现出真实意见，他们有的不好意思，有的则回避说出自己的真实想法。在这种情况下，大数据就显得尤为重要。现在越来越多的公司都开始做数据采集工作，建立自己的数据库，分析消费者们的真实想法。借助大数据，企业可以知道消费者们买了什么，在哪里买的，购买频率如何，与哪些人分享了这次购物体验，甚至可以知道他们对这次购物体验的评价如何。旅游公司可以借助大数据知道消费者偏爱什么样的旅游目的地，打算花多长时间在旅游上，偏爱使用什么样的交通工具，等等。商场可以借助大数据知道哪些消费者购买了产品延长保修服务，甚至可以知道这些消费者后续是否真的用到了这个延长保修服务；杂志社可以借助大数据知道哪些读者按周期订购书报杂志，甚至可以知道他们在到期后是否会继续购买。大数据已经渗透到了各行各业，所有的产品、服务、品牌都可以通过大数据进行分析，而所有这些数据都可以归纳成 5 个方面，即谁会买，买了什么，在哪里买，什么时候会买，为什么买。产品销售的各个环节都被大数据详细记录下来，而且随着网上购物越来越普及，大数据有越来越详细的趋势。

面对海量数据，很多企业都没有掌握快速、精确检索有用信息，为己所用的诀窍，他们往往被海量数据所冲昏头脑，无法跳脱出数据来分析整个大局，陷入了只见树木不见森林的困境。这些企业只会机械地收集数据，而不能从中找出对企业未来发展有用的核心数据，不会分析数据，也不能看到数据背后所隐藏的关键信息。借助于大数据，企业要获取消费者的相关数据已不是难事，所以，我们认为，能给出危险信号示警的并不是数据本身，而是通过分析、解读、应用数据，找到数据背后的关键信息。对企业来说，花大量人力物力财力收集信息，建立自己的大数据库是非常重要的事，但是应该花费更多人力物力财力来解读这些数据，挖掘背后的关键信息，特别是及时挖掘出与实现转变有关联的关键信息。

早在 1967 年，鲁斯·艾柯夫就提出了管理信息系统的理念，也是这个领域的奠基人之一。他指出，管理人员所面临的最大问题并不是数据不够多，而是怎么从这些数据中获取到有用的信息。时至今日，随着信息大爆炸，海量数据的出现使获取有用信息变得难上加难。

当然，分析数据的前提是不断收集数据，如果连数据都收集不到，那就是到了最危险的时候。所以，假如你的公司开始削减研发经费，不再花心思做更好的产品，那就赶紧辞职吧，这样的公司是没有什么前途可言的。

在本书第五章，我们会深入探讨通过收集、分析数据获取到关键信息，从而成功实现转变的案例。


## 第四个危险信号：过分依赖优势

7 年前，达美乐比萨彻底更新了菜单，成功实现了转变。达美乐比萨在全球 80 多个国家和地区开设了 12500 间店面，特别是它的广告词"30 分钟必达"，已经成为家喻户晓的品牌象征。但是，在过去十几年时间里，达美乐比萨的业绩一直处于下降状态，消费者评价也一路走低。到了 2009 年，达美乐比萨所面临的情况已经严峻到不得不开展全面检视的地步了，通过深刻分析，他们找到了问题的症结所在——公司并不重视消费者的意见。达美乐比萨美国地区负责人拉塞尔·维纳对 CBS 记者说："我们的关键问题在于比萨味道，消费者对我们的比萨味道不满意，他们觉得理想中的比萨应该更好吃一些。"

当达美乐一直致力于实现"30 分钟必达"这一承诺，并将之作为最大卖点时，同行业的竞争者早已另辟蹊径，在提升比萨味道上下功夫了。而达美乐在运送速度上的优势，并不能弥补比萨味道不好的劣势，越来越多的消费者不再光顾达美乐。玩扑克的人都知道，一个人桌上筹码的多少决定了他能在游戏中玩多久，筹码越少，能待在桌上的时间越短。当达美乐一门心思缩短制作时间、提高运送速度时，桌上那些名为"比萨味道"的筹码就越来越少，可想而知，达美乐能继续游戏的底气与时间也越来越少。

2010 年，帕特里克·道尔接任达美乐首席执行官一职，对公司进行了大刀阔斧的改革，将企业重点从"30 分钟必达"调整到提高比萨味道上来，要求每个员工，上至首席执行官下至门店员工，都要掌握比萨制作的要领，并提高比萨在店里制作的质量。达美乐放弃了长期以来坚持的快速出货优势，转而攻坚比萨味道不好这一自身劣势，并成功实现了转变，消费者口碑逐渐回升。

事实证明，达美乐的转变非常及时有效，直到今天，还维持着快速发展状态。公司股票从 9 美元一股一路上涨到 2017 年年初的 180 美元一股，比亚马逊、苹果、脸书、谷歌这些新兴企业表现得都要强劲。虽然从客观上来说，比萨是消费者购买速食时的首选，远比汉堡、玉米饼等其他速食要卖得好，而且比萨在运送上比其他速食更有时间优势。但是，我们也不能否认达美乐成功转变的重要意义，正是积极主动、果断迅速地实施了转变，达美乐才能在激烈的竞争中始终占有一席之地。更难能可贵的是，在危机爆发之前，达美乐的管理层就看到了危险信号，并迅速行动，加大对产品研发与技术革新的投入，在巩固优势的同时，快速弥补劣势，最终成功实现了转变。

## 第五个危险信号：骄兵必败

有句俗语叫"骄兵必败"，放在商场上也一样适用。对企业来说，骄傲自大并不是什么优良品质，反而会成为企业发展的绊脚石，特别是那些过于沉迷于自身成功而变得沾沾自喜、盲目自大的企业，面对危险信号示警时，往往会视而不见，从而失去实现转变的机遇。

我们与多个行业领域的高管讨论这个问题时，他们都认为，骄傲自大是导致企业发展停滞，丧失行业先进地位的主要原因之一。比较有名的案例就是诺基亚，这家著名的芬兰公司曾制造出了世界上第一部移动电话。在1998年时，诺基亚公司是世界上最厉害的手机制造公司，手机销售数量达到了4100万台，一举超越其竞争对手摩托罗拉公司成为世界上最大的手机制造商与销售商。2001年，诺基亚公司推出了世界上第一部具有摄像功能的手机，牢牢稳固住了自己行业老大的地位。但是好景不长，到了2007年，苹果公司推出了iPhone手机，对诺基亚的行业地位发起了强势挑战。到了2009年，在残酷的竞争之下，诺基亚公司为了节省成本不得不解雇了1700多名员工。2010年，曾担任微软公司业务部总裁的斯蒂芬·埃洛普接任诺基亚公司首席执行官一职。但是这样的人事调整已经为时已晚，诺基亚已经被长久以来养成的骄傲自大与自鸣得意拖累了，早已经错过了在快速发展的智能手机市场立足的时机。在最关键的时刻，他们不愿意与时俱进，也就失去了转变的最佳时机。

我们曾与知名品牌顾问公司的合伙人杰瑞·霍华德聊过诺基亚由盛转衰

的案例，霍华德所在的顾问公司为多家全球 500 强企业做过咨询，他们的客户包括宝洁、Xbox、大都会人寿保险、可口可乐等。早在 2000 年时，他们公司就与诺基亚公司合作过。对诺基亚由盛转衰这件事，他说："诺基亚公司之所以会落得如此地步，完全可以归咎于他们的目光狭隘与骄傲自大。诺基亚的管理层对苹果公司崛起缺乏起码的重视，他们根本不认为苹果公司是值得一提的竞争对手。一家公司是否能在市场上立足，很大程度上取决于公司的管理层能不能对市场有一个清醒的认识，能不能把握住市场的潮流，做出符合市场预期的产品。可是诺基亚的管理层却认为他们自己已经对市场了若指掌了，于是不再认真分析市场需求，只依靠原本积累的陈旧经验来管理企业，一而再再而三地无视市场变化。在过去，确实有些行业领域发展变化得比较缓慢，但是随着科技进步，越来越多的行业领域正在发生天翻地覆的深刻变化。对企业管理层来说，紧跟时代发展步伐，时刻关注市场变化，才是他们的第一要务。即使身处一个变化相对比较缓慢的行业领域，也绝不能掉以轻心，要时刻提醒自己眼前的状态只是暂时的状态，没有什么是永恒不变的，市场迟早是会变化的，哪怕眼前没有改变，改变也是迟早会到来的。"

他认为："不可否认，诺基亚公司里肯定有很多特别优秀的人才，他们也许看到了市场的深刻变化，认识到了诺基亚正在逐渐失去市场，从而想要改变公司的现状。但是，在一个以骄傲自大为主流文化的公司里，这样的想法肯定是得不到重视的。而等到管理层普遍意识到需要做出转变时，早已经来不及了。"

## 第六个危险信号：过分依赖舒适区

每个人都有自己的舒适区，在舒适区待着是人好逸恶劳的天性。在这个瞬息万变的时代，总有某些特定的东西、某些特定的行为处事方式，能给我们特别的安全感。时代越是快速变化，我们对这种安全感的渴望越是强烈。我们总说，江山易改本性难移，一旦习惯养成，总是很难去改变，商场上也是如此。所有人都习惯于缅怀过去而不肯去展望未来，宁愿待在自己的舒适区里也不愿意跳出来加以改变，这些都是转变到来前危险信号给出的示警。

金宝汤公司就是很好的例子。我们小时候肯定都吃过金宝汤公司出品的番茄罐头，对他们家红红白白的罐头包装非常熟悉。金宝汤是家喻户晓的国民品牌，1897 年，约翰·多兰斯博士发明了 5 种速食压缩罐头，完全满足了当时人们希望以低廉的价格买到烹饪方便的食物的需求，一经推出市场，就大受欢迎。此后几十年，金宝汤这一品牌都是消费者心目中的罐头食品第一品牌，家家户户都用金宝汤的番茄罐头做三明治，用金宝汤的蘑菇奶油汤罐头做家常炖菜，主妇们去采购时都会优先选择金宝汤罐头。

毫无疑问，金宝汤这一品牌在罐头食品领域拥有良好的口碑与强大的市场地位。但是，也正是这种国民第一罐头品牌的市场地位阻碍了金宝汤公司实现转变。过去 30 年，金宝汤的几项关键数据指标都呈现出逐年下降趋势，市场需求发生了深刻变化，无论是消费者的消费习惯还是口味都已经与 30 年前完全不同了，金宝汤公司的管理层却不愿意走出多年来形成的舒适区，不愿意承担一丝一毫可能会损害品牌价值的风险去实现转变。

深究一下过去 30 年里，包括金宝汤在内的罐头食品销量与利润逐渐下降的原因，大概有以下几项：一是现代人越来越重视健康，认为罐头食品钠含量较高，更愿意购买新鲜的、没有防腐剂的食材；二是人口结构与生活模式发生深刻变化，越来越多的女性成了职业女性，他们不再像 30 年前的女性那样愿意待在家里做全职太太，在家做饭的概率比以前大幅下降，购买罐头类食品的概率也在下降；三是年轻人的消费习惯发生改变，他们不愿意购买用罐头包装好的食品。其实多年以来，金宝汤公司的管理层一直都认识到了市场的变化，他们也想与时俱进，但是，他们还是无法跳出固有的舒适区，无法放手去实施转变，以至于多年来金宝汤罐头的销量逐年下降，管理层考虑的不是如何打翻身仗，而是宁可放任这种下降趋势也不能因为实施转变而毁了几十年来积累的品牌价值。老狗学不了新把戏，特别是像金宝汤这样本身就不想改变的企业，转变对他们来说难上加难。

金宝汤的转机发生在2013年，达伦·塞劳成了金宝汤公司的高级副总裁、市场总监及商务主管。他一上任就全面检视了金宝汤公司的各类数据，事无巨细，事必躬亲。作为一个外来者，他不像原有管理层的其他高管那样畏惧承担风险，为这个一潭死水的公司注入了新的活力。

塞劳着手的第一件事就是让公司的管理层直面公司的真实数据，尽管这几年来公司的总体收入还过得去，但是盈利却在逐年减少，究其原因，就是因为公司为了保持住总体收入，而降低了产品售价，企图薄利多销，结果反而导致利润下降。原本的管理层身居高位久了，看待事物总是带有自己的习惯思维，在此之前，他们根本没有认真考虑过公司数据背后存在的问题，而是一派歌舞升平地待在自己的舒适区里。

塞劳着手的第二件事就是大力推进创新，他说服管理层，推出了针对年轻人的全新袋装产品，全部都是时下年轻人喜欢的新口味，像印度咖喱味，泰式酸辣口味等。在市场营销方面，他也动了很多脑筋，在纽约和芝加哥推出了"共享餐桌"活动，与年轻人喜欢的BuzzFeed、Spotify、愤怒的小鸟等品牌合作，甚至还引入了星球大战元素，大打年轻牌。他突破了金宝汤公司的传统定位，在过去的时间里，金宝汤的品牌定位都是服务于稳定保守的中产阶层。但是，塞劳的这些大胆改革，在以华尔街为代表的资本市场看来，只是一种暂时调整。产品销量在短暂的上升之后，进入到了滞涨期，随之开始下跌。数据又一次发出警示，告诉金宝汤公司转变势在必行。

最近，金宝汤公司似乎又有新动作，企图走出自己的舒适区，尝试着进行转变了。他们重新审视了自己的品牌根基与历史，希望由此找到未来发展的方向。他们开始关注消费者的需求，开始思考如何提高产品差异度，开始考虑如何在竞争中脱颖而出。例如，在过去，金宝汤一直使用 1915 年由达伦斯博士所创造的配方，现在，他们决定根据市场变化对这个配方进行调整，加入更多新鲜、有机、本地产的食材。他们希望通过这种调整，既保留金宝汤公司百年传统，又迎合现在消费者追求健康、干净、有机、丰富的需求。2016 年，金宝汤公司还成立了三个新部门，专门回应消费者对健康饮食的关切与需求。这一切的努力都体现出金宝汤希望在保持传统的基础上，努力紧跟时代步伐的决心。

对金宝汤来说，传统是一笔财富，公司的品牌价值就建立在百年传统的基础上，当然，这也是金宝汤走向未来的基石。金宝汤的改革与转变是否真的能成功，目前下定论还为时过早。对金宝汤来说，成功转变最大的困难在于，作为一个久负盛名的大品牌，是否能在瞬息万变的市场中，不断提高产品的差异度，满足消费者的新需求。尽管食品行业的变化较其他行业来说相对缓慢，人们对美食的评价标准也相对比较固定，但是，30 年不曾改变的金宝汤公司已经在舒适区里浪费了很多次转变的机会，谁也不知道下一次转变机会到来时，他们能不能抓住。

其实，简单来说，金宝汤公司这种情况就是瞻前顾后导致的，在做决定前，总是瞻前顾后却不见行动。没人喜欢犯错，企业管理层在做出重大决策时，往往要考虑到股东的利益，考虑到公司整体的利益，大家都希望在考虑成熟后，做出正确的决定。但是，当今时代发展变化速度之快，根本不给人这样瞻前顾后的时间，在你反复斟酌、反复论证时，转变的时机稍纵即逝，时代早已将你抛在身后了。希望读者们在看完这一节后，也能对照一下自己所在的公司，看看有没有这个问题，如果存在类似问题，就要及时加以解决，别等在竞争中被人甩在后面再后悔莫及。

## 第七个危险信号：上下不同心

西奥多·苏斯·盖泽尔博士，是知名的儿童读物畅销作家，是孩子们最喜欢的作家之一。他写的故事充满奇思妙想，既有千奇百怪的生物，也有梦幻而遥远的神秘之地，他的书伴随着一代代的青少年成长，也激发了孩子们无穷的想象力。更难能可贵的是，苏斯博士在写这些故事时，总是将某些深刻的道理隐藏在其中，等着孩子们去发掘。

那我们就借用苏斯博士的一则故事《乌龟耶尔特》来阐述最后一种危险信号吧，这种借用也许不是很准确，却是一种有意思的解读方式，可供读者们一看。

《乌龟耶尔特》出版于 1958 年，讲述了池塘之王乌龟耶尔特有一天忽然突发奇想，想要扩大自己的统治范围，将统治领域扩展到池塘之外去。他命令所有的乌龟小兵们一只只叠起来，抬高他的王座，以便他看到外面的世界。在这一叠乌龟中，最垫底的那只叫马克，随着叠在他身上的乌龟越来越多，他逐渐不堪重负，忍不住发出抱怨，但是乌龟大王置若罔闻，反而命令更多的乌龟叠上去。当夜晚来临时，乌龟大王耶尔特升高到了前所未有的高度，看到了从来没看到过的远景。于是，为了看到更远处的景色，他继续命令乌龟们叠上来。终于，忍无可忍的乌龟马克受够了背上越来越重的负担，忍不住打了个嗝，于是整队叠在一起的乌龟都变得摇摇欲坠，处于最顶端的乌龟大王耶尔特被重重摔到了池塘淤泥里。

如果将这则故事放到商场上来，我们能得出什么危险信号呢？首先，乌龟大王耶尔特的决策有正确的一面，在他做出扩大统治领域的决定之后，就想到要扩大视野，尽可能掌握更多以前没有掌握的信息与情况，为实现转变做好准备。这一点非常正确，对任何想要实现转变的企业来说，都可以借鉴。但是，耶尔特没有考虑到整个团队中每一个成员的具体情况，没有意识到团队中的每一个成员对实现转变都至关重要，这就意味着管理层必须保持与每一个员工的沟通，将企业目前的战略思想灌输给每一个员工，最大限度地争取他们的理解，上下齐心，一起完成转变。在本书第三章，我们会详细探讨转变之路上所要面临的三大阻碍，下面我们开始进入第三章。

# 第 三 章

## 03

转变之路上的阻碍因素

在网飞出品的美剧《欢乐一家亲》里，主角弗莱泽邀请他的父亲马蒂跟他一起住到郊区干净整洁的大房子里，然而马蒂非要将他那张破破烂烂、体积庞大、缠满胶带补丁的破躺椅一起搬过去。像马蒂这样的人，在生活中比比皆是，他们因循守旧，想要永远待在自己的舒适区里不出来。其实，每个人都有这样的一面，只是程度深浅而已，熟悉的物品与环境让我们身心放松，带给我们安全感，特别是处在这样一个瞬息万变，所有一切都像脱缰野马一般快速狂奔的时代。世界变化越快，我们越是感到对周遭的一切失去掌控力，就会越是想要回到舒适区去寻找熟悉的安全感。

无论是企业、社会组织，还是个人，都处在一个前所未有的快速变化的时代中，所有人、所有企业都竭尽全力在坚守自身固有价值取向与信念的前提下，不断改变自己，不断实现转变，避免自己与时代脱节，在滚滚的时代洪流中屹立不倒。在写作本书前，我们研究了许多很有代表性的案例。有的企业或社会组织没有深刻理解目标群体，逐渐失去了市场地位；有的则没有及时实施转变，错失了转变的时机。我们希望通过研究这些案例，找到转变之路上的阻碍到底在哪里，到底是什么使这些企业逐渐失去了市场地位，又是什么原因让他们龟缩在舒适区不愿意出来。

我们发现，阻碍企业实现转变的因素并不是单一的，而是多因素相互交织导致的，下面我们通过案例来进一步分析。

## 第一个案例：不愿改变，以柯达公司为例

美国音乐大师保罗·西蒙写过这样一首歌，歌词描述了人们用柯达胶卷记录下了生活中的幸福时刻，然后这一张张照片被放入了一本本相簿里，随意堆放在阁楼和地下室里，再也无人去翻看。说到柯达公司，我们脑海中大概都会浮现出顽固不化的印象，其实，早在数字技术初露端倪之时，柯达公司就已经发现了危险信号，他们已经意识到了数字技术可能会给实体照片、照相技术、传统胶卷行业及社交媒体等领域带来巨大的冲击。不得不说柯达公司对未来发展趋势的判断非常准确，随着数字技术的发展，如今，浏览图片、分享图片已经成为日常社交生活的基础组成部分了。而柯达公司却在 2012 年申请了破产保护，从其传统优势行业中逐渐退出，将值钱的专利一一出售。曾经叱咤商场、世界上最值钱的公司之一的柯达公司是如何走到这一步的？

造成柯达公司穷途末路的原因，既不是目光短浅而没有意识到危机已经到来，也不是对已有市场地位过分骄傲自大而错失了时机。事实上，第一个发明数码相机的人就是柯达公司的工程师斯蒂夫·萨森。1975 年，萨森在柯达公司担任研究员期间发明了数码相机。可以说，柯达公司发明了数码拍照技术，却在长达十几年的时间里，一直没有进行大规模投资。这其中到底是什么原因呢？且听我们细细从头道来。

1888 年，乔治·伊士曼创立了伊士曼柯达公司，也就是我们熟知的柯达公司。柯达公司采取所谓的"剃刀模式"来获利，即采用分离价格销售产品，对同一产品的一部分低价处理，对另一部分高价出售。他们低价卖出相机，主要盈利来自销售诸如胶卷、显影剂、照片纸等耗材。1976 年，柯达公司销售的胶卷数量占美国地区整个行业销量的 90%，相机销量占 85%。当时的大学生们在毕业旅行时都流行带上柯达相机，记录下沿途的点滴，拍着拍着就会发现街角那个陌生的年轻人也在用同样的相机。柯达公司进入了发展的巅

峰期，世界上到处都能看到柯达相机的影子。

　　柯达公司曾是本书作者之一艾伦·亚当森早期执业时期的主要客户之一，他在柯达公司的总部里花费了无数的工时。柯达公司总部的大堂富丽堂皇，非常气派，可里面的办公室却总是显得杂乱无章、塞满了东西，每天都有开不完的会，做不完的决策，公司内部官僚主义盛行，这些也侧面反映出柯达公司由盛转衰的原因。但是，柯达公司的理念却一直是非常先进的，公司崇尚"活在当下"的产品理念，甚至放在图片社交非常活跃的今天，这个理念仍没有过时。

　　在柯达公司供职超过 30 年的高管吉姆·巴顿在谈到柯达公司由盛转衰的原因时，这样说道："其实我们公司内部有一些非常厉害的人，他们准确预测到了未来可能会出现的技术革新，甚至有一个人准确预测到了将来数码技术会替代胶卷成为摄影领域的主流技术。后来事实证明，这个预测准确到了惊人的地步。我可以很肯定地告诉你们，我们公司其实早就预测到了未来可能会出现的情况。但是，我们公司的情况有点像在森林里走路时遇到了分岔路，明明知道路的尽头会是什么情景，却选择了错误的那条岔路。我们都知道胶卷早晚要被数码技术取代，但是，当时生产、销售胶卷给我们带来的利润占了我们全部盈利的绝大部分，我们无法舍弃这部分利润。所以，公司对生产、销售胶卷的态度就变得有点破罐子破摔，决策层甚至有点'我们别无选择，只能继续错下去'这样的自暴自弃。"

　　从巴顿的话里，我们可以解读出一个关键信息：在当时，柯达公司确实已经准确预测到了未来可能会发生的情况，但是公司决策层却不愿意舍弃掉继续销售胶卷可能带来的丰厚利润，由此导致了转变一拖再拖，最终走向衰落。

　　当时，柯达公司的管理层获知了数码技术可能替代胶卷这一预测信息，却还是选择死守固有的运行模式、龟缩在熟悉的舒适区里，用保守陈旧的方式继续闭眼赚钱。在当时，胶卷的销售确实给柯达公司带来了巨额的利润，而习惯了这种赚钱方式的高层渐渐变得毫无斗志，只想懒散地赚安稳钱。毕竟经过了几十年的打磨，这套赚钱模式已经被柯达公司运用自如了，而要彻底改变这种模式，放弃最赚钱的销售部分，从头再来，显然并不是人人都想要的最优选项。实现从胶卷到数码的转变，不仅需要投入大量的人力物力财力，全新的技术支持，还需要转变公司管理层长久以来的管理理念。可是，没有一个高管愿意放弃销售胶卷带来的丰厚奖金与分红，也没有一个高管有勇气以破釜沉舟的决心来推进改革，更没有一个高管愿意承担转变可能失败的风险。柯达公司到了最关键的转折点，却没有把握住，公司管理层几乎是以一种放任的态度任由公司走向了衰落。

企业的管理层在带领企业实现转变时，都会遇到许多困难与问题，转变从来都不是轻而易举就实现的，这就要求企业管理层在心态上、在理念上、在能力上都要胜任这项困难重重的任务。但是，无论是前文提到的柯达公司，还是百视达、美国无线电公司、诺基亚等，他们的管理层显然不具备带领企业实现转变的能力。他们习惯了年复一年地做同样的决策、赚同样的钱，当他们看到危险信号时，不能站在时代发展的角度来看问题，他们缺乏高瞻远瞩的视野，缺乏破釜沉舟的决心，也缺乏实现转变的能力。柯达公司的管理层在早就意识到数码技术即将改变行业格局的前提下，无动于衷，对新技术新时代说了"不"。

柯达公司前高管安德鲁·萨尔茨曼曾负责公司的消费者印象提升工作，现在供职于硅谷战略与创新咨询专家杰弗里·摩尔的鸿沟咨询公司（该公司专门组建了一个由技术专家组成的咨询师团队，为科技公司提供管理类咨询，帮助客户应对新兴技术带来的挑战，巩固既有市场地位），在谈到柯达管理层当时的考量时，他这样说道："当时柯达公司面临着这样一个困境，公司所有利润的95%以上都来自销售包括胶卷、显影剂、照片纸之类的耗材，这个盈利模式是已有的，也是既定的。如果要改变这个盈利模式，将人力物力财力投入到实施转变上去，公司股价肯定会大跌。对当时的管理层来说，要做出转变的决策，放弃既有的盈利模式与丰厚的奖金分红，显然不是那么容易的一件事。其实不仅对柯达来说是这样，对同时代的其他公司也是一样。"

萨尔茨曼认为，柯达公司应该在数码技术方面投入全部的人力物力财力，因为这种投入会产出数倍于传统盈利模式的利润，大大改善现有盈利模式的不足。他认为，与其将所有资源都集中投入到既有产品上，不如将这些资源都投入到新产品上，因为既有产品的利润已经最大化了，而新产品的利润空间还有无限可能可供挖掘。他说道："当时的管理层应该集中所有的资源去研究数码技术，不仅要投入最优秀的人才与大量的资金，还要从产品生产、销售、营销、拓展等多个层面给予全力支持，而且这种投入只能比投入既有产品的多，不能比之要少。在投入大量的人力物力财力后，也许两到三年时间看不到任何收益，甚至可能会出现负增长，但是这种投入却是非常必要、非常关键的，从长远来看，这种投入最终会换来日后的新盈利点，也会换来企业的成功转变。有舍才有得，在转变过程中，管理层必须要学会冒风险，要承担起转变失败之后可能会出现的后果，更要承担转变过程中消失的那些丰厚奖金与红利。"

萨尔茨曼说的没错，柯达公司应该将人力物力财力投入到转变中，找到新的盈利点，而不是全部投入到维持既有盈利模式上。就像萨尔茨曼说的"必须投入大量资金与最优秀的人才，才有可能赢得未来"。他的观点建立在一个基准点上，即短期内向既有盈利模式投入大量人力物力财力会产出可观的利润，会让短期内的财报非常漂亮，但是这种盈利是不长久的；而将大量人力物力财力投入到实施转变与新的盈利模式上，会面临很大风险，但是如果转变成功，会给企业带来比原有盈利模式更大更持久的利润。作为企业的首席执行官，在做出这种决策时，就要考虑好如何在长达两三年的时间里，安抚因为分红下降而愤怒的股东，保住可能动荡下跌的股价。

对柯达这样的企业来说，实施转变要付出的成本不仅仅是钱那么简单。如果柯达公司在当时决定将企业重心转移到发展数码技术上来，那么几十年来维持的这一套管理模式就要发生颠覆性的改变了。柯达公司根植于罗切斯特市,这个根植有两层含义,在空间概念上,公司绝大部分的管理层与部门都在罗切斯特市内,在管理理念上,他们还坚守着典型的传统工业企业的管理理念。要发展数码技术就意味着要朝着数字技术领域、软件领域、硬件领域、共享经济等新领域大步前进,这些领域的尖端公司与人才都集中在硅谷地区,而且他们的理念可以说与柯达这样的传统企业截然不同。

萨尔茨曼认为:"柯达公司应该像硅谷里的那些新型科技公司一样,组建一个创业团队,由愿意承担风险的领导来带领,而不是由现有的高管们来带领。然后用硅谷的方式来思考问题,解决问题。如何快速设计产出一个可行的产品,如何用'全产品'方式来打造价值链架构,如何快速满足主流消费群体的新需求,如何吸引资本市场的关注与兴趣,这些都是这个创业团队需要帮助公司解决的问题。当然,这个模式会彻底颠覆柯达公司原有的管理模式,就像硅谷的创业公司那样,利润的分配不再按照层级,而是按照每个人对公司所做出的贡献大小,而只有整个公司成功实现转变并盈利时,所有人才能拿到属于自己的那块蛋糕。"

他还说道:"当企业的核心业务受到冲击时,企业管理层必须要迅速做出应对,在转变的过程中要允许试错,从中吸取经验教训,并快速调整完善。在转变过程中,管理层所要关注的重点也会随之发生变化,不再像过去一样只关注利润,而要重点关注市场反应与消费者增长情况。在转变开始后的一个时期,企业盈利会减少,也许会出现负增长,这当然不是一件容易接受的事,但这是每个企业在转变过程中必须要学会面对的问题之一。那些习惯于保守稳定、一成不变的管理人员会在企业转变过程中面临淘汰,他们那种按部就班、毫无生气的管理模式与转变过程中所需要的积极进取的管理模式,南辕北辙。"

与之相反,新型的创业公司通常更有进取精神,这些企业的管理层为了获取更大的发展愿意付出更多的人力物力财力,承担更大的风险。企业的转变通常都不是渐进式的，转变并不等于缓慢改良。用萨尔茨曼的话说："改良与转变的差别在于，一个是缓慢而痛苦的，一个是迅速而痛苦的。对传统企业来说，如果每年不能达到预定目标，就会导致资本市场对企业的信心不足，从而迫使企业为了让财报好看点而不得不停止改革。而硅谷的那些新型科技公司就不会特别在意这一点，他们愿意花更多成本更大决心来推动转变。柯达公司并不是一夜之间就衰落的，其衰落征兆从富士公司以价格优势抢到了沃尔玛的订单开始，就初现端倪了。其实从 1987 年开始，柯达公司的研发部门就已经开始研究对图像的捕捉、储存、存档、检索、修改等新领域了，可惜，这些研究成果并没有受到足够重视，柯达公司没有花精力将之商业化。这与另一家传统企业施乐公司的做法如出一辙，都是对自己内部研究出来的新成果不够重视而错失转变机遇。1994 年时，柯达公司推行了数字技术战略，但是却没有将公司所有的人力物力财力都投入其中，既没有建立新部门来推进这项工作，也没有彻底革新公司的管理模式。与此相反，硅谷里的新兴商业巨头，如苹果、亚马逊、谷歌等，却积极主动将大量的人力物力财力都投入到了数字技术中。"

是否意识到未来发展的趋势是一回事，是否竭尽全力实施转变以抓住这种趋势又是另一回事了，哪怕已经准确预测到了未来的发展趋势，只要没有行动力与决心，也照样挽回不了被时代抛弃的命运。柯达公司曾经想方设法保住胶卷销售这一传统优势模式，同时又希望能通过小投入来实现转变，他们既没有意识到这些竭尽全力想要保住的传统优势模式其实早就已经不符合时代发展的潮流了，也没有意识到如果不实施转变公司在十年内就会被市场淘汰。就像很多类似的传统企业一样，柯达公司并没有意识到这是一个不发展就等死的关键抉择。

过去我们谈到柯达公司的衰落时，总是会说这个企业缺乏远见，缺乏对未来发展趋势的预判。事实上，柯达公司藏龙卧虎，在产品设计、生产、销售、营销方面都有很多出色的人才。可公司的管理层却奉行传统守旧、规避风险的管理理念，将卖耗材作为几十年来一贯的盈利模式。他们没有积极进取的激情，也缺乏与时俱进的能力，不敢在新技术上投入过多，对公司的未来发展没有紧迫感。他们关心的是如何保住几十年来一以贯之的盈利模式不变，讨好股东，讨好资本市场，所以即使管理层看到了危险信号，意识到了数字技术的重要性，也不愿在其中投入人力物力财力，白白错失了实现转变的先发优势。现在回头去看柯达公司由盛而衰的过程，除了太过看重财报数据，太过看重传统盈利模式之外，柯达公司还有一个严重缺陷：缺乏积极进取的企业文化。可以说，柯达公司的失败，并不是败在被时代淘汰，而是败在了明明有机会实现转变，却不愿转变。

## 微软公司的豪赌

读者们大概会认为上文中提到的将大量人力物力财力投入到实现转变上过于冒险，以致没有企业会真的采取这种方式，事实上，确实有企业采取了这种方式并获得了成功。为了证明所言非虚，我们截取了脸书首席信息官蒂姆·坎波斯贴在公司博客上的一段话，以供读者参考：

"脸书的愿景非常明确，我们希望能给每个人分享的权利，让世界变得更开放更互联。每一天，超过1.3万名脸书员工都以此为目标积极工作，为全世界10亿脸书用户提供优质服务。

"为了提高公司生产力，我们需要有效的信息技术辅助工具，有了这些工具，我们的想法将会从虚拟变成现实，从而改变人们的生活。有效的辅助工具必须具备较高的灵活性与适应性，既能在网页、移动终端等平台良好运作，又能适应跨平台操作，既能帮助员工提高工作效率，又能确保工作环境安全可靠。

"基于以上原因，我们采用了微软公司的 Office 365 作为工具软件，它不仅能适应复杂平台间的工作，也能满足脸书严格的安全要求，让我们的工作变得更智能、灵活，更重要的是，这款软件还处于不断升级完善中。

"只要微软公司继续升级完善这款软件，我们就会继续将之作为首选软件之一。换句话说，我们看重的不仅是这款软件现在的出色表现，我们同样看重微软的升级完善工作，相信通过一次次升级完善，这款软件会越来越出色。"

从这段话中，我们可以看出，脸书对微软的 Office 365 很有信心，加入到了微软的这场转变豪赌之中。而微软不惜成本地投入这款软件，也从侧面说明了，在这个快速发展的时代，高新技术企业所面临的挑战有多巨大。对柯达公司来说，哪怕他们看到了危险信号，意识到了未来发展的趋势，却因为不想失去传统盈利点，而没有将大量的人力物力财力投入到实施转变上，白白错失了最佳时机。与此相反，微软在面对日益激烈的竞争时，高瞻远瞩，准确判断形势，在 Office 365 上投入了大量人力物力财力，做出了这次"豪赌"。2010 年 10 月，微软冒着失去盈利增长点的风险，开始了 Office 365 的研发，微软希望能研发出帮助用户提升工作效率的新工具软件。2011 年，Office 365 开放公测，2012 年，发布通用版本。与传统的 Office 系列软件不同，Office 365 是一款基于网页平台的新型工具软件，提供云存储功能，可以适应多设备界面操作，还为用户提供订阅服务。

萨尔茨曼这样评价微软的这款新软件："一般来说，企业对已有产品的完善与对一款新产品的重新研发，是截然不同的两件事。但是对微软来说，这两件事合二为一，变成了同一件事。微软意识到了移动终端与云计算会给业界未来发展带来巨大挑战，为了应对这一挑战，他们跳出了原有舒适区，积极主动寻求转变。更难能可贵的是，微软的管理层非常具有远见卓识，有决心有魄力，在意识到未来发展趋势后，立刻开始行动。特别是微软首席执行官萨提亚·纳德拉，他在关键时刻勇挑重担，采取了一些比较激进的举措，使得微软在一众竞争对手中脱颖而出。"

事实证明，微软赢了这次豪赌。

## 第二个案例：追加沉没成本，以施乐公司为例

1959年时，施乐、舒洁都是家喻户晓的知名品牌，是其所在领域的代表性品牌。几十年后，谷歌也成了这样的品牌。消费者们习惯于说"我想买一台施乐，给我拿一张舒洁纸巾，上网谷歌一下"，这些品牌的名字成了某一类产品的代名词。1959年时，施乐公司正处于巅峰时期，推出了914型影印机，在业内掀起了一场产品革命，在此之前，还从来没有哪一台影印机像914那样高效便捷。也许914的功能在今天看来平淡无奇，毕竟现在的技术已经进步到在一纳秒内，信息可以绕着地球跑一圈了。但是在当时，914的出现还是惊艳了整个业界。可惜，施乐公司在此之后开始走下坡路，在技术创新方面渐渐乏力，财务方面频频出现问题，最终走向了没落。

其实，在十几年前，施乐公司已经意识到了技术革新所带来的新挑战，他们意识到了数字化时代即将到来，也已经开始着手实施转变，在原本的生产、销售影印机之外，挖掘新的增长点。施乐公司的目标是转变成为一个方案解决公司，结合影印行业的实际情况，他们所谓的方案解决即是为客户定制文档处理方案，解决文档处理方面的难题。在当时，数字化已经初现端倪，人人都在谈论数字化，都希望抓住数字化带来的契机，施乐公司也不例外，他们也想从中分一杯羹。但是，作为一家声名显赫、历史悠久的老牌企业，施乐面临着所有传统企业转变时都会面临的两大问题。第一，随着技术的发展，越来越多的消费者都选择使用简单快捷的台式打印机，甚至连原本依赖于影印机的大型金融服务公司都不再依赖于施乐公司的产品来复印、处理文档与报表了。无纸化办公理念快速兴起，成了主流办公模式，所有的文档、报表、图片等等都在网上传输、网上办理、网上储存。第二，施乐公司作为一家老牌企业，其营业范围、产品类型、公司运作都已经定型，消费者对施乐公司有一个先入为主的预判，想到施乐这个牌子就会想到高质量的影

印机，这在过去是施乐公司的一大优势，有利于增加消费者对产品的认知度与认可度。但是现在这种先入为主的预判却不利于施乐公司实行转变，特别是施乐自己定的目标是要成为方案解决公司，这个目标其实很宽泛而且没有重点，能成为解决方案的公司成千上万，施乐这个新的自我定位无法抓住消费者的眼球。

更具有讽刺意味的是，施乐公司其实是最早一批实现技术创新的公司之一，他们在信息技术、数字化等领域里研发出了具有跨时代意义的成果，一点都不比今天我们认为的那些高新科技公司差。比如，1984年，苹果公司推出了Mac电脑，是世界上第一台图形用户界面电脑。消费者不再需要花力气学习文本操作命令，就能轻松自如地使用电脑。很多人不知道，发明这个图形用户界面的并不是苹果公司，而是施乐公司。施乐公司为了研究新技术，成立了帕洛阿尔托研究中心，这个研究中心出了很多重量级的研究成果，除了图形用户界面之外，还有鼠标、以太网、直观的文字处理软件、激光打印机等。有了这些研究成果，施乐公司为什么还会走向衰落呢？原因很是让人唏嘘，施乐公司并没有重视这些成果，也没有将它们商业化，他们的重点仍旧放在提升打印机效率上。

施乐公司在实行转变时，发现可供投入的资金不充裕。为了筹集资金，他们拖长了整个转变的过程，这也使得他们在沉没成本的误区里越陷越深。在经济学上，有一个沉没成本的概念，指代那些已经投入，无法挽回，但与当前决策完全无关的成本。在做决策时，应该重点评估未来可能发生的情况，将全部的资金投入到未来，而沉没成本恰恰相反，它与当前决策无关，与未来无关，它投入的对象是过去已经发生的决策。就像是赌桌前的赌徒，合理的押注方式应该是关注下一把开大开小，而不是为了追回过去已经输掉的钱而继续押注，过去已经输掉的部分就是他的沉没成本，这部分已经无法挽回了，所以理智的决策应该是放弃这部分沉没成本，关注当前，关注未来。但是未来总是不可预测，所以对赌徒来说，最理智的决策就是见好就收或者忍痛割舍，在当下停止继续投入沉没成本。社会学家认为那种不肯放弃、继续投入沉没成本的行为是一种自我承诺式的偏执。施乐公司将大部分的人力物力财力都投入到提高已有产品效率、优化已有产品性能上，这就是典型的自我承诺式的偏执投资行为。他们舍不得已经投入的沉没成本，于是将所有的资源，包括时间、金钱、人力、物力都一分为二，大部分继续投入到沉没成本中去，小部分投入到创新上，所以施乐公司会无视自己研发出来的重量级创新成果也不足为奇了。应该说，施乐的这个资源分配模式完全不符合我们上文提到过的模式。

克里斯塔·卡罗恩曾是施乐公司的市场总监，负责施乐公司的全球市场营销与沟通工作，她在施乐待了17年。谈到施乐公司的转变时，她这样说道："我是1996年进入施乐公司的，当时公司还处于发展上升期，各项指标都还没有出现下降趋势。我总是说，施乐公司像是一只猫，有9条命，在漫长的79年历史中，一次次成功实现转变，一次次从风口浪尖活下来。我加入施乐公司时，公司内部已经开始了向数字化转变的过程。以前，都是人来操作影印机完成影印，现在所有的东西都与电脑相连，连影印也是电脑指挥影印机完成的了。后来，激光打印机逐渐兴起，实现了打印机直接与电脑相连，惠普公司借此一跃成为我们的强劲竞争对手。施乐公司确实是率先研究激光打印技术的企业之一，但是，当我们还在慢慢研究时，我们的竞争对手早已快我们一步，开始研究如何缩小激光打印机的体积，以便在办公场所普遍投放，最终他们研发出了体积更小更高效便捷的台式激光打印机。"

卡罗恩承认："一开始我们并没有意识到实施转变的重要性，只要企业利润保持在一个范围内，大家就觉得万事大吉了。但是，当企业利润开始下降时，一切危机才真的浮出水面。施乐公司很依赖金融机构、医疗机构、银行等需要大量打印文档与表格的客户，他们对打印、复印的需求量很大，而当这些客户开始实行无纸化、自动化办公时，我们就变得非常被动。逐渐地，银行与金融机构开始使用电子账单、电子表格、电子清单，医院开始使用电子病历、电子处方、电子档案，这些机构因此省下了巨额的打印成本，而这些被削减掉的成本原本都有可能成为我们的利润，电子化最终影响到了施乐公司的生死存亡。"

此后，施乐公司又经历了彩色打印的冲击，消费者不再满足于传统的黑白两色打印，而是希望实现彩色打印。施乐公司及时调整了墨水技术，彩色打印成了施乐公司的新盈利点。但是，彩打并不会吸引人们多打印，无纸化办公仍是社会主流趋势，彩打带来的盈利并不足以弥补无纸化办公所带来的负增长影响。施乐只好开始打价格战，希望低价多销挽回损失，可惜结果并不理想，施乐还是走向了衰落。卡罗恩认为，施乐与柯达一样，其实早就已经看到了危险信号，甚至早就预见了未来发展的趋势。她说："危机就是转机，我们开始实行转变，从传统的影印机制造商、供货商，转变成为专业的服务公司。我们在硬件方面有优势，但是这还不够，我们要找到新的盈利点，以弥补逐渐下降的利润。因此，我们收购了一家新型企业，联盟计算机服务公司，希望借此来进军新市场。这是施乐发展史上非常大胆的一步，为此需要我们转变过去的传统思维，跟上时代发展的潮流。但是，卖打印机与卖服务，是截然不同的两个领域，施乐想要在新的领域立足，想要跟上时代前进的脚步，想要平衡开拓新领域与维持传统市场的成本费用，还有很长的路要走。"

那么，施乐公司现状如何呢？2017年2月3日，经过一系列自我调整与自我完善，施乐公司在技术创新与资本运作方面进行了新的尝试，最终决定将公司一分为二，两个公司分工明确，一个负责硬件业务，专注于提高打印机的文件管理与文件处理效率，另一个负责服务业务，专门帮助客户提高文件处理工作效率。两家公司定位准确，互不干扰，企业收益呈现出逐渐上升的趋势。但是，如果施乐公司一开始就将大量人力物力财力投入到实行转变上，投入到技术创新方面，而不是投入到沉没成本上，时至今日，可能就是能与苹果、IBM、谷歌等并肩的商业巨头了。退一步说，早一点实行转变，施乐也不会闹到差一点要递交破产保护申请的地步。毕竟，施乐公司有良好的品牌基础与市场地位，如果早点实行转变，非常有可能延续辉煌。很可惜，施乐公司不具备高瞻远瞩的能力，错失了机遇。

在施乐公司寻求转变的过程中，时间与资金是掣肘的关键因素。从资金角度来分析，由于传统业务表现不佳，盈利减少，而公司将大量资金都投入到挽救传统业务方面，致使公司在创新方面的投入不足以支撑起整个转变所需要的资金投入。而投入大量资金的传统业务领域却迟迟没有起色，沉没成本的规模越来越大，所剩资金特别是能投入到创新方面的资金越来越少。由此，整个资金运作陷入了恶性循环。从时间角度来分析，施乐公司历史悠久，消费者对其已经形成了固有印象，要在一朝一夕间改变消费者对施乐这一品牌的认知度，绝非易事。要转变消费者的固有印象，需要投入大量的营销经费、营销人员，向消费者展现出品牌新的记忆点，这些都需要时间才能完成，而时间恰恰是施乐最缺的东西。

## 第三个案例：发展方向错误，以玩具反斗城为例

克莱顿·克里斯坦森是哈佛商学院的教授，他研究的主要课题之一就是企业要如何维持成功。他写过一本畅销书《创新者的困境：新技术是如何让大公司失败的》，英特尔公司的前任首席执行官安迪·格罗夫非常推崇这本书，认为这本书是他"过去10年来看过的最好的书之一"。在这本书里，克里斯坦森探讨了这样一个主题——在每个决策都正确的前提下，顶尖企业为什么仍旧会失去市场领导地位。他探讨的这个问题在各行各业都普遍存在，只要企业管理层还在坚持用传统的方式管理企业，这些企业就会在时代的潮流中逐渐被淘汰。他所谓的创新者的困境是指，即使企业实现了技术创新，消费者们也会因一时无法接受这种创新而宁可弃之不用。他在书中举了很多这方面的例子，不少企业尽管有很好的创新成果，却因为太过于关注消费者

的需求与想法，太过于担心新技术投入市场后的接受程度，反而在实现转变时变得畏首畏尾了。

前文我们提到的两个阻碍因素，都出现在企业面对新技术冲击实行转变时，然而，新技术对企业的影响绝不仅仅如此。芭芭拉·劳伦斯是卢宾劳伦斯咨询公司的联合创始人及执行合伙人，该公司致力于帮助企业制定与实施创新发展战略，他们的客户包括迪士尼、强生、百事可乐、富达投资等大公司。在谈到克里斯坦森的理论时，她非常赞同，并举了玩具反斗城的案例。玩具反斗城是该公司的大客户之一，几年前，网上购物逐渐兴起，人们一改以往去实体店挑选玩具的习惯，越来越多地从网上购买价廉物美的玩具，玩具反斗城的销售额受到了在线销售市场的冲击。

劳伦斯说道："虽然玩具反斗城奉行平价销售理念，以价廉物美的产品赢得了消费者的口碑，但是这种销售模式受到了来自沃尔玛、塔吉特及亚马逊的冲击。这些竞争对手来势汹汹，相较于玩具反斗城这样的传统玩具销售企业，他们可以提供更低的价格、更大的库存、更便捷的购物体验。玩具反斗城逐渐在这场竞争中败下阵来，失去了原本行业老大的地位。玩具反斗城不得不重新审视自己的市场战略，重新制定目标，重新寻找盈利点。就像克里斯坦森说的那样，玩具反斗城所面临的市场环境已经今非昔比、截然不同了，他们开始意识到自己正在逐渐失去行业领导者地位，管理层想要实行转变而公司上下却都还没准备好，由于一直以来实行的都是低成本低服务模式，要实行转变，就意味着要彻底推翻这套已经运行了几十年的盈利模式，谈何容易。"

玩具反斗城占据行业领导者地位已经有几十年了，这几十年来，他们表现得非常优秀，已经成了这一盈利模式的代表性企业。玩具反斗城可以说是所有家长必去的场所之一，从成堆的玩偶、布娃娃、乐高积木与棋类游戏里挑选心仪的玩具，塞满手推车，满载而归，看着孩子们欢呼着接过属于他们的玩具，这种喜悦感可以填满每一个家长的心。但是，突然之间，玩具反斗城就从人人都必去的玩具店变成了诸多选择中的一个，而且还是不太受家长欢迎的那一个了。沃尔玛之类的大型超市能以更低的价格、更充足的货源、更便捷的服务，让家长们在购买厕纸、微波炉、健身裤之余，买到心仪的玩具。后来，线上购物逐渐兴起，家长们甚至都不用出门去沃尔玛，只要在家点点鼠标，就能从亚马逊上买到物美价廉的商品了。

为了更好地了解玩具反斗城所面临的市场形势，劳伦斯开展了一项市场调研，主要调查人群包括学龄儿童以及他们的父母、祖父母。结果发现，大型超市的加入及线上购物的兴起仅仅是玩具反斗城所面临冲击的一部分。劳伦斯说："我们希望通过调研，摸清对成年人来说，到底什么是理想的游戏体验及购物体验。我们发现，家长们认为好的游戏体验与玩具价格无关，低价玩具并不能让家长们觉得物超所值。家长们希望通过购买玩具让孩子们在游戏娱乐中学到知识、探索未知，他们认为理想的玩具应该同时具备教育功能与娱乐功能。他们希望为孩子们购买能帮助他们增长见闻、拓宽视野的玩具，而不单纯是价格低廉的玩具。其实家长们在购买玩具上，特别是购买寓教于乐类玩具的预算是很充足的，他们希望挑选、购买玩具的过程，对孩子们来说是一场发现之旅，而不是单纯的购买行为。父母亲们都希望能在孩子们幼年时，通过挑选购买玩具的行为，培养孩子的生活技能。所以，他们理想中的玩具店并不是玩具反斗城那样只见玩具、不见服务员，他们希望玩具店里有专业、热情、充足的服务人员，能在他们挑选玩具时，给出意见和建议。"从这里我们可以看出，消费者愿意为了高质量的服务、高质量的产品，而承担更高的价格。玩具反斗城一直以来推行的盈利模式与市场调研的结果背道而驰。

拿到调研结果后，玩具反斗城对以往的经营模式进行了改革，在纽约时代广场新开了一家巨大的旗舰店，安置了摩天轮，开设了魔法奇幻秀等主题，希望打造出消费者心目中的新玩具城。这家旗舰店在 2002 年开业，开业之初业绩非凡，但是，随着公司内部管理层变动，新领导层对盈利模式又进行了调整，旗舰店的盈利逐渐下滑，打造旗舰店的营销策略被逐渐搁置，最终，在开业14年之后的2016年11月，纽约时代广场的这家玩具旗舰店被迫关门歇业。

摆在玩具反斗城面前的，似乎又是老问题：重整公司，实行转变。作为玩具业界的巨头，玩具反斗城这一品牌积累了几十年的口碑与实力，有足够的能力实行转变，也有足够的能力去满足消费者日益变化的需求。但是，公司内部管理层变动与公司股权结构变动，使得实现转变越来越难。从1994年到2015年，玩具反斗城换了6任首席执行官，公司股权结构也发生了巨大改变，先是与亚马逊签订了合作协议，却又在6年后终止了合作。在2005年，玩具反斗城被卖给了贝恩资本，变成了一家私人公司。

对此，劳伦斯这样认为："玩具反斗城公司管理层内部存在着信任危机，董事会意见不统一，而且谁也说服不了谁，这让实行转变异常困难。董事会里一些人认为应该坚持原有盈利模式，实行转变的成本与代价太高，另一些人认为必须实行转变，不然公司就会走向衰落。其实，管理层早就看到了公司正在走下坡路，他们也知道转变可能会给公司带来多大的潜在利益，但是，他们就是无法齐心协力，无法做出统一的决策。"

在克里斯坦森的书里，还出现了很多类似玩具反斗城的案例，通过这些案例，我们会发现，原本促使一个企业获得成功的模式，在时代变迁的大背景下，可能会成为企业转变的绊脚石。克里斯坦森认为，一个优秀的企业必须要时刻倾听消费者的需求，仔细观察竞争对手的动态，将人力物力财力大胆投入到可能会提高利润的转变中去。玩具反斗城确实在过去取得了辉煌的业绩，但是随着时代的变迁，这一套已经逐渐被市场所淘汰，他们没有及时满足消费者的新需求，也没有认真观察新兴的竞争对手，导致他们无法齐心协力实行转变，从而错失了转变的时机。玩具反斗城的遭遇与柯达公司有点类似，都是没有及时做出转变，没有足够的资金来维持公司良性运转，只好将大量的人力、财力、物力都投入到现有的盈利模式中，而不是投入到创新与未来，由此导致其错失了转变的黄金时期。

## 第四个案例：尾大不掉，以宝洁公司为例

2016 年 6 月，《华尔街日报》刊登一篇题为《宝洁公司自 2005 年以来就再也没有出现过销量超过 10 亿美元的王牌产品》的报道，文中指出，宝洁公司 2015 年的销售总额为 707 亿美元，创下了 4 年来的新低。如果仅仅是看这几个数据，不知道背景的读者们也许觉得这是非常了不起的销售数据，远远高于绝大多数同类企业。但是，对宝洁来说，10 亿也好，707 亿也好，都不够优秀，原因很简单，这是巨无霸企业宝洁公司。

2015 年，大卫·泰勒就任宝洁公司首席执行官，他一上台就面临着内忧外患的严峻挑战：在外，竞争对手们虎视眈眈，想要以价格战击垮宝洁；在内，公司创新乏力无法满足消费者日益变化的新需求。泰勒一上台就大刀阔斧进行改革，他果断叫停了销售不好的项目，重整了产品研发流程，在公司内推行市场导向的经营策略。他还砍掉了几个表现不佳的子品牌，削减了部分广告投入，将大量人力物力财力投入到市场调研与市场营销中。但是，在这个瞬息万变、竞争激烈的大环境中，他的这些改革措施并没有力挽狂澜，宝洁公司还是在逐渐失去其行业主导地位。

2016 年，泰勒在一次电话会议上分析宝洁目前面临的困境与挑战时，这样说道：“为了推动公司利润增长，我们必须要重新挽回消费者对宝洁产品的重视，满足消费者们不断变化的新需求，而要达到这个目标，我们必须要在提高产品针对性上下功夫。”

泰勒用到了一个词“针对性”，也可以解释为品牌的相关度，提高产品的针对性就是在提高产品新颖性与差异性的基础上，满足消费者们的新需求。为了达到并保持相关度，就必须时刻与市场步调保持一致，实时掌握新趋势与新需求。

宝洁公司在满足消费者需求这方面一向走在同行业前列，他们善于洞悉消费者的需求，在开展大量市场调研的基础上，积极主动进行产品研发，最终生产出让消费者满意的新产品。在宝洁几十年的辉煌历史上，出现了许多这样的产品，例如，让父母省力、宝宝舒爽的不易渗漏纸尿裤，极易冲洗而无残留、让洗碗变得省时省力的洗洁精，清洗功能与软化织物功能合二为一的洗衣粉，等等。过去的宝洁公司能迅速察觉到消费者的需求，并想方设法满足他们，这套成功模式运行了几十年，为宝洁公司创造了巨大的利润。但是现在，面对飞速发展的商业环境，这套模式似乎失效了。

　　到底问题出在哪里了？是什么阻碍了宝洁公司实现转变？是什么让宝洁公司的产品失去了相关性？是什么将宝洁公司从行业巨无霸的位置上拉了下来？几十年以来，要论洞悉并满足消费者的需求，行业内的竞争者们都不是宝洁的对手，可是忽然之间，宝洁却从绝对优势的位置上跌落下来。产品缺乏相关性还引发了其他恶性循环——首先，互联网经济兴起，消费者开始频繁使用网上购物，由于宝洁的产品在相关性上并没有特别突出，于是消费者开始在网上购买同类型的更廉价的产品来替代保洁产品。其次，出现了新的、更有创意的经营模式，激发了消费者的好奇心与尝试欲望。比如，一美元剃刀俱乐部以按月收取会员费的形式为用户提供个性化产品，用户每个月花一美元即可按时收到邮寄来的新刀片。这种营销方式大大冲击了宝洁旗下吉列剃刀的销售，抢占了原本属于吉列剃刀的用户群体。最后，全球经济大环境普遍不景气，不少国家出现了或轻或重的经济问题，间接影响到了宝洁产品的销售情况。当然这一点属于客观情况，非宝洁公司所能控制。但是，在其能控制的因素里，宝洁也没有做到游刃有余，既没能提高产品认可度以扩大市场占有率，也没能提高产品差异性以满足不同群体的独特需求，抢占目标群体。不过，说到底，一切的根源都在于宝洁产品日益下降的相关性，如果能提高产品相关性，像以前一样保持产品的强劲竞争力，那么所有的问题都会迎刃而解。可是，要提高产品的相关性，就不得不实行转变，在这样一个庞大而臃肿的公司里，要实行转变谈何容易。

挡在宝洁公司转变之路上最大的绊脚石就是这个辉煌了几十年而尾大不掉的公司本身以及公司里弥漫的繁杂臃肿的企业文化。

黛博拉·亨里埃塔曾是宝洁公司亚洲区集团总裁，现在一家为世界五百强企业提供大数据及新技术分析、应对策略的咨询公司任职，在谈到宝洁公司时，她这样说道："市场趋势快速变化，新需求层出不穷，宝洁公司面临着严峻形势，必须要时刻保持一种紧迫感、危机感，并立刻行动起来，快速实现转变。但是，这并不符合宝洁公司的行事风格。实事求是地说，公司越大，要实行转变越是困难重重，这是公认的事实。但是，只要下定决心，付出努力，还是可以成功实现转变的。我曾在宝洁公司亚洲区工作过 7 年，很幸运，当时与我共事的管理团队非常有进取心，不拘泥于过去，具有难能可贵的前瞻思维，所以我们齐心协力推行了改革，效果也非常不错。可是，当我调回到宝洁美国总部后，我发现一切都变了，宝洁总部相较于生气勃勃的亚洲区域，落后了太多。总部的这些人还在按部就班地套用既定的战略、系统、流程，他们认为这套运行了几十年也成功了几十年的模式一定会继续成功下去。正是这种不愿改变的氛围，以及这些不愿改变的管理层，导致在总部推行改革非常困难。我将这些人称之为'数量庞大的守旧派'，他们满足于传统的方式方法，用自己熟悉的旧模式应对层出不穷的新情况，他们不愿意将人力物力财力投入到创新上，更不愿意实行转变。宝洁公司其实已经到了非常关键、非常危急的时刻了，管理层已经意识到了改革的重要性，求新求变的思潮在宝洁内部开始流行。但是，由于这些数量庞大的守旧派的存在，实行转变的速度与效率都变得非常低下。"

正如黛博拉所说，宝洁已经用旧模式成功了那么多年，他们根本没有想过要去寻找新的盈利模式，没有人真正换个角度、换个思路去认真思考公司未来的出路，也没有人愿意改变现状，放弃现有的舒适区，冒险实行转变。像宝洁这样拥有数量庞大的守旧派的庞大企业，需要借助咨询公司这样的外力来跳出舒适区，换一个新角度来寻找出路。黛博拉说："面对宝洁这样的大公司时，我一般都会建议他们跳出惯性思维，将自己当作一个刚刚起步的小公司，以创业者的思维来重新思考问题。宝洁公司其实在数字化方面走在非常前面，也达到了很好的效果，这体现出宝洁在应对新事物时是能够灵活应对的。但是很可惜，他们的这种灵活性并没有传导到公司管理方面。宝洁管理层觉得实行转变可能会打破几十年来一直使用的旧盈利模式，可太过沉溺于过去的辉煌，反而会让我们看不清周围环境的变化，也看不清未来发展的趋势。随着亚马逊、优步、一美元剃刀俱乐部等企业的兴起，整个行业发生了翻天覆地的变化，过分沉溺于过去的盈利模式，会让企业在这种新变化面前手足无措。这就好像一群人踢足球，为了得分，大家都紧盯着足球，围着足球跑，没有哪个球队会将全部队员都安排去防守。宝洁就在做防守，他们需要紧盯市场，重新回到竞争中去。"

我们做过一个市场调研发现，无论哪个行业，越是大型的企业，守旧派的数量就越多。一个企业要想成功实现转变，必须具备三个条件：自上而下的正确决策，自下而上的坚决执行，中间没有"中梗阻"。宝洁公司显然不符合这个条件。新任首席执行官泰勒上台后虽然实行了一系列大刀阔斧的改革，但是，在我们看来，这些措施都不算是彻底改革措施，起码不是革命性的措施。比如，他没有关注年轻人群体，没有意识到年轻消费者既看重产品的性能，也看重产品的持续性这一特性。再比如，他大力推行裁员政策，希望借由裁员来提高公司效率，但是，裁员所带来的员工士气低落、人心不稳恰恰是实现转变过程中的大忌。

我们认为，从目前来看，宝洁公司还没从过去的旧模式里跳脱出来，上至首席执行官，下至守旧派，都不愿意从舒适区里走出来。黛博拉说："我去亚洲工作前，我以为自己要离开发达地区，去一个欠发达的地区开疆辟土。但是匆匆 7 年过去，当我再次回到美国总部时，我发现自己错了，我好像又回到了 7 年前的亚洲，总部在数字化与互联网应用方面甚至远远不及亚洲区。

回到总部工作的这几年，我觉得自己是进入了一个停滞地区。现在大卫·泰勒成了新一任首席执行官，他的改革能否奏效，他是否能够给宝洁带来全新的局面，让我们拭目以待。但是我认为，对宝洁这样一个庞大的公司来说，实行转变没有想象的那样容易。"

## 第五个案例：舍本逐末，以黑莓公司为例

1984年，来自加拿大滑铁卢大学的学生麦克·拉扎里迪斯和来自温莎大学的学生道格拉斯·弗雷金一起创立了一家电子与计算机科学咨询公司"动态研究公司"。起初这家公司一直默默无闻，后来他们发明了一种能快捷、安全、高效收发邮件的新设备，让员工在离开办公室时也能收发工作邮件，这就是黑莓手机的原型。此后这家坐落于加拿大的高新科技公司一发不可收，逐渐发展为最有价值的高科技公司，成了业界的传奇。无论是企业高管、国家领导人，还是好莱坞的明星，人人都想要买一台黑莓手机，一时间，黑莓手机成了人们的标配设备。

比如，为防止错过任何一封重要邮件，通用电气公司前任首席执行官杰克·韦尔奇去打高尔夫球都要带上他的黑莓手机。奥巴马也是黑莓忠实用户，连在总统竞选活动中也随身携带黑莓手机。投资银行家、对冲基金经理、计算机工程师，甚至职场妈妈们都将黑莓手机作为随身携带的首选设备，黑莓手机让他们能随时随地处理工作，哪怕离开办公室也能保持工作状态。后来，连美国警方与美国国防部都成了黑莓的客户，外出执行任务的警官与国防部官员都人手一部黑莓手机。对这些需要随时随地保持工作状态，需要兼顾信息交流的方便快捷与安全可靠的职场人士来说，黑莓手机的出现简直是一个福音。

相信本书的很多读者曾经是黑莓手机的用户，经历过黑莓由盛而衰，由辉煌转入没落的过程。连眼高于顶、吹毛求疵的华尔街精英们也曾一度臣服

于安全可靠、高效快捷的黑莓手机，黑莓全盛时期的辉煌可见一斑。黑莓的成功可以归结为三大关键因素。第一，黑莓手机附带按键键盘，用户能非常方便且快捷地输入文字，随时随地回复大量邮件与信息，处理工作事务。第二，黑莓手机具有非常好的安全性，这也是黑莓主打的王牌卖点。对那些华尔街精英或者政府要员来说，信息传输的安全性是第一位的，这也是他们选择黑莓手机的重要原因。黑莓手机里的"黑"字，天然就给人一种保守秘密的安全感。第三，黑莓流行时，苹果手机与安卓智能机等强劲竞争者都还羽翼未丰。而且，黑莓当时的定位就是辅助用户实现移动办公的工具，而苹果或安卓手机的功能就丰富多了，既可以听音乐、拍照片，又可以社交、玩游戏。所以当时很多黑莓用户都有两个手机，一个用来移动办公，一个用来生活娱乐，各自都有自己的功能，相安无事。

黑莓的衰落原因就比较复杂了。用一句话来概括就是，黑莓公司太过傲慢，觉得自己不可战胜，而错失了实行转变的机遇，公司发展一直停滞不前。黑莓公司没有充分重视苹果、三星等智能手机品牌的崛起，这些后起之秀不仅在外观上更符合消费者的审美品位，而且在性能上也开始超越黑莓手机，可以说是集颜值与功能于一身，很快征服了年轻的消费者们，并逐渐引领了行业里的主流趋势。黑莓手机一直引以为傲的安全性，也不再是他们的王牌卖点，三星公司推出了主打安全性的智能手机，对黑莓公司冲击很大。

而在竞争白热化的关键时刻，黑莓公司却做出了极其错误的决策。他们放弃了对安全性这一核心价值的追求，转而去模仿、追赶新出现的智能手机，而黑莓手机的主要目标群体所看重的正是黑莓的安全性，黑莓这个时候舍本逐末，真是下下之策。其实，这背后还有一个深层次的原因，那就是黑莓一直以来自我感觉良好，他们高估了用户的忠诚度，以为这些用户会无条件追随黑莓到天荒地老。可是，没有哪个品牌、哪个企业、哪个产品、哪个组织是战无不胜的，也没有哪个消费者群体会无条件追随，哪怕是最最忠诚的消费者群体也做不到这一点。

其实，黑莓公司最应该做的恰恰是聚焦到核心用户群体上，了解这些忠实用户到底有什么需求，有什么建议，并以此出发，做强黑莓的王牌卖点——安全性，不断提升黑莓产品的差异度，提高市场竞争力。

大卫·坎普是黑莓公司前副总裁，主要负责整合市场营销工作，他在黑莓供职的时间段，正是黑莓逐渐从辉煌转入衰落的早期阶段。谈到黑莓衰落的原因，他这样说道："我认为黑莓是被长久以来的不可一世与傲慢自得害惨了，黑莓的管理层总是觉得黑莓是不可战胜的，高估了消费者对黑莓产品的忠诚度，对竞争者的崛起掉以轻心。当苹果、三星等这些智能手机开始大规模推行触摸屏及手机应用软件时，黑莓还活在自己想象出来的不可战胜的错觉里，既没有重视竞争对手，也没有重视产品创新，对产品与公司的未来发展缺乏规划，对行业的未来走向缺乏高瞻远瞩的宏观认知。这样黑莓公司在面对激烈的市场竞争时，表现得力不从心，根本无法推出有竞争力的新产品。"

从品牌价值角度来看，导致黑莓公司逐渐衰落的原因在于消费者对黑莓这一品牌有了固定思维，年轻消费者会认为黑莓手机是父辈才会用的"老人机"。坎普认为："很多年轻消费者对黑莓手机有一个固定印象，觉得这个手机代表了保守、老派的形象，不适合穿帽兜衫、玩流行游戏、走在潮流前端的自己。这对黑莓公司来说是一个亟待突破的形象，也是一个危及产品相关性的重要问题，一旦年轻消费者觉得黑莓不适合自己，黑莓产品与消费者之间的相关性就在下降，市场竞争力也就随之下降了。"坎普加入黑莓公司正是在这个关键性的转折点，他回忆道："为了挽回消费者，管理层决定模仿竞争对手们，推出外观更好看、操作系统更优化、更符合当前市场主流的新产品，黑莓10。管理层认为，通过模仿竞争对手，推出类似新产品的方式，能帮助黑莓公司重新赢得消费者的心。但是，市场反应平平，新产品并没有挽救黑莓。我认为，我们根本不应该去模仿竞争对手，而是应该回归到黑莓公司发家立足的根本上来，那就是黑莓手机的安全可靠，这才是我们的免死金牌。离开这一点，无论投多少钱在市场营销上，都无法挽回已经失去的市场地位。"

坎普说得非常正确，一语中的。黑莓公司的出路并不在于模仿竞争对手，随波逐流推出毫无特色的新产品，他们的出路在于专精于自己擅长的王牌卖点，聚焦自己的核心用户群体，满足他们在手机安全性方面的新需求。黑莓之所以能发展壮大，乃至于创造辉煌，靠的就是这个王牌卖点，而时至今日，安全性仍是现在市场上大热的重要卖点之一。特别是随着技术发展，手机通信安全性所面临的挑战越来越多，各种信息泄露事件层出不穷，消费者对安全性的需求只在加强，而从来没有减弱过。可惜，当时的黑莓公司管理层没有意识到这一点，反而推出了不温不火的黑莓10。此后，黑莓公司经历了一系列高层人事变动与收购合并，裁减了数千个工作岗位，关闭了不少运行中心，开始逐渐走向衰落。试想一下，如果在当时，黑莓公司能坚持在产品安全性上下功夫，而不是随波逐流、模仿竞争者，也许仍能在激烈的市场竞争中保留一席之地，转变成为一个拥有较高产品差异度与市场竞争力、专精于提升产品安全性、拥有相对固定用户群体的公司。

坎普补充说："这些年来，黑莓产品的口碑逐渐下降，而公司管理层却无动于衷，他们总是觉得自己是行业老大，而不把其他竞争对手放在眼里。击败黑莓的不是竞争者，而是管理层的这种不可一世。我始终觉得，无论企业做得多成功，都要保持一颗谦逊的心，就像亚马逊缔造者杰夫·贝佐斯说的那样'无论你的事业有多成功，永远要保持创业第一天的心态。'"

2016年9月，《纽约时报》刊登了一篇题为《黑莓公司彻底放弃手机业务》的文章，文章开头这样说道："黑莓公司宣布彻底放弃手机业务，不再推出智能手机。"曾经的行业领导者黑莓公司就此退出曾叱咤风云的手机市场，真是让人唏嘘不已。

## 第六个案例：目光短浅，以《国家地理》为例

2015 年 11 月，21 世纪福克斯集团以 7.25 亿美元的总额收购了美国国家地理协会包括电视网、杂志及影视中心等在内的主要资产，成为《国家地理》的最大股东。一位《国家地理》杂志的资深海洋摄影师在听到这个消息时，对报道此事的记者这样说道："我宁可《国家地理》杂志体面地退休，也不愿它以这种方式卖给一个完全不懂它的新主人。"

21 世纪福克斯与《国家地理》杂志的这次融合，就像是两个有着截然不同文化底蕴的人硬凑在了一起：一个是阳春白雪，一个是下里巴人；一个擅长制作播出狗血真人秀，一个擅长制作播出真实纪录片；一个聚焦性、毒品、犯罪等耸人听闻的社会新闻，一个聚焦科学、探索、发现等高雅话题。可以想象，这次收购对双方来说都是一次从未有过的巨大挑战。对《国家地理》来说，他们面临的最大挑战就是，作为一个非营利机构，如何在这样一个分销渠道、广告业务、读者忠诚度都快速变化的时代中，跟上时代步伐，快速实现转变，不被时代淘汰。这次收购对《国家地理》来说，既是一个无奈之举，也是一个机遇。事实上，《国家地理》之所以会沦落到被收购，很大程度上与其内部管理理念有关，与其管理层的目光短浅有关。（声明一下，我们并不认为像 21 世纪福克斯与《国家地理》这样的融合是一件糟糕的事，这一点本书后面的章节会详细说明。）

2016 年夏天，本书作者之一的艾伦有幸跟随《国家地理》的远航船"奋进号"一起出海，远赴阿拉斯加内湾航道西南方向的冰川湾国家公园。他站在船头，透过缓缓升起的雾气，凝视着不远处的马杰瑞冰川，冰川有着无法用语言形容的壮美，让人折服赞叹。这座冰川就像是全盛时期的《国家地理》，体量巨大，让人折服，隐隐带着威严。它们都是那样安静，像是不朽的纪念碑，纪念着过去曾经有过的辉煌，永远不会倾覆一般稳稳地伫立着。

1888 年，一群社会精英志同道合，组建了国家地理协会，其宗旨是"增进和普及地理知识"，最早的会员有科学家、探险家，也有对旅行感兴趣的资助者，电话的发明者亚历山大·格雷厄姆·贝尔是协会的第二任会长。《国家地理》的标志——黄色的矩形相框，频繁出现在《国家地理》杂志的封面上、《国家地理》频道上，是最广为人知的标志之一。

《国家地理》杂志是国家地理协会旗下的主要产品之一，发刊以来，一直广受赞誉，但也正是这本杂志导致了整个协会的衰落。这本杂志每月发行一次，内容涵盖世界地理、大众科学、历史文化、风土人情、时事新闻等，并配有各种各样的精美照片作为插图。20 世纪 80 年代，杂志的订阅量与零售量达到了巅峰，平均每月超过 1000 万本，但是，到了 20 世纪 90 年代，就呈现出下降趋势。据美国媒体审计联盟测算，目前，《国家地理》杂志在全美国的销量大概在 330 万本左右。究其原因，主要是由于互联网及有线新闻频道兴起，消费者获取信息的渠道越来越多，原本必须购买杂志才能知晓的知识与信息，如今可以轻易在网络上或电视上获取，而且更新速度更快、内容更丰富多样。

国家地理协会的管理层曾以为，作为一家声名显赫的老牌非营利机构，他们可以在这个快速变化的时代中，岿然不动，无论媒体行业和消费习惯如何变化，他们都可以在这些变革中独善其身。他们根本没有跳出狭窄的圈子去看一看外面飞速变化的世界，对所面临的冲击一无所知，当转变的时机到来时，他们甚至都没有准备好去抓住它。当然后来国家地理协会也开始尝试着做电视频道，也开始向着数字化迈进了，但是，为时过晚，转变的时机一旦错过就再也无法挽回了。

琳达·伯克利曾是协会的常务副总裁，现在是一家知名企业的董事长，还是哈佛大学与乔治敦大学的兼职教授。在谈到《国家地理》这样一个声名显赫的机构为什么会逐渐走向没落时，她这样说道："在过去 100 多年时间里，《国家地理》是行业里的绝对领袖，其所关心与聚焦的都是人们百谈不厌、永不过时的话题，像探索未知、发现新事物、满足好奇心等。国家地理协会是一个由一群志同道合的人一起组建、维持、管理、运作的非营利组织，有点像今天出现的各种各样的非政府组织、非营利组织，从这一点上来看，在100多年前，国家地理协会就走在了时代前列。哪怕从商业的角度来看，国家地理协会也是非常成功的。在它百年历史上，发生了许多传奇事件，制作出了世界上最好的纪录片，获得了许多艾美奖，深刻改变了纪录片这一行业的生态，为纪录片发展做出了巨大的贡献。《国家地理》的名字家喻户晓，广受赞誉，它带领观众与读者深入世界上每个角落，为每个人打开了探索未知的大门。

"但是，国家地理协会最大的收入来源是《国家地理》杂志，而这本杂志主要通过读者订阅的方式销售，杂志销售收入而不是广告收入，是维持杂志的主要经费来源。基于读者对《国家地理》杂志较高的忠诚度与美誉度，当其他杂志为销售量忧心忡忡的时候，《国家地理》杂志仍能保持相对稳定的订阅数量。可是，正是这种相对稳定的订阅数量让管理层误以为外界环境也处于相对稳定的状态，导致管理层在做决策时目光短浅，从来没有考虑过行业里其他竞争对手的情况，也没有考虑过转变。而造成这种短视的原因，就是定位错误。在很长一个时期内，管理层对国家地理协会的定位主要立足于《国家地理》杂志，他们认为自己是一家杂志社，而不是一家多元的文化机构。这有点像是现代营销学奠基人西奥多·莱维特曾举过的一个经典例子，很多铁路公司在早期都将自己定位成单一从事铁路相关工作的公司，而不是交通运输公司，这导致它们在早期都发展得不是很成功。国家地理协会也是这样，他们错误地将自己限定在了杂志这一个领域里，而没有将业务拓展到电视、网络等其他领域，直到卷入残酷的市场竞争中，才匆忙着手拓展业务范围。当探索频道牢牢抓住消费者的眼球，在市场上逐渐兴起的时候，国家地理协会的管理层还是固执认为他们的主要精力应该放在做好杂志上，而不是投入有线电视领域，他们认为国家地理协会的定位是帮助读者保持对世界的好奇心，而不是像电视公司那样做一些哗众取宠的电视节目。而等他们真的意识到拓展业务范围的重要性时，行业内的竞争对手们已经快马加鞭跑出去很远了，国家地理协会没有抓住先发优势，也没有抓住转变的机遇，面对激烈的市场竞争，只好咬牙拼命追赶了。"

国家地理协会为了拓展业务范围，实现转变，引进了很多电视制作与数字媒体方面的专业人才，他们的加入引发了协会内部文化大碰撞：一部分人求新求变，已经做好实行转变的准备，对即将到来的转变跃跃欲试；另一部分人固守成规，坚持认为应该坚守以杂志为基础的传统导向，对实行转变抱着拒绝的态度。对此，伯克利评论道："历史悠久的机构要实现转变都会面临这个问题，哪怕从外面引进了能推动转变的人才，机构内部那些因循守旧派也不会轻易放弃自己的立场。在这样一个机构推行改革，实现转变，非常困难。长久以来，协会内部都已经习惯了一切围着做好杂志转，内部文化就是以此为基础建立起来的，要改变这种已经根深蒂固的内部文化谈何容易。国家地理协会的行事方式、价值取向、风格特征、对外态度，都深深被这种文化所影响，与快速发展变化的媒体行业格格不入。这是一种过时的慢节奏文化，起草、校对一篇文章要花费好几个月的时间，这样做出来的杂志当然言辞讲究、逻辑清楚、史料丰富，具有很高的可读性，经得起时间的检验，但是，这样的慢节奏已经逐渐被这个快速变化的时代所淘汰了。"

国家地理协会还缺乏品牌意识，他们从来不认为自己是一个品牌。品牌这个词对他们来说太过商业化，与其阳春白雪的自我定位完全不符。杂志的编辑团队掌握着杂志的整体走向，他们决定杂志的内容与基调，然后挑选作者来完成写作，整本杂志就是他们的教科书，而读者们就是他们传道授业解惑的学生，他们决定着读者能看到什么内容，而不是由读者来决定想看到杂志写什么内容。在杂志创办早期，这样的模式还可以行得通，读者们基于尊敬与喜爱之情订阅杂志，但是，随着信息传播途径越来越多，读者们对《国家地理》杂志的态度也发生了转变，最明显的就是订阅量在逐渐减少，可惜，协会管理层没有重视这个危险信号，没有抓住实行转变的机会。从而导致《国家地理》杂志越来越与市场脱节，订阅纸质杂志的人越来越少，消费者们通过电视、网络等途径，能轻易获取到比《国家地理》杂志更有趣、更丰富、更多样的信息。

为了弥补杂志收入下降带来的损失，国家地理协会四处出击，将业务范围拓展到了电影、巨幕影院及手机游戏等多个领域，其中，电视业务是其新的盈利增长点。但是，由于转变不够及时，电视业务所带来的收益远远不能覆盖杂志收入下降导致的损失。到了20世纪90年代中叶，走投无路的国家地理协会被传媒大鳄默多克收购，结束了100多年来坚守的经营模式。

伯克利认为："《国家地理》的遭遇对同类型的历史悠久的机构或企业来说，都是一个教训，历史悠久是一把双刃剑，它带给我们丰富的资产、厚重的文化沉淀、长久积累的口碑，这些对一个机构或企业来说，是千金难买的。但是，它也限制了我们的视野，阻碍了我们及时推行改革，实行转变，它将我们困在过去的辉煌里，不愿醒来，不可自拔。"

在被21世纪福克斯收购后，国家地理协会仍旧作为一个相对独立的机构存在，至于21世纪福克斯在收购时所说的会尽力保持《国家地理》杂志的基调与价值观这件事是真是假，那就只有等时间来验证了。被收购后的《国家地理》杂志结束了百年来的非营利属性，变成了一本以盈利为目的的杂志，也许在这个瞬息万变的时代，这才是它存活下去的最好出路吧。

## 第七个案例：价值观过时，以《花花公子》为例

相信很多读者都知道《花花公子》这本杂志，听到过由它延伸出来的兔女郎、花花公子俱乐部、裸照等名词。很多电影里都有青春期小男孩偷看《花花公子》杂志被家长抓包或者家长们从孩子枕头底下翻出偷偷藏着的《花花公子》杂志的情节。其实，《花花公子》杂志的创始人休·赫夫纳一开始中

意的杂志名称是"男性聚会"，但是这个名字已经被一家户外运动杂志所用了，赫夫纳只好退而求其次，将他的杂志命名为"花花公子"。

随着时代的发展，如今青春期小男孩的床头已经不再偷偷藏《花花公子》杂志了，各种电子设备成了妈妈们重点检查的新对象。这也从一个侧面解释了《花花公子》杂志逐渐失去相关性，走向衰落的原因。事实上，"花花公子"这个品牌有两层内在含义：第一层含义就是表面含义，一本印着性感美女照片的杂志；第二层含义是内在含义，即这本杂志所宣扬的自由、开放的理念，它倡导无论是男人还是女人，白人还是黑人，异性恋还是同性恋，都应该拥有自由、开放的生活，从另一个角度来看，这个理念是对美国第一修正案的致敬与诠释。在 20 世纪 50 年代的美国，这是不被主流社会接受、惊世骇俗的前卫理念。《花花公子》杂志曾有非常辉煌的历史，赫夫纳作为创始人与总设计师，他所制定的目标都一一实现了。但是，对一个企业、机构或品牌来说，总是围着过去的目标、按照创始人制定的规则发展，就无法找到正确的前进道路，无法在关键时刻完成转变。

简单了解下创始人赫夫纳的生平轨迹，赫夫纳就是花花公子的典型代表。他倡导奢华、自由、随性的生活方式，穿着丝绸睡衣、枕着羽绒枕、喝着马丁尼，左拥右抱各色美女，他很健谈，说话幽默风趣。1953 年，他在自家厨房里开始了杂志创办之路，第一本杂志刊登了玛丽莲·梦露的性感照片，一经推出就大获成功，火遍全美国。1960 年，他在芝加哥开设了第一家花花公子俱乐部，为像他这样的花花公子们提供了完美的聚会场所。1966 年，《花花公子》杂志刊登了许多知名作家的作品，大有提高杂志品位的野心。1972 年时，美国 1/4 的大学生都是这本杂志的忠实读者，当年 11 月刊卖出了 710 万本。

1988 年，赫夫纳的女儿克里斯汀接手公司，她发现公司的经营状况与财务状况非常糟糕。对内，几十年来，公司都处在盲目扩张状态，杂志销量逐渐下降，广告商流失严重，俱乐部经营状况不佳，负面新闻频出，公司损失严重。赫夫纳狂傲自大的行为处事风格，得罪了高层官员，导致公司失去了内华达州与英国伦敦两地的赌场执照，而不得不关停多个营业场所。对外，行业内竞争对手逐渐崛起，分流了大量原本属于《花花公子》的读者群体，大有取而代之的趋势。

克里斯汀·赫夫纳接手公司后，面对内忧外患，决定快刀斩乱麻，尽快割舍经营状况不佳的生意，并制定了重整计划。她对公司管理层进行了大刀阔斧的改革，任命了更年轻、更专业、更有资历的新人作为高管，积极推动公司向电子化、国际化转变，在她的带领下，公司开始进军国际市场，并取得了明显成效。

但是好景不长，经过15年的调整期，公司再次面临新的挑战。随着互联网的兴起，克里斯汀带领下的管理层应对不暇，到处碰壁。20世纪90年代，公司股票一度涨到30美元每股，但到了21世纪初，跌到了每股4美元的尴尬境地。2005年，根据赫夫纳真人真事制作的真人秀节目播出，股票出现了一个短暂的上扬，但是很快又开始下跌。《花花公子》杂志的黄金时代宣告终结，2008年，克里斯汀在董事会的强烈不满声中辞去了首席执行官职务。她担任首席执行官期间，进行了大刀阔斧的改革，但是未能成功，公司股票还是一路下跌。新的首席执行官上台后，希望能挽回公司所面临的颓势，可惜一切努力似乎都已经于事无补，甚至连手握公司大量股票的赫夫纳本人都面临着财务危机。2017年，赫夫纳在他的"花花公子"豪宅里，在美丽兔女郎们的陪伴下走向了人生终点，过完了他传奇的一生。

《花花公子》由盛而衰的主要原因，就是其在国际化与电子化浪潮里，面对行业内新兴竞争对手的白热化竞争，表现出了严重的滞后倾向，他们还是遵循着赫夫纳创刊时所赋予杂志的价值观，这些价值观在当时也许惊世骇俗、吸引眼球，但是在今天，已经逐渐失去了新颖性。几十年来，世界发生了翻天覆地的变化，人们的思想与品位随之发生了巨变，赫夫纳的这一套生活方式与其所代表的价值观，已经变得过时。而《花花公子》的管理层尽管推行了不少改革，却都没有意识到，带领公司实行转变才是公司可持续发展最有效的方法。甚至可以说，《花花公子》的管理层一直没有从赫夫纳的巨大阴影里走出来，他们没有想方设法实行转变，反而千方百计地想再续辉煌，他们想将二十世纪六七十年代的旧潮流品位、旧价值观、旧生活方式传达给当下的年轻人，而这些年轻人要比首创这些旧潮流品位、旧价值观、旧生活方式的赫夫纳小 70 多岁，赫夫纳都可以做他们爷爷了。

杰夫·詹尼斯特是《花花公子》杂志在改革过程中引入的年轻管理人，公司希望借助这些年轻管理人才推进品牌国际化与数字化。在谈到公司的改革时，他这样说道："其实，《花花公子》这个品牌对消费者来说还是有一定吸引力的，品牌价值还是比较高的。公司希望通过开拓欧洲、拉美、亚洲等海外市场，寻找新的盈利点。但是，一直以来，管理层都没有意识到这个品牌缺乏新的活力，缺乏吸引年轻人的新元素，我们一直以来都忙于开拓新市场，却没有针对《花花公子》这个品牌本身进行优化升级，管理层甚至认为这一套旧价值观能千秋万代流行下去。"

确实是这样，无论新组建的管理层多么足智多谋，多么勤奋努力，无论找到了多少个新的盈利点，只要核心问题不解决，这家公司就会一直走下坡路。这个核心问题就是，《花花公子》所传达的价值取向与生活方式已经过时，已经与这个快速发展的时代格格不入了，公司管理层在解决这个问题时，反应迟缓，没能及时对品牌价值进行优化升级，也没能带领公司实行转变。

杰夫还说道："我们并不是没有人才，公司里有不少具有远见卓识的人才有足够的能力带领公司实现转变。但是，我们迟迟不肯行动。进入 21 世纪后的头 10 年，公司几乎到了破产的悬崖边上，并在此后一直急速走向衰落。"《花花公子》面临着各种资源极度紧张的困境，进入裁员与财务紧缩的恶性循环中，没有资本愿意投钱给此时的《花花公子》公司，这使得公司财务状况雪上加霜。

《花花公子》的案例说明，要复兴一个曾经成功输出价值取向与生活方式、具有巨大社会影响力的品牌，让其保持与时俱进，不断实现自我转变，是极其困难的一件事。《花花公子》的创始人赫夫纳所倡导的价值取向与生活方式，在当时深刻影响了一代人，甚至几代人，如此成功的价值输出会让包括创始人在内的管理层产生一种误解——保持原样即可维系成功。要让这样的管理团队，每隔一段时间对品牌进行一次优化升级，甚至每隔一段时间实现一次转变，几乎是不可能完成的任务。2015年，《花花公子》杂志宣布，以后不再刊登美女裸照，可惜，早已经对这本杂志失去兴趣的消费者们对此毫不关心。

## 第八个案例：缺乏竞争意识，以美国癌症学会为例

一般来说，如果一个企业或机构财务状况良好，员工心态积极向上，外界评价较高，行业内也没有强劲竞争对手，我们就会认为其处于"稳定航行"状态。但是，所谓的稳定状态并不是好事，起码这种稳定是不可能长久持续的，管理层如果不能及时预见可能出现的危险信号并做好准备，很可能会在未来某一个风口浪尖上"翻船"。尤其是，如果这种稳定是建立在各项指标都不甚理想的情况下，那么未来遭遇危机时翻船的可能性就更大了。下面我们就来看看美国癌症学会的例子。

数据表明，美国癌症学会在其传统项目"为生命接力"活动中所获得的捐款总额明显下降，2008年时，该活动筹集了4.39亿美元资金，创下了美国癌症学会筹款历史记录，而到了2014年，该活动筹集资金比2008年时少了1亿美元。在这6年里，其他非营利组织快速崛起，分走了一杯羹。美国癌症学会是一个管理松散的非营利公益性组织，在300多个地区都有分会，而每个分会都有独立的管理层，有自己独特的内部章程与管理流程，都有权力决定自己分会的各项事务。美国癌症学会对这300多个分会没有直接管理权限，当面对科研、筹款、宣传等具体事务时，大家各自为政。而这些管理层对快速发展变化的外界环境缺乏清晰的认知，没有意识到当前捐款的主力

军已经变成了年轻人。

美国癌症学会就是典型的自动驾驶模式机构，一旦设定好了远大目标与宏伟蓝图，管理层就放手了，他们没有意识到快速发展变化的时代里，这种"自动驾驶"模式需要及时根据外界变化而做出与时俱进的调整。我们且不评论这样的管理层到底是好还是坏，是能力强还是能力弱，客观说，这样的管理层在机构发展过程中肯定没有尽到监管的责任，他们的应对方式也缺乏足够的灵活性。尽管美国癌症学会是非营利性的公益组织，但是，这并不意味着他们就获得了不用竞争的豁免权，非营利性机构与盈利企业一样，在面对这个快速变化、竞争激烈的环境时，一样需要与时俱进、及时进行转变。安迪·戈德史密斯曾是美国癌症学会副总裁，负责学会创新与品牌战略工作，目前担任另外一家同类型非营利机构的高级副总裁、创意总监。他这样评论曾经的老东家："我在美国癌症学会任职时，机构已经出现了危机。美国癌症学会在以社区为基础的筹款活动中一直走在前列，35 年前首创的为'生命接力'活动是学会的王牌筹款活动，迄今为止已经筹集了几十亿美元。这项活动筹集到的资金占到机构所有收入的 2/3 左右。其实美国癌症学会在筹款方面一直不太在行，原因很简单，他们所擅长的筹款方式非常单一，就是点对点的筹款，没有发展多元化的筹款方式。当行业内的其他竞争对手，也学会了用这套筹款方式，并且用得还比他们更熟练、更有创新性时，原本属于他们的善款就不可避免地被其他机构分流了。"

新崛起的竞争对手们所采取的筹款方式都比较灵活，形式比较新颖，更多地借助了社交媒体的作用，吸引到了许多年轻人的注意。比如，渐冻人协会发起的"冰桶挑战"公益项目，一经推出就在各类社交媒体上获得了大量关注；圣巴德里克基金会推出的"共抗癌症"项目，参与者都剃光自己的头发，以支持化疗后掉发的癌症患者，这个项目为该基金会筹集到了数百万美元善款；为纽约的纪念斯隆-凯特林医院筹集善款的"为生存骑行"活动，连续 7 年邀请人们一起以骑行的方式，为罕见癌症患者筹款。

在癌症患者越来越多这一客观事实的背景下，是不是只要坚持为防治癌症而筹款的初心，就能很容易筹集到善款？当然不是。戈德史密斯认为："现在的筹款都不像过去那样只要推出一个笼统概念就会吸引到捐赠者关注，由于竞争者增加，筹款已经变成了一项精细化的工作，很多筹款活动在推出时都会特别说明是为了哪个特殊癌症而进行的，比如，胰腺癌、白血病、乳腺癌等。而美国癌症学会却还在坚持过去的那一套筹款方式，在筹款活动中并不说明善款有哪些特殊用途，仅仅告诉捐赠者'为了防治癌症而捐款'已经无法打动如今的捐赠者了。捐款者在掏钱时，希望知道自己捐的钱会用到哪里去，会产生什么效果。在这个竞争激烈、分工细化的行业里，捐赠者并不会因为你有一颗慈善之心，喊喊大口号，就把钱捐给你。"

而且，美国癌症学会太过于宽松的管理模式，也让他们在竞争中处于劣势。戈德史密斯认为："美国癌症学会有一个总部，下辖 11 个不同部门，每个部门的人似乎都各自为政，各忙各的。300 多个地方分会都在各自做决策，各自推行自己的筹款活动。而所有这些总部、部门、分会，在筹款这件事上，都没有一个准确、及时、规范的方案，他们对如何吸引年轻筹款者根本不重视。松散的管理模式使得学会缺乏统一的核心管理层，没有统一的管理层就意味着学会无法做出长远规划，也无法及时根据时代变化而做出与时俱进的转变。等到事态恶化，筹集到的善款数量一年不如一年时，才发现危机已经到来。"

1913 年成立的美国癌症学会，其前身是美国癌症控制协会，在运行了一百年后，于 2013 年进行了重大重组，相信这次重组会重新让美国癌症学会在竞争激烈的行业内站稳脚跟。最后分享一段美国癌症学会官网上的话，与读者共勉："我们比以往任何时候都要更了解如何与癌症抗争，但是，这种抗争的成效如何，取决于我们能多大程度地将合伙人与捐赠者都团结到这项使命中来。如今形势发生了变化，我们面临着越来越激烈的竞争，这种竞争不仅针对善款，还涉及对人才的竞争。因此，今后我们的工作内容要更多放在拓展资金筹集渠道与拓展捐赠者范围上。"

## 第九个案例：失去初心，以"为美国而教"为例

1989 年，一名叫温迪·科普的普林斯顿大学四年级学生冒出了一个大胆的想法，在此后几十年时间内，这个想法让全美国数万贫困学生受益良多。她的这个大胆想法就是"为美国而教"项目，通过聚集一批来自一流大学各个专业的优秀毕业生，安排他们在师资薄弱的学校任教，让贫困学生有平等受教育的权利。这是一个创意十足的新项目，科普全身心投入其中，推动该项目取得了巨大成功。到 2000 年时，超过 3500 名一流大学毕业生完成了服务任务，该机构希望再花 5 年时间，让参与服务人数与惠及地区数都扩大一倍。

但是，与其他非营利机构一样，"为美国而教"也开始面临发展的阵痛。该机构始终坚持"让所有学生都受到更好的教育"这一初衷，但是，其内部管理与运行方面却出现了很多问题。伟大的理想并不总是能遇到美好的现实，尽管该机构在招募教师方面非常成功，他们在管理教师与为教师们提供支持方面却做得不尽如人意，于是，教师内部产生了诸多摩擦，给机构管理带来了很大挑战。而机构的管理层面对这些新出现的问题，却无法及时做出应对。

艾尔莎·维拉努埃瓦·彼尔德是"为美国而教"现任首席执行官，她在谈到机构所面临的领导力问题时这样说道："在机构发展初期，创始人肯定是对任何事情都亲力亲为，哪怕是看一份报告，都会认真看完最后一个标点符号。这样的管理层对任何事情都高度负责，对机构发展有着自己的看法与坚持。但是，当机构逐渐发展壮大后，管理层级变多，需要处理的问题也成倍增加，机构内就不可避免地出现了官僚主义倾向。各个层级都有自己的小算盘，而做决策的管理层已经不再有打拼的欲望了，他们甚至不再了解，

掌握外界的真实情况。”

"为美国而教"面临的这个问题，正是大多数企业或机构在快速发展时期都会遇到的问题，究其根本，就是因为领导层失去了"创始人心态"，不再有责任心，不再有冲劲。克里斯·祖克及詹姆斯·艾伦写过一本名为《保持创始人心态：如何克服可预见的增长危机》的书，他们在书中探讨了如何帮助企业实现及维持盈利等问题。他们认为，绝大多数企业管理层在解决企业受限问题时，都是从外部去找原因，找方法。但是，真正的解决方法应该是从企业内部入手去做出改变。而导致企业增长危机的主要原因有三个：管理层缺乏冲劲，缺乏责任感，内部管理流程太复杂。即使是像"为美国而教"这样成功的机构，如果无法妥善处理应对这个问题，也会导致机构未来发展受限。

对企业或机构来说，这些障碍是发展过程中必然会遇到的绊脚石，只有从内部进行改革，重新找回创始人心态，以更负责、更积极、更主动的态度，带领公司重新回到竞争的第一线，才有可能真正跨过这些障碍，实现转变。克里斯·祖克与詹姆斯·艾伦在他们的网站上这样写道："保持创始人心态是被严重低估的管理秘诀。很多公司一开始都是以战斗者的姿态出现并以此为基础取得成功的，他们在发展初期都是抱着一种战士的心态，去改变行业里的现行格局，为消费者提供更好的产品与服务。他们一开始也许规模很小，不成气候，却反应灵敏，行动迅速。等他们取得成功，站稳脚跟之后，就开始变得庞杂而行动缓慢，相对地，他们的增长速度也开始变慢甚至出现负增长。究其原因，可以用'企业增长悖论'来解释：增长使得企业变大变复杂，而复杂性又反过来遏制企业继续增长。"

彼尔德在接任"为美国而教"首席执行官时，面临着一模一样的状况。"我接手时，'为美国而教'已经发展成了一个庞大的机构，要管理好这样一个庞大机构，绝不是件容易的事。我们首先要解决的就是重新找回创业初期的初心。"她说道，"一直以来，我们的初衷都没有变，我们还是与刚创业时一样秉持着让人人都接受更好教育的理念在管理、运作这个机构，但是，我们的管理理念与策略却已经与庞大的体量、多样化的业务种类不匹配了。机构的庞杂与内部出现的官僚主义作风，让我们在很长一段时间内都忽视了整顿内在秩序的重要性，我们应该将更多精力花在了解、掌握行业内情况，关心、满足新招募教师期望等方面。"

彼尔德所要带领的是一个庞大而复杂的成熟机构，面临着内忧外患的双重压力。首先，外界环境与机构创建初期相比，发生了巨大变化，谷歌、脸书、亚马逊等一大批新兴企业在全球范围内抢夺最优秀、最有前途的年轻人，他们提供给年轻人的不仅仅是优渥的待遇，还有改变世界的宏伟蓝图，这对年轻人来说，特别是顶尖大学毕业的优秀年轻人来说，是非常有吸引力的。对"为美国而教"这样的公益项目来说，它所能提供的仅仅是改变世界的宏伟蓝图，但是，对谷歌之类的公司来说，他们在提供宏伟蓝图的同时，还能提供优渥的物质保障，在实现伟大理想的同时赚到钱，这对年轻人来说实在是再完美不过的工作机会了。彼尔德认为："除此之外，我们还忽视了实习的重要性。我们过去没有招募实习生的惯例，但是，这些大公司有非常完善的实习计划来招揽优秀学生，而一个学生所选择的实习单位，很有可能成为他毕业后的工作单位。我们错失了通过实习来锁定优秀毕业生的机会。"

其次，"为美国而教"并没有足够的能力与精力去确保每一次支教都能让教师与学生双方都满意，他们在教师招募、训练、管理、支持等方面还有很大提升空间。而社交媒体的存在会让这些不满意成倍放大，有些社交媒体甚至会揪住某些不成功的支教案例不放，对"为美国而教"这个项目本身进行攻击与批评。如果去留意一下美国各大社交平台，就会发现不少对"为美国而教"项目的批评声音。

最后，在面对连续多年经营状况不佳的状况时，管理层没能及时应对，没能及时带领机构实现转变。造成这种局面的根本原因，并不是管理层领导错误或没有领导能力，而是管理层过多关注于机构的快速发展，以至于整个机构变得越来越庞大，越来越复杂，推行转变的阻力越来越大。

彼尔德在谈到机构后续发展时说道："我们制定了改革计划，决心重新调整整个机构的前进方向，将更多的精力集中到加强社区建设，提升管理层水平，完善教师管理及提升员工业务能力上来。我们拥有非常出色的工作人员，也希望在今后吸引到更多更优秀的人才加入我们的队伍中来。过去 25 年的发展经验告诉我们，无论何时都要保持谦逊，不要骄傲自满，要时刻学会调整自己，适应外界快速发展变化的大环境。同时，也要时刻保持初心，无论发展到什么阶段，都要保持创始阶段的心态与责任感。今后，我们会进一步调整机构内部设置，改变官僚主义作风，提升运行的灵活性。在继续聚焦于为每一个孩子提供更好的教育机会这个大前提不变的情况下，我们会努力服务好所在社区，为整个社会的发展进步做出一份贡献。"

# 本章小结

本章我们分析了 9 个案例，这 9 个企业或机构所面临的转变阻碍大致可以归纳为三类：经济方面的阻碍，文化方面的阻碍，领导力方面的阻碍。下面，我们逐一复习一下本章所分析的这些案例，从中归纳出一些启示。

### 启示 1：警惕"黄金手铐"

这里所谓的"黄金手铐"是指企业所获得的短期利益，这部分利益最受投资者与股东的重视，但是，盲目追求短期利益可能会以损害公司发展的长期利益为代价。企业在实现转变的过程中，需要投入大量的人力物力财力与时间，这些投入不可避免地会降低企业的短期利益，在有些转变过程中，短期利益降低所持续的时间甚至会超过我们的预期设想。本章中介绍的柯达公司与施乐公司就是盲目追求短期利益，将大量资源与时间都投入到巩固现有盈利点，而不肯投入到实现转变中，从而牺牲了企业长期利益的典型代表：短期利益丰厚让人不忍心放弃，而现有的盈利模式所构成的舒适区也让管理层舍不得走出来。柯达与施乐都给自己戴上了黄金手铐，迷失在了短期利益里，忽视了实现转变所带来的长期利益，最终走向了衰落。

### 启示2：投入资源不足使得转变受阻

玩具反斗城的案例就是典型的由于手头资金不够，而导致实现转变受阻的案例。由于发展方向错误，玩具反斗城在经营方面，特别是在资金方面出现了问题，为了维持现状，只好大规模裁员，关闭已有店铺，叫停经营项目，由此导致企业利润进一步下降，企业信誉被严重损害，而焦头烂额的管理层忙于拆东墙补西墙，根本没有多余的资金与精力来实行转变，公司经营进入了恶性循环。

施乐公司的案例则说明了追加沉没成本的巨大危害。他们将大量资源投入到现有经营模式与盈利模式中，大规模新开工厂，招募销售人员，在现有技术上追加投资，这导致大量人力物力财力都被困在现有经营模式中，而没有多余的资源投入到实行转变上来。而已有经营模式却又无法支撑企业长期可持续发展，于是企业经营陷入困境。对现有模式投入的资源越多，就意味着投入到创新与转变的资源越少，企业实现转变的难度就越大。

### 启示3：企业文化决定企业走向

内部文化是一个企业区别于另一个的核心因素，影响着企业的价值观、信仰，决定了一个企业内部结构体系，甚至会影响员工的工作习惯。企业内部文化塑造了企业，它是企业一切行为与决策的基础。企业在招募新员工时，会倾向于招募那些与现有企业文化相符合的人，老员工巩固企业文化，新员工接受企业文化。有些公司会将企业文化以书面章程的形式固定下来，详细告诉员工应该如何接待客户，同事间该如何相处，职业标准的底线在哪里，等等。有些公司的企业文化是不成文的，比如，谷歌公司闻名于世的"不作恶"宗旨。企业文化的表现形式多种多样，有的是有形的，比如规定员工着装标准，有的是无形的，比如工作氛围。积极进取的企业文化更有利于实现转变。

苏曼德拉·戈沙尔是伦敦商学院的著名学者，不幸于2004年因脑出血过世。但是，他对学界与业界的强大影响力一直保留了下来，他关于企业文化与组织战略的演讲至今仍是油管网站上的大热门，吸引着成千上万的年轻人去观看。在他的一个演讲里，他谈到了两种不同环境造成的不同影响。每年6月，他都要回到印度加尔各答去看望双亲，他描述那个场景："想象一下，扑面而来的热度与湿气，脏乱差的环境以及刺耳的噪声，一下子将人搞得筋疲力尽，所有的想象力与灵感都被蒸发了。"他接着谈到了法国枫丹白露附近的森林，靠近欧洲商学院，他在那里任教时经常会过去散步，他表述森林里的环境"弥漫着树木的清香，空气干净清新，走过去时，甚至能感觉到脚边的花草旺盛的生命力。这样的环境让人头脑清醒，各种创造力与灵感大爆发"。这就是不同环境带来的不同效果，对一个企业来说也是如此，不同环境会决定创新与转变成功与否。

在本章所分析的案例中，宝洁公司的案例就是典型的企业文化导致转变受阻的案例。在宝洁公司有着"数量庞大的守旧派"，尽管基层的管理人员因为年纪比较轻，对改革与转变抱着欢迎的态度，但是，公司中层却有着数量庞大的守旧派不愿意推行转变。他们常年盘踞在公司管理层，因循守旧，不愿意改革，也不愿意别人实行改革，成为阻碍公司转变的绊脚石。宝洁公司在推出新产品前，都习惯做一轮市场调研，这是他们的一贯做法。但是，由这些守旧派所主导的市场调研，根本无法反映出当前市场的真实情况，这就导致了宝洁公司在判断时代潮流、保持与时俱进方面落后于行业内竞争对手。这些守旧派就像是一支只防守不进攻的足球队，没人想着怎么进球得分，人人都在做最擅长却也是最没用的事——防守。

### 启示4：骄兵必败

所谓骄兵必败，就是指管理层太过于自大，太过于自信，从而导致决策失误，企业发展出现危机。骄傲会导致自大，而自大的人通常都无视周围环境，活在封闭的空间里。

在这方面，最有名的失败案例，就是可口可乐公司在1985年修改了可乐配方，推出了新型可乐。在一系列盲品测试中，可口可乐在口味上，都输给了百事可乐。这让可口可乐的管理层难以接受，在他们看来，可口可乐是战无不胜的王牌饮品，无论是在口味上还是在其他任何方面，都不能输给竞争对手。于是，可口可乐公司的研发人员对可乐配方做了一次次调整，最终找到了可以击败百事可乐的配方。其实在修改配方的过程中，可口可乐就是在改变自己的最大卖点，对消费者来说，修改过了的可口可乐已经不是原来熟悉的配方、熟悉的味道了，于是消费者对新推出的可口可乐反映不佳，甚至出现了负面评论。归根结底，这一次失败的配方修改就是可口可乐公司的自大在作祟。

本章中分析的黑莓手机的案例属于骄兵必败的典型。当苹果手机与安卓手机快速崛起时，黑莓先是视而不见，后来竞争白热化到黑莓不得不做出应对时，他们的应对措施居然是模仿竞争对手的产品，而不是在自己擅长的安全性上下功夫。而黑莓之所以会放弃安全性，转而模仿竞品，究其原因，还是骄傲自大惹的祸，他们认为自己能在短时间内做出超越竞争对手的手机，也自大地认为消费者肯定会忠诚追随黑莓，优先选择黑莓的新机型。

那么，我们是否可以这样设想？

企业如果过分关注竞争，会导致企业做出不恰当的转变，毕竟只有顾客才是企业需要关注的上帝，而不是竞争对手。在《国家地理》杂志的案例中，琳达·伯克利曾借用西奥多·莱维特的"营销短视"理论。莱维特认为，在这个快速发展变化的时代，要始终保持前列，就必须要更广泛地满足消费者的需求，管理层应该要思考清楚，产品到底满足了消费者哪些需求，如何进入并影响消费者的生活，这种思考不应该局限于某一代产品的使用寿命，而应该是企业长期坚持的一种习惯。莱维特举了铁路公司的例子，来说明营销短视给企业带来的不利影响。本章中分析的玩具反斗城案例也是营销短视的典型代表，玩具反斗城的管理层过分关注价格竞争，而忽视了消费者出现的新需求，如今的家长已经不再像过去那样单纯关注玩具价格，而是希望能提高玩具的教育属性，他们更倾向于购买寓教于乐的玩具，在购物时，希望能有专业的导购人员帮助挑选适合自己孩子的玩具。

黑莓手机、玩具反斗城、《国家地理》的案例，也可以用"镜像综合征"来解释。他们过多地将注意力放在解决内部问题上，虽然一直宣称要保持与消费者的密切关系，要满足消费者的需求，但他们却没有真的这样去做。查理·伦奇是朗涛品牌咨询公司的前任总裁与首席执行官（也是本书作者艾伦的前老板），现在是一家通信公司的高级副总裁，他认为过多关注自身内部事务而忽视外部环境变化不利于企业的发展："企业借助产品传达给消费者的理念，应该与消费者有相关性。企业管理层应该思考一下，企业的定位到底是什么，具有怎样的企业文化，希望传达给消费者怎样的信息，然后反过来思考一下，消费者真正关心的到底是什么。然后再用消费者可接受的方式，将这些信息传达给他们。吸引消费者的关键在于，如何使用恰当的方式进行沟通，将消费者关心且企业希望传达的信息准确传达出去。每一个企业都应该时刻保持与外界的互动联系，时刻注意外界的发展变化，在传达信息前，先想清楚三个问题：消费者想要什么，如何与消费者建立沟通，怎么激发消费者购买产品的欲望。而不是只关注企业自身的需求。"

乔尔·贝尼森曾帮助奥巴马赢得 2008 年至 2012 年的总统选举，他是奥巴马的政治顾问与民意分析师，后来又成了希拉里·克林顿的首席策略师。他在谈到这个问题时说："优秀的企业或机构都会时刻关注外界的变化，如果不关注外界变化而闭目塞听，就有点像是从镜子里看自己，虽然是借助了另一个媒介，但是看到的影像却还是自己。我觉得过分专注于自身，而忽视外界变化，是形成惯性思维的早期危险信号。而惯性思维是成功之路上的阻碍之一，我们只有跨过它，才能走向成功。很多时候，我们以为自己已经了解情况，但事实上并没有，这就是惯性思维的危害。当企业或机构停止思考，停止关注外界变化时，他们就会越来越故步自封，最后走向衰落，最好的例子就是柯达公司。"

## 启示 5：实行转变需要强有力的领导者

每个企业管理者其自身都有不同的特点，乔尔·贝尼森认为："要成功实现转变必须要有一个能拿主意的决策者，这个决策者除了具备权威性、有责任感、能做出决策等特征外，还要有强大的领导能力，愿意倾听不同的声音，能在广泛倾听意见的基础上达成各方意见一致。最重要的是，这个领导者必须有拍板决策的魄力。"

很多企业没有这样一个强有力的领导者，管理层里看似人人都能做决定，实际上人人都不愿意承担责任，大家都在出谋划策，各抒己见，贡献自己的智慧与经验，但是实际上，却没有一个人能站出来拍板决策，这样的管理层是分散而低效的，缺乏能集中大家意见的领导者。广告奇才大卫·奥格威曾说过，找遍所有国家所有城市，都找不到给一群委员会的委员们塑雕像的，所有的雕像都是在纪念某一个伟大的领导者。

在写作本书时，我们做了一些调查研究，结果发现，缺乏有领导力的决策者是当前企业所面临的最紧迫问题之一。时代快速发展变化，未来到来的速度比我们想象的要快得多。很多公司的领导层虽然看到了未来变化的趋势，却低估了消费者对这个趋势的快速接受程度。他们没有料到，消费者这么快就不再用胶卷相机拍照，而是用起了智能手机拍照；他们也没有料到信息化速度如此之快，消费者已经不再看报纸而是在线浏览新闻了。年轻人已经习惯于在线购物而不再逛实体店了，旅行者已经接受了去住陌生人家里的沙发而不是住旅馆了。领导力的重要内容之一，就是明白怎么做。在快速变化的时代里，企业会面临多个选择，每个选择都有其有利的一面，也有其不利的一面，决策者要做的就是及时作出判断，选择最适合企业长远发展的选项。但是，很多企业的管理层缺乏这个判断能力，他们迟迟不肯做决策，导致企业错失了最佳机遇或被竞争对手捷足先登。也有的管理层判断错误，没有集中资源选择最有利于企业发展的选项，反而是在几个选项上都压了筹码，导致企业在同一时间多线程操作，多个战场作战，最终颗粒无收。

### 启示 6：勇敢走出舒适区

心理学家与行为经济学家对舒适区有一个更学术化的称呼：现状偏好。所谓现状偏好，是指人们宁可什么都不做以保持现状，或者重复加强以往已经做出的决策。本章分析过的沉没成本就是现状偏好的一种表现形式，管理层无视外界情况变化，将大量的人力物力财力与时间都投入到现有的盈利模式中，这就是管理层出现偏好的一种表现。时代在往前走，如果你不跟着走，那么注定要被淘汰。

在做出重大决策时，也有可能受到现状偏好的影响。例如，在一项针对大学健康计划的调研中发现，新老员工对医疗保险计划的选择存在明显不同。新员工更偏向于选择那些保费低且免赔条款宽松的医疗保险计划，而老员工却刚好相反。这种选择偏好不能用每个人对保险计划的选择不同来解释，而应该是受到了现状偏好的影响。

现状偏好还会影响到管理层的风险承受能力，所以柯达公司的管理层宁可戴上"黄金手铐"，追求眼前利益，也不愿意冒风险实行转变去追求长远利益。而宝洁公司之所以会出现数量庞大的守旧派，《国家地理》杂志之所以会几十年来固守以杂志为导向的定位，而不愿意实行转变，也都与管理层的现状偏好有关。

但是，现状偏好对网球巨星罗杰·费德勒似乎也不是坏事。2001年，费德勒在温布尔登网球公开赛中击败了皮特·桑普拉斯，获得了网球界的广泛关注。此后，他4次卫冕冠军，7次获得总冠军，成为网球场上的传奇人物。费德勒在这一战中牢牢控制住了发球和凌空拦截的主动权，而在过去50年里，这一战术正是在温布尔登球场取得胜利的常胜战术。2002年，主办方改变了球场设置，原本种着黑麦草和紫羊茅的场地变成了全部种植黑麦草的新场地。这一改变的初衷是为了让网球场场地更经久耐用，但是，由于黑麦草长得比紫羊茅更高，其覆盖的土壤比原本的场地更干燥更坚硬，所以间接影响到了网球的反弹高度与速度，在新场地上，网球比以前弹得更高更慢了。这使得费德勒原本采取的战术因为场地原因而不管用了，新场地对网球手的底线发挥要求更高了。于是在2002年的比赛中，费德勒在第一轮就被淘汰了，桑普拉斯坚持到了第二轮也被淘汰，两位擅长底线发挥的选手最后进入了决赛一决高下。此后，费德勒重新制定了比赛策略，更多地关注底线发挥，在他的职业生涯中，一共获得了八次温网冠军。他在温网创下的纪录也可以说是一种对场地的现状偏好吧，只不过他在这种现状偏好下，仍积极应对场地变化带来的不利影响，最终战胜了场地成为史上最成功的网球运动员之一。

本书后面几章会介绍一些像费德勒这样战胜现状偏好的优秀案例，例如：Adobe公司、《福布斯》杂志、IBM、纽约大学等。有句古语说得好，"天助勇者"，只有勇敢走出舒适区，才有可能获得成功。时代快速发展变化，企业都面临着无形的压力与危机，而有领导力的决策者能比其他普通人更早看到这些危险信号，并及时反应，将大量人力物力财力及时间都投入到实现创新与改革上来，带领公司实现转变，始终走在时代发展的前沿。也就是说，要么做大，要么回家。

# 04

## 第 四 章

### 做好转变的准备

**本**杰明·富兰克林曾说过，做好失败的准备，就等于没有准备好。本章所要探讨的核心问题就是，当时机成熟时，如何做好转变的准备。

《今日心理学》杂志在2010年时刊登过一篇文章，开头说道："成功源自几天、几星期、几个月的积累，成功只是这些积累到达顶峰的一种表现。很多企业管理人员认为，只有某个关键的一天发生的事情才对成功有影响，例如，决策会议或向投资人演示等。可是，只有长达数天、数星期、数月的积累才有可能确保关键时刻的完美发挥，才有可能最终取得成功。"

而只有知道目的是什么，准备工作才能有的放矢，才能更高效。在物理学上，有一个海森堡测不准原理，该原理认为，在任何给定时刻，我们不可能同时知道一个粒子的确切位置和动量，对一个粒子的已知存在一个基本极限。很多公司在为未来做准备时，都机械地用线性方式来看待整个准备过程，而忽略了一个小小的意外事件，都有可能导致整个准备过程出现翻天覆地的变化。在做准备时，我们必须要像海森堡测不准原理揭示的那样，保留一定的模糊性，这一点我们到本书第五章再来详细解读。

本章还是采取案例分析的方式，既有准备充分成功实现转变的案例，也有准备不恰当而转变失败的案例。接下来，就让我们来看第一个案例，一直保持创新姿态，从而一直活跃在时代前沿的美国运通公司。

## 第一个案例：永不停步，以美国运通公司为例

美国运通公司最早是以快递服务起家的，1958 年，公司成立 108 周年之际，发行了第一张运通卡，这也是运通公司又一次成功转变的起点。在其长达一个半世纪的发展历史上，美国运通成功实现了多次转变，始终走在时代发展的前列。从一开始的运输货物，到后来成功推出旅行者支票，再到后来与美国入境部门合作推出官方货币兑换业务，在第一次世界大战时期，他们还为前线士兵与后方家属之间运送书信与物资，美国运通公司始终坚持改革创新，与时俱进，不断满足消费者的新需求。

我们曾与美国运通公司有过非常愉快的合作，结识了他们的市场营销总监约翰·海耶斯。海耶斯对公司与时俱进成功实现转变，很有心得，他认为，投入到实现转变过程中的成本，最终会在公司长期可持续发展的过程中加倍返还回来。他在美国运通供职 21 年，是公司主要产品创新的关键推动者，创造了许多标志性的品牌广告和成功的市场营销活动。

他认为，尽管时代在快速发展变化，但是，有三个基本原则一直没有改变：信任、安全与服务。他说："美国运通公司是做货运业务起家的，如果消费者不信任我们，不可能将贵重物品或大宗货物交给我们运送到千里之外去。所以信任是我们坚持的第一个原则。其次，从信任又延伸出来安全与服务这两个原则，我们过去是，现在是，将来肯定也会是一家服务型企业。这三个基本原则在美国运通 166 年历史上一直严格执行并完好地传承了下来。我始终坚信，消费者的消费体验是我们最重要的品牌工具，这也是我们一直灌输给员工的基本做事准则。我们不给员工的工作设置过多限制，只要他们能深刻理解我们的基本原则，了解美国运通这个品牌的核心价值，就能在日复一日与消费者的互动交流中处理好每一件事。"

既然美国运通公司一直以来都在坚持信任、安全与服务这三大原则，那么，他们是如何在此基础上实现转变的呢？又是如何在激烈的竞争与快速变

化的外界环境中，始终保持产品与服务较高的相关性的呢？海耶斯解释说，为了保持产品、服务与消费者之间的相关性，他们从服务这一基本原则出发，加大了服务客户的力度。他举例说："我们发现，我们的消费者有很多是在小企业小商户进行消费的，而这些小企业小商户在接受运通卡时要额外付出一笔费用给我们，这使得他们不太乐意接受消费者使用运通卡结账。我们针对这一现象，立刻降低了运通卡的使用费，并且站在小企业小商户的角度，为他们提供独特的服务。我们发现小企业小商铺在经营过程中，最大的难题在于不懂如何推销自己，而且小企业小商铺发展的好坏，还关系到整个社区街区的状况。美国运通作为一个全国性的大品牌在推销方面肯定比小企业有实力，于是我们就想出了'小企业星期六'这个活动，将感恩节之后的星期六作为运通的小企业星期六，通过一系列促销活动，引导鼓励人们去附近的小企业小商铺消费。这个活动一经推出就大获成功，甚至在一定程度上改变了当时美国的经济状况。"

小企业星期六推出后，美国运通收获了广泛赞誉与好评。正如海耶斯所说的，活动的目的在于帮助小企业小商铺增加收益，通过鼓励消费者去附近的小企业小商铺消费，以此来带动社区活力，哪怕这些消费者在消费时并没有使用运通卡结账。美国运通通过这种方式，将消费者与小企业联系在一起，完美构建了社区经济生态系统，也树立了公司的口碑与声誉，让消费者们切实感受到，美国运通在保持与消费者相关性方面所做出的努力。这就又回到了我们在本书一开始就探讨过的内容，企业管理层必须要了解消费者消费行为背后的原因，明白为什么才有可能明白消费者怎么想。而在实现转变的过程中，消费者怎么想是企业能否成功实现转变，能否抓住未来发展趋势的关键所在。

美国运通坚持的三个原则：信任、安全与服务，恰恰也是消费者最希望获取的东西，这些需求并不会因为外界环境的变化而发生变化。但是，消费者看待与解读这三个原则的方式却在发生变化，而要掌握这种不断变化的解读方式，就需要管理者打开视野，不仅要了解行业内发生的变化，更要掌握整个大环境所发生的变化。对其他企业来说，要了解外界情况最简单直接的方式就是与消费者多沟通多交流，但是美国运通又一次展现出了他们的无敌创造力，他们想出了一个绝妙的办法：邀请不同领域的精英，组建自己的专家咨询团队。

对此海耶斯解释道："我希望各行各业优秀的人才都能来帮助我们思考，我希望找到一群真正了解流行文化的智囊团来帮助我们理解流行文化，了解当前的环境现状，预测未来的发展趋势。我需要歌手、主持人、演员、导演、编剧等各个领域的精英，来帮我从不同角度来理解、分析、预测流行文化，而不是单纯找几个学术专家来帮我们写调查报告。这些精英就是我的耳朵与眼睛，他们帮助我们思考。我们向他们咨询的并不是怎么在近期赚到钱这类问题，而是希望他们能提供给我们对未来发展趋势的前沿思考，帮助我们打开视野，减少视觉盲区，看得更高更远。我组建这个智囊团的目的只有一个：希望借助他们，帮我们更好地理解这个快速变化的世界，找到未来发展的方向，比所有竞争对手站得更高看得更远，更快速更高质量地满足消费者可能出现的新需求。"

要从瞬息万变的现状里，解读出未来消费者可能出现的新需求，对任何企业与机构来说，都是非常困难的一件事。而借助智囊团，美国运通公司比其他竞争者更早地看到了消费者需求转变的信号，从而在实现转变上抢占到了先机。而那些没能及时捕捉到早期转变信号的企业，则注定会在未来的竞争中付出惨痛代价。

## 第二个案例：消费者为先，以赫兹租车公司为例

本书作者之一的艾伦有一次送儿子乔希去斯坦福大学入学，父子俩下了飞机后来到了机场外的租车区域，准备租车前往斯坦福大学。乔希对等着办

租车手续非常不耐烦，他问艾伦说："为什么我们老是在浪费时间？我们为什么不直接用优步去斯坦福大学？"这也从一个侧面反映出，如今这个时代，相较于租车这样老式的方式，用优步等网络叫车服务显然更为省时省力。

斯图尔特·本扎尔是赫兹租车公司的前任副总裁，负责客户体验相关工作。像赫兹公司这样的传统租车公司，在面对共享经济与互联网的冲击时，是如何应对消费者消费习惯的改变的？抱着这个问题，我们专门访问了本扎尔，他回答道："我们不会过多关注竞争对手，不会因为消费者选择了其他租车公司而揪心不已。这并不是说我们不重视竞争对手，我们当然非常重视竞争对手，但是我们更多地将自己定位成提供交通运输解决方案的公司，而不仅仅是一家租车公司。我们希望能为消费者解决交通运输方面的困难，满足消费者更广泛、更多样的需求。每个人出行的目的都不同，比如，有的人是为了谈生意而出行，有的人是为了旅游而出行，在提供交通运输解决方案时，我们不可能一刀切，而是根据不同需求提供不同方案。如果是商务出行，那我们就更多考虑车子性能、准时到达等因素，如果是旅游出行，我们就更多考虑如何让消费者拥有舒适愉快的旅途。我们是如何时刻保持与时俱进，了解并满足消费者的新需求的？很简单，我们直视这些变化，然后找到应对之策。"

赫兹公司在满足消费者新需求方面，做得非常精细，非常出色。这家有着百年历史的企业，最早是由沃尔特·雅各布在芝加哥创立的，创立之初就是一家单纯的租车公司，1923 年，雅各布将公司卖给了约翰·赫兹，成了赫兹旗下企业的一个子公司。

赫兹公司为人们出行提供了新选择，解决了人们没有车却想要自由移动的问题。随着远距离活动越来越普及，商务出行与旅游活动越来越频繁，赫兹公司从中看到了机遇，迅速拓展了商业版图。例如，赫兹公司在芝加哥机场开设了全美国第一家机场租车中心，旅行者们只要一下飞机就能租到心仪的车子。1972 年，赫兹公司引入了客户背景数据库，节省了消费者在租车时反复填写详细信息的时间，大大提高了租车的效率。最近，赫兹公司投入了代客停车服务，帮助租车的消费者解决在陌生城市找不到车位的问题。

本扎尔说道："我们一直致力于减少租车流程，为消费者节省时间。消费者到达机场后，可以很方便地找到我们的租车点，快速办理好租车手续，然后尽快到达目的地。为了更好地满足消费者的需求，我们花费大量的时间和精力与消费者进行沟通交流，这种交流并不是说找一些人来做代表，问几个问题，填几个调查表格，我们不是这样做，我们会真正花时间去跟踪消费者出行过程的细节，例如在一个下雨的午后，从纽约曼哈顿开车到机场要花多少时间，会遇到哪些问题。如果只是表面上问几个问题，而不深入跟踪调研，是无法获得真实而深刻的反馈的。我们希望了解消费者在谈论或引用某件事时，是如何说的，不仅是他们的遣词造句，更关注于他们借此表达出来的情感。例如，有的消费者说'赫兹租车公司很不错，基本上我经过的每个机场都有他们的租车点，而且都是24小时营业的。'这虽然是对我们的正面评价，但是，与消费者们在谈到优步等公司时的热情与赞扬完全不同。他们认为我们只是老牌租车公司，可以信赖。除此之外，我们也在做社交媒体分析工作，希望从中找出人们对租车公司的评价与看法，从而帮助我们找到前进的方向。我们从来不依赖于单一的反馈系统，必须要多管齐下，才有可能听到真实的声音，这样的声音对我们实现转变才有意义。"

本扎尔与他的用户体验团队在提升用户体验方面很有一套，他们不仅想知道用户在租车时的感受，租的车是否干净整洁符合要求，他们还想知道用户在出行方面还有什么未解决的难题，而解决这些难题就是他们提升整体用户体验最有效的途径。本扎尔说："我们从来不认为固守成规是正确的经营之道，我们不断自我创新，实现转变，时刻都在自问还有没有其他解决方案，还能不能提供更好的用户体验。例如，20世纪80年代，我们在所有出租的汽车上都安装了导航系统，这在行业内是首创，在此之前，大家都根本对汽车导航没有概念。"

如今，赫兹公司与其他很多企业一样，面临着技术革新与消费者习惯变化所带来的双重冲击。不过，对赫兹公司这样有着创新精神与悠久创新历史的企业来说，实行转变是他们擅长且一直在做的事情。用本扎尔的话说："我们能提供给消费者的产品与服务决定了消费者是否会选择我们，而这种选择建立在我们自身不断创新，不断实现转变的基础上，只有时刻保持与时俱进，以强大的执行力提升产品与服务的竞争力，才有可能在这个瞬息万变的时代立于不败之地。"

## 第三个案例：三大基本因素，以脸书为例

如今，脸书是很多人生活必不可少的社交网站，但是，它的历史却只有短短的 13 年。2004 年，马克·扎克伯格和他的三个哈佛大学校友爱德华多·萨维林、达斯汀·莫斯科维茨、克里斯·休斯一起创建了这家社交网站，他们创建脸书的初衷简单明了，就是希望人们能通过这个平台开展社交、保持联系。从成立之初只有几百个用户的小网站，一路发展壮大，到 2012 年时拥有全世界范围内 10 亿用户，2016 年这个数字增加到了 18 亿，脸书一路走来完美践行了它的创建初衷：保持人与人之间的联系。2016 年，脸书创收达到了 270 亿美元，其增长速度并没有因为企业规模越来越大而放缓，相反，根据标准普尔数据显示，脸书的营收增长速度是其他营收额大于 200 亿美元的企业增长速度的两倍，当然这个数据不包括那些通过收购提升营收增长速度的企业。

谷歌前高管加里·布里格斯是经验丰富的技术营销领域专家，他在 2013 年出任脸书首位首席营销官，在谈到脸书之所以不断实现转变，不断提升产品竞争力时，他这样说道："与我们的目标相比，我们现在完成的仅仅是 1%。2012 年，脸书上市，外界对脸书的上市有一种误解，以为上市

就是脸书的成功标志，但是，我们不这么认为，我们还是一如既往做自己。这是我们在这个急速变化的领域里始终保持领先的秘诀。马克·扎克伯格一直认为挑战无处不在，因此始终对外界环境保持警惕心，这也是他会买下 Instagram 的原因之一。他一直有一点焦虑感，这不是坏事，起码这种焦虑对公司的发展是积极正面的。他认为，停滞哪怕一分钟，都会让这个企业面临淘汰的危险，所以他对脸书的发展从来都不是放任自流的，而是非常有规划的。在这个快速变化的环境里，脸书作为有史以来发展最快的公司，如果不能激流勇进，就会被无情淘汰，成为有史以来最快被淘汰的公司。如果你仔细去观察脸书网站，你会发现一个很有意思的现象，13 年来，网站的功能越来越丰富，而脸书的标志变得越来越小，这也是脸书价值观的一种体现，对脸书来说，用户体验才是第一位的，公司标志可以给提升用户体验让路。"脸书是一家年轻、充满活力的新兴企业，他们在迈向成功的路上积累了很多经验，这些经验无论是对高新科技企业还是对其他领域的企业来说，都是可供借鉴的无价之宝。

布里格斯认为："脸书有三大基本核心因素。第一个因素就是，明确的目标。每一个人都明白马克的愿景，并且都在为实现这个愿景而努力。我们之所以能快速、高效、自发完成各项工作任务，是因为我们都知道公司的目标是什么，要达到这个目标我们每个人需要扮演什么角色，发挥什么作用，也清楚自己的工作对实现这个目标有什么意义。脸书的员工都明白公司的核心使命就是增进人与人之间的联系，让每个人都能分享，让世界变得更开放、更互联。"

布里格斯所说的，其实就是"目标驱动"的重要性。很多企业都面临着目标远大而行动力不足的问题，光有宏伟的理想却没有实现理想的努力。越来越多的企业意识到，消费者判断一个企业，一个品牌的标准，并不是看这个企业或品牌有哪些产品、提供了哪些服务，而是看它们提供了什么样的愿景。企业只有先设立明确的目标，并且让员工都以这个目标为核心开展工作，才有可能在消费者心中加分。

脸书三大基本核心因素的第二个因素是正确的方向。用布里格斯的话说就是："像是每个人都安装了内置 GPS 导航系统，每个人都不会做出偏离既定目标航向的事，更不会做有损公司利益的事。脸书之所以能如此高效运作，就是因为我们每个人都知道目标在哪，并且知道怎么达成这个目标，知道哪些事应该做，哪些事不应该做。"脸书创始人扎克伯格对公司长远发展有非常清晰的规划，他希望脸书能在全世界范围内，对人类社会产生深远的影响。布里格斯认为："扎克伯格认为，脸书应该在促进人们相互联系、相互分享方面做出更多努力，让人人都有分享的权利，让这个世界变得更开放、更互联。"

大卫·柯克帕特里克是《脸书效应》一书的作者，在书中他详细记录了脸书成立以来的历史以及其对世界所造成的深刻影响。在他看来，与其将扎克伯格定位成一个软件工程师，不如说他是一个思想家，一个理想主义者，扎克伯格认为脸书的出现是一场增进人与人之间互联互通的社会运动，而不单纯是一个高新科技企业，在这种基本思想的指导下，扎克伯格一直致力于通过脸书推动人与人之间的开放式交流。

脸书三大基本核心因素的第三个因素是开放自由的氛围。这也是脸书最大的优势之一，布里格斯认为："扎克伯格不喜欢等级森严的公司氛围，他不在乎这些条条框框，脸书的整体氛围就是开放自由的，信息可以在这里自由流转。每个员工都可以独立思考，独立提问，公司鼓励员工在认真思考后提出合理的意见和建议。在公司里，所有信息都可以共享。因此，当外界环境发生变化时，我们能非常及时地掌握并毫不犹豫地做出应对。当机遇到来时，我们能准确抓住，并成功实现转变。"

而柯克帕特里克则认为，脸书之所以比其他竞争对手更准确地掌握外界环境的变化，更快速地实现转变，除了得益于布里格斯所说的三大核心因素之外，还有一个很重要的优势，即脸书对海量数据的高效处理。他说道："每个企业都在做数据采集工作，但是绝大多数企业的数据采集就像是集邮一样，只收集不应用。脸书不一样，他们不仅能收集到海量的数据，还能准确评估、迅速分析这些数据，甄别出有用数据，并加以应用。"正是这种强大的数据处理能力，让脸书能准确预知消费者的新需求。如期在2014年推出的WhatsApp，一经推出就大受欢迎，这款产品也大大巩固了脸书在激烈竞争的市场中的王者地位。WhatsApp是一款即时信息交流软件，用户可以通过手机号进行联系，由于信息是通过移动网络发送接收的，所以用户在使用这款软件发送信息时不会产生短信费。这款软件的出现大大提高了人们交流的范围，对需要进行跨国交流的人们来说，简直是福音。

脸书的每一次改变，都基于一个基本出发点：让人们的生活质量明显提高，而要实现这个目标，除了脸书之外，其他竞争对手都做不到。那么，怎么才能超越竞争对手，做到人无我有、人有我优呢？最核心的一点就是对消费者的深刻理解。

## 第四个案例：互相依存，以纽约人寿保险为例

估计很少会有人知道什么是互助公司，纽约人寿保险就是一家典型的互助保险公司。所谓互助保险公司，就是指该公司没有股东，所有保单持有人的利益就是公司的根本利益，纽约人寿保险在其官网上这样解释道："互助意味着我们全心全意并且只为所有客户服务，我们公司在本质上就是归所有保单持有人共同所有，我们没有股东，也没有投资人，因此，我们不需要讨好大资本，也不需要讨好政客，我们所有决策的根本出发点都是维护所有保单持有人的利益。我们从1845年成立至今，就一直与所有的保单持有人风雨同舟，100多年来经营状况良好，每年都实现了分红。"

作为一家互助公司，纽约人寿保险公司以"维护所有保单持有人的利益"为宗旨，而了解消费者的根本利益点在哪里，是实现这一宗旨的第一步。与消费者保持相互依存关系，是纽约人寿保险在激烈的市场竞争中立足的最大

优势，他们不仅擅长大数据分析，还擅长从基层、从微小处发现商机。他们的办公地点深入基层一线，少年棒球联盟、超市货架边、遛狗公园、人行道边上、农产品集市，哪里有人群聚集，哪里就有他们的身影。凯莉·帕森斯是纽约人寿保险公司的前任高级副总裁，首席沟通和市场营销官，她在谈到理解消费者需求时说道："在社区顾问的帮助下，我们能很好地理解客户的各种需求，这些社区顾问深入人群，扎根基层，了解社区内每个人的需求。他们知道客户到底要什么，他们了解客户在生活中所面临的挑战、机遇及需求。消费者很放心将自己的保单与钱交给这样真正了解他们、关心他们的人。我们觉得这才是做保险的正确方式。"

纽约人寿保险不仅擅长与数字打交道，与保单打交道，他们还擅长与客户打交道；对他们来说，工作的核心不在于数字或保单，而是在于理解客户的所思所想所需。因此，当他们在制定政策或推出新产品时，可以比同行业的竞争对手看得更远、格局更大。而这种深刻理解客户需求，与客户维持长期合作关系的能力，正是纽约人寿保险如此高效运作的根本原因。

帕森斯说道："消费者总是觉得大金融机构不可信，但对自己的理财顾问却很信任。我们很重视与消费者建立长期合作的关系，因此从接待某个消费者的第一天开始，我们会竭尽全力为他服务。如果说在时代快速发展变化的过程中，我们要做出什么转变的话，我认为，我们要做的就是进一步增强与消费者之间的长期合作关系，特别是要增强与年轻客户之间的互动联系。年轻客户不同于他们的祖辈父辈，他们受高新科技与社交媒体影响很深，我们越是研究这个群体，越是觉得应该转变与他们打交道的方式。我们正在考虑更多地使用高科技手段来吸引年轻客户，拉近与他们的距离，当他们需要财务帮助时，自然会来找我们。这些 80 后 90 后经历过经济滞涨与金融危机，他们很多人目睹过自己的双亲或亲朋好友失业、失去养老金甚至还不上贷款失去房子，因此他们对买保险与理财有着一定的感性认知。而且他们生活在一个信息共享的时代，当他们决定要买保险或理财时，他们会自己查找相关信息，也会征求别人的意见。我们要做的就是在他们需要专业服务的时候，竭尽所能为他们提供专业服务，辅助他们做出最有利于他们自身的决策。"

在谈到与时俱进，时刻做好转变准备，保持产品相关性这个话题时，帕森斯说道："我认为保持产品相关性最好的方法就是，花时间与客户交流，了解他们的真实需求，向他们提供专业的解决方案，而这恰恰是我们最擅长的。在这样一个快速变化又纷繁复杂的世界上，我们仍然坚持用真心对待客户，我们与客户的对话从来不仅仅是推销某款产品，而是真的去倾听他们的真实想法，了解他们的需求、希望、梦想，了解他们 20 年后想过什么样的生活。而我认为，我们这种对待客户的方式，才是我们赢得未来的基石。"

人寿保险是带有感情的投资，消费者选择购买一份人寿保险，既是给自己买一个心安与保障，也是为了保护自己深爱的家人，降低他们在未来可能遇到的风险。做好人寿保险销售，最大的秘诀就在于，在消费者需要的时候，及时向他们提供专业的解决方案，帮助他们通过购买保险而心安。帕森斯说："我们一直很重视与客户的沟通，特别是当客户需要做出复杂又重大的财务决策时，沟通显得尤为重要。客户要做出的决策越是复杂，他们就越是需要专业人士的帮助，沟通的价值就越大。"与客户保持相互依存的关系，与他们进行"一对一"的认真沟通，深刻理解客户的需求，这就是纽约人寿保险在快速变化的大环境及激烈的业内竞争中，始终走在前列的成功秘诀。

## 第五个案例：善待员工，以达美航空为例

一个企业越是庞大，要实现转变越是困难重重。同样地，一个企业所提供的服务越是精细，涉及的零部件越多，要实现转变也越困难。航空公司就是这类企业的典型代表。从表面上来看，航空公司所提供的服务无非就是将

乘客从 A 点运送到 B 点，似乎没有什么精细可言，但是深究下去，却会发现门道很多。

达美航空公司是一家典型的美国南方企业，成立于佐治亚州，带有典型的南方式热情友好特质，其前身是成立于 1924 年的一家商用农药喷洒公司，1928 年，被收购后改名为达美航空。此后，达美航空一路高歌猛进，发展迅速。1953 年，达美航空公司与芝加哥和南方航空公司合并。1972 年，兼并美国东北航空公司，1991 年，兼并泛美航空公司。至此，达美航空建立了覆盖全球的事业版图。

达美航空经历了一系列收购兼并与创新，保持了几十年快速增长，但是，受到大环境改变与业内竞争的影响，其发展经历了一个低谷期。特别是 2001 年，"9·11" 恐怖袭击事件发生后，航空业遭受了重创，达美航空遭受了严重的财务危机。此后几年，达美航空经历了油价上涨、全球经济衰退、机场案件难度增加、美国航空公司恶意收购、内部管理失误等诸多问题，导致公司损失了数十亿美元。爱德华·巴斯蒂安在 2004 年时曾担任达美航空的高级副总裁，他在当时极力建议公司申请破产保护，但是，当时的管理层不同意他的这个提议。巴斯蒂安随即辞职离开，不曾想 6 个月后，他又被请了回来，担任公司总裁，带领公司渡过难关。2015 年，巴斯蒂安就任首席执行官，在他的带领下，当年公司实现盈利 59 亿美元，运载超过 1.8 亿人次，飞行范围涵盖了 57 个国家、327 个城市。

为了摆脱低谷实现转变，达美航空实施了一系列措施，包括投入巨额资金更新飞机，完善机场基础设施，提高公司科技水平等。而每一项措施的背后都有一个共同目的，那就是为乘客提供零压力、热情友好的飞行体验。例如，在登机门附近设置超大的液晶平面显示器，乘客经过时可以看到目的地的天气状况、机上座位情况、航班延误情况等。这样的设置不仅有利于乘客，也有利于航空公司工作人员；有了这个显示器，工作人员就无须分心回答有关天气、座位、延误等情况的问题，只要专心做好手头工作即可。

巴斯蒂安认为，除了更新飞机、完善基础设施、提高科技水平之外，真正让达美航空成功实现转变、实现扭亏为盈的关键，在于他们花大力气提高了员工的满意度。他说："我们一直非常重视服务质量，致力于提高服务可靠性。从我们过去 10 年的经验来看，员工的状态如何直接关系到提供服务的质量好坏。因此，我们非常重视员工的满意度，希望他们心情愉快地工作。我们公司创始人曾说过这样一句话'很多航空公司都不关心员工，事实上，只有我们好好关心员工，员工才会好好关心乘客。'这是一个理解容易实践起来却很难的道理，而达美航空自成立之日起一直这样践行着。"

达美航空有一个维系管理层与一线员工双向沟通的沟通会，公司管理层与一线员工一起座谈，倾听一线员工的工作情况及意见、建议。这项制度最早发起于公司低谷期，当时公司遭遇了最严重的财务危机。巴斯蒂安回忆道："当时公司的经济状况非常差，员工士气低落，惶惶不安，以为是自己工资拿太多或工资效率不高导致了公司的不景气，可是，事实上这不是员工的错，这是管理层的错。所以我就将大家集合起来，管理层向员工诚恳道歉，让员工没有负担地去工作，所有责任都由管理层来扛。"

通过这种方式，管理层勇敢肩负起所有责任，获得了员工的谅解，无论是管理层还是员工，都在这种双向沟通机制下，重燃了工作热情。达美航空最终度过了低谷期，扭亏为盈，这项制度也一直保留了下来。从这里也可以看出达美航空的企业文化，管理层与员工之间相互信任，开诚布公，管理层愿意负责任，员工信任公司。巴斯蒂安认为，调动员工积极性，发挥员工的最大潜能，是公司成功实现转变的关键催化剂，他说："我们经常与员工交流，倾听他们关于安全性、可靠性及服务质量方面的意见、建议，借由这种沟通交流，让员工知道我们对他们充满信任与信心，同时，也希望他们以同样的态度去服务我们的乘客。应该说，这种相互信任、相互影响帮助公司成功实现转型。"

达美航空还建立了绩效奖励制度，将对员工的关心与认可以物质的形式反馈给他们。公司根据员工的日常工作表现与努力程度，给予一定的物质奖励。公司为此特别安排了一定比例的利润，作为与员工一起分享的绩效奖励，2015年，这个奖励总额度达到了15亿美元。这个数字不仅是航空业内有史以来最大规模的绩效奖励金额，放到全美国所有企业范围来看，也是绝无仅有的。达美航空的8万余名员工一起分享了这笔巨额奖励，平均工资涨幅达到21%。

投桃报李，达美航空的员工在如此巨额奖励的激励下，工作热情与工作效率大幅上升，订单取消量大幅降低，2016年8月订单取消量降到了历史最低水平。与此同时，乘客对达美航空的好评率大幅提高，达美公司的调查显示，乘坐过达美航空的乘客愿意向亲朋好友推荐达美的比率大幅上升。

罗伊·博斯托克曾是达美航空董事会的成员之一，在谈到达美的内部氛围时，他说道："达美航空的总体目标是领先于行业内其他竞争者的，他们不局限于为乘客提供某项服务，而是希望打造一个品牌。管理层想方设法提高工作质量，从技术层面来看，达美取得的成绩是非常惊人的。飞机起飞延误后，如何确保其安全快速地降落到目的地；如何管理飞机零配件以确保要用时能及时找到；如何安全快速做好乘客的行李运输；如何提供让乘客满意的飞机餐与饮料，等等。诸如此类的问题，都被达美航空完美解决了。而在如此便捷、高效、热情的服务背后，包含着每一个员工的努力与付出。达美的每一个员工都不会推脱责任，不会对乘客说出'这不归我管，这不是我的事'之类的托词，相反，他们热情、高效地为乘客提供服务，始终践行着乘客第一的服务理念。"

博斯托克在达美航空工作时，经常会与基层一线工作人员交流，他与飞机跑道工人、领航员、飞行员、售票人员、机场俱乐部服务人员等多个岗位的员工交流过，这些员工都明白达美这个品牌的深刻含义，都以服务乘客为自己的第一要务，正是他们的这种敬业与热情，让乘坐达美航空的乘客感受到了超值的服务体验。博斯托克说，即使遇到航空管制或天气原因延误，达美的乘客也不会无理取闹，因为他们知道，达美航空的工作人员一定已经为他们竭尽全力过了。博斯托克回忆道："有的乘客会说'我被困在机场好几个小时了，不过这是天气的缘故，机场被关闭，这是没办法的事。达美航空的工作人员非常积极主动，他们对我的照顾无微不至，如果下次出行，我还是会选择达美。'"

乘客评价"照顾无微不至"，是对所有达美航空工作人员努力与付出的最高评价。达美航空的企业文化就是在可能的范围内，为乘客创造最好的飞行体验。达美航空通过关心激励员工的方式，通过公司关心员工，员工关心乘客这一良性循环，来实现这个目标。达美航空的这个企业文化固然与他们根植在心底里的南方式热情好客有关，但是，更重要的是，这种企业文化帮助他们在遭遇低谷时，成功实现转变，扭亏为盈。在达美航空看来，营造积极向上的企业文化是一件永无止境的事。

巴斯蒂安认为："达美航空之所以能实现转变，主要依靠人的力量，依靠员工的力量。我经常对别人说，判断一个航空公司好坏，不是看他们的飞机好不好或者航线多不多，这些都是表面文章。判断一个航空公司好不好，要看他们的员工如何。达美航空之所以能取得成功，就是因为我们重视员工，我们致力于提高员工的能力与水平，这决定了我们能从激烈的市场竞争中脱颖而出。一个企业的成功经验有很多可以复制借鉴的地方，但是，一个企业的员工能力水平、文化氛围、内在价值，这些是无法复制、无法借鉴的。这也是我们能独一无二的根本原因，也是我们愿意花时间精力财力善待员工的根本原因。"

## 第六个案例：回到最擅长的领域，以索尼为例

在经历了连续多年销量与口碑双双下降后，索尼开始调整策略，重新开始重视以创新为主导的企业文化，回归到其最擅长的领域。

回顾索尼的历史，就像是在看一部连贯的创新作品展览。1979 年，索尼推出了名为 "walkman" 的随身听，一经推出就惊艳世人，改变了人们听音乐的习惯。很多人可能不知道，该随身听最早是索尼内部团队为集团联合创始人井深大定制研发的，井深大常常在美国日本两地跑，他要求公司研发团队为他研发一款随身播放音乐的电子设备，以便他能在飞机上听最喜欢的歌剧，这就是这款随身听的雏形。索尼还推出了便携式摄像机，40 多岁的家长们肯定都用过它来给孩子们拍摄，无论是孩子们的生日聚会，毕业典礼，还是婚礼，都少不了索尼的便携式摄像机出场。1982 年，索尼率先推出了 CD 播放器，并击败竞争对手，成为市场上最好的 CD 播放器品牌。1968 年，索尼推出了世界第一台搭载特丽珑电视影像技术的彩色电视。索尼还是第一家去美国上市的日本公司，1989 年，索尼正式进军影视行业，以 34 亿美元的天价收购了老牌电影公司哥伦比亚电影公司，并于 1991 年更名为索尼影视娱乐公司。对年轻人来说，对索尼印象最深的应该就是名为 "PlayStation" 的游戏机，这也是索尼最成功的产品之一。

这样一个创新不断、成绩斐然，对消费者需求了若指掌，曾经推出过无数改变行业格局的产品与技术的公司，为什么这几年却在激烈的竞争中节节败退，销量与口碑齐齐下降呢？创新是索尼的灵魂，是索尼安身立命的根本所在，可以说是这种创新精神塑造了索尼这个品牌。索尼向来都是创新的先锋，当竞争对手们还在苦苦思索的时候，索尼的新产品已经横空出世，惊艳世人了，正是这种创新力让索尼在很长一段时间里稳居业内第一把交椅。而且，索尼还是第一批意识到品牌的重要性的亚洲企业，一直很注重对品牌力的提升与维护。

那么索尼到底怎么了？原因很简单，索尼不再专注于自己擅长的领域，而是多点开花，同时在多个领域出手，导致公司的创新能力与水平直线下降。当更有竞争力、更专精、对市场反应更灵敏的竞争对手出现后，索尼明显就力不从心，在竞争中节节败退。索尼曾经是行业老大，在很多领域都有不可撼动的强势竞争地位，日子一久，难免就会骄傲自大，从而错误地将精力与资源都集中到拓展商业版图，而不是创新上。过去几年，索尼的商业版图越来越大，所涉足的领域越来越杂，推出的产品也越来越多，在扩张中，他们逐渐失去了创新精神，并陷入了越是扩大版图越是没有精力创新，越是没有创新越需要扩大版图弥补损失的恶性循环中。

　　让人欣慰的是，索尼管理层已经深刻意识到了这个问题，并着手实行改革，重新回归到创新主导上来，实现与时俱进的转变。对此，索尼移动通信公司的执行副总裁、全球首席销售与营销官古海英之认为："我们正在努力回归传统，重新提倡以创新为主导、谦虚包容、专注专精的传统精神，这种精神深深印刻在索尼的企业文化中，必须一代代传承下去。"索尼精神，用其创始人井深大的话说，就是"通过不断创新、不断挑战，为消费者提供无与伦比的产品体验"。

　　古海英之谈到近几年索尼的表现时，这样说道："我们没办法同时专注于100条生产线，所以我们要挑选出那些产品差异性大、竞争力强的产品，集中精力去攻关。我们应该在我们擅长的领域，发挥自己的优势，最近几年，索尼在产品界定上模糊不清，特别是公司内部管理层没有清晰的发展思路，多点开花、多战场作战，说到底，这都是因为员工对索尼这个品牌失去了信心。"

　　一直以来，索尼的企业文化都是勇于创新、擅长创新的，但是，近几年来，由于公司发展思路不清晰，导致索尼所涉足的领域越来越杂、推出的产品越来越多，员工们逐渐忘记了真正的索尼精神与企业文化到底是什么，士气低落，对公司失去信心。幸好索尼已经开始着手推行改革，他们关掉了很多生产线，只留下最有代表性的王牌产品，将人力物力财力与时间都投入到这些最能代表索尼精神、最能体现索尼价值的产品上来，希望推出让消费者惊艳的新产品。以北美市场为例，5年前，索尼还是从收音机闹钟到电视各个领域多点投资、多点生产，但是，现在索尼已经缩减了生产规模，剔除了大量生产线，只保留了最有竞争力的产品。

古海英之说道："我们现在专注于那些能提升公司竞争力、体现公司企业文化的产品领域，过去，我们多点开花，虽然有很多产品，却没有什么特色，市场不看好这样的产品，所以我们的销量与口碑都在下降。为了改变这种困境，我们不得不进行转变，这种转变虽然非常痛苦，却能让我们可持续发展下去。转变的内容不仅包括减少产品生产线，还包括加大与消费者之间开诚布公的交流。我们正在致力于减少公司内部的壁垒与阻碍，完善内部绩效考核与问责制度，新上任的首席执行官平井一夫也给公司带来了积极正向的影响。我们加大了对员工的激励，对取得成绩给予肯定与鼓励，员工的效率与创新力和以往相比有了大幅度提高。"他还认为，企业必须要营造积极向上、激励人心的工作氛围，这种工作氛围有助于员工克服困难，战胜挑战。而对员工的正向鼓励与激励，能加大企业内部驱动力，加速转变实现。"将人力物力财力集中到优势领域，大大提高了员工对企业的信心，与以往相比，员工的工作表现直线上升。只有我们的员工带着激情去工作，我们生产出来的产品才有可能打动消费者的心。对索尼来说，员工是我们最宝贵的财富，在这个激烈竞争的市场环境中，他们是推动公司不断向前，最终获取胜利的最关键因素。"

最近索尼新推出的 PlayStation VR 就是他们实现转变、王者归来的序曲，一经推出就让同行业的竞争者震撼不已。索尼也通过这款新产品，锁定了 VR 领域领头羊的地位。VR 市场发展变化非常快，如今的 VR 设备除了能让用户玩游戏之外，还能让用户在家里身临其境般地观看体育赛事或者探索未知之地。除了娱乐功能之外，VR 设备还在包括建筑业、医疗业等多个领域实现了商用价值。因此，索尼这次成功推出 PlayStation VR，更显得意义非凡。

索尼重新回归到创新主导的传统上，以减少生产线的代价来换取更有竞争力的产品，在实现转变的路上越走越顺，对竞争对手的震慑力也越来越强，他们的成功转变指日可待。

# 本章小结

本章讨论的 6 个案例，都是关于如何在进行改革前做好准备的，虽然有的企业成功了，有的企业失败了，但都给了我们一些启示。

## 启示 1：有明确的目标

本章中，我们有三个案例都提到了企业的目标对企业实现转变的重要性。脸书的目标是让世界更开放更互联，而不是最大限度地扩大用户群体；赫兹租车的目标是为用户提供更便捷高效、舒适愉悦的旅途体验，而不是租出去更多的车。消费者不是在购买产品本身，而是在购买产品所能给他们的生活带来的改善。打个比方，消费者花钱买一把电钻，并不是要这把电钻本身，而是购买电钻能帮助他打洞的这个功能；消费者花钱买一条领带，他并不是要这条领带本身，而是购买领带能让他的外表加分这个功能。现代管理学之父彼得·德鲁克曾说过："企业是社会的一个组成部分。企业不是脱离社会独自存在的，而是为了满足人们的某种具体需求、实现人们的某种社交目的存在的。"从这个角度来理解，企业实现转变是为了更好地满足社会需求，实现其社会目的。这样一来，我们就能理解，赫兹租车之所以会花费那么多精力与资源去改进服务，是因为他们认同企业的社会属性这一理念。

研究表明，企业所面临的危机 90% 以上来自企业内部。企业管理层与一线员工之间往往缺乏沟通交流，导致管理层不了解一线情况，而基层员工不了解公司战略走向，特别是那些内部管理流程复杂僵化、官僚主义盛行的企业，管理层与一线员工之间越来越疏远。即使是最优秀的企业，如果管理不善，也会出现这样的内部鸿沟，从而导致企业创新力与竞争力下降。解决这类问题最好的办法就是进行内部重整，特别是要重新明确企业的发展目标。

如果企业没有明确的目标，就会失去重心，变得散漫懈怠。以索尼为例，在发现问题后，管理层决定重新回归到传统以创新为主导的发展战略上来，重新明确了企业的目标并不是扩展商业版图，而是生产出有竞争力、让消费者惊艳的产品。明确这一目标后，索尼进行了大刀阔斧的改革，并取得了阶段性成效。

## 启示 2：关注外界环境

在解决目标问题后，企业所要面对的关键问题就转移到所处的大环境上来了。以美国运通为例，他们找到了一群真正了解流行文化的智囊团来帮助他们了解现状，预测未来的发展趋势。他们的着眼点不仅仅是行业内，而是将目光放长放远，去关心与理解整个世界发展的趋势。

每个企业都知道要时刻关注外界环境变化，但是，优秀企业关注外界环境的方式与普通企业关注外界环境的方式截然不同，可以用高尔夫球与网球来打个比方。优秀企业关注外界环境变化的方式像是打高尔夫球，而普通企业关注外界的方式则更像打网球。网球运动员所面对的比赛场地到处都是条条框框，中间有网，四周有边界线，网球运动员要在不碰线不触网的前提下进行比赛，而网球运动员最常用的技巧就是寻找对手的软肋，然后通过攻击对手软肋来得分，赢得比赛。苏西·迪林是 eBay 的首席市场营销官，在谈到 eBay 从 PayPal 分离出来后所经历的一系列转变时，她这样说道："我们当时太过于关注我们的竞争对手，这在某种程度上让我们迷失了自我，错过了很多机会。我们现在转变了关注对象，不再关注竞争对手，而是时刻关注消费者，深刻理解消费者的需求，并想方设法满足他们的这些需求。我们不再局限于行业内的竞争，而是将目光放长放远，从提高用户体验的角度来推进公司的发展。"

与网球运动不同，高尔夫运动所受的限制要少得多，比赛场地非常宽阔，高尔夫选手并不直接面对面较量，每个选手都在努力将自己的球打入洞，其对抗是间接性的。而影响高尔夫比赛的因素也与网球比赛不同，网球比赛是通过比赛双方之间相互寻找漏洞从而开展攻防战一决高下，高尔夫比赛则更多受到外界环境因素的影响，场地上的树木、草坪、水潭，甚至风向都会影响比赛结果。高尔夫选手在比赛时，必须认真分析场地因素、环境因素，将注意力集中在眼前的球上，而不是集中在比赛对手身上。换句话说，高尔夫选手必须时刻关注整个外界大环境的变化。在本章介绍的案例中，美国运通公司就是类似的高尔夫选手，在其 160 多年的历史上，始终保持对外界大环境的关注，能深刻理解企业、消费者、社会三者之间相互影响、相互作用的关系，并从这一点出发，推出了"小企业星期六"活动，获得了巨大成功。

那些在竞争中处于劣势的企业，就好像是网球选手那样只关注眼前的行业内的变化，而忽视了全局性的大环境变化，他们看问题的角度太单一，错过了很多有用信息与宝贵机遇，而这些信息与机遇正是他们提高产品竞争力的关键所在。优秀的公司不仅关注消费者当前的需求及过去的习惯，他们还努力探索消费者为什么会有这种需求，为什么会养成这种消费习惯，从中挖掘出未来消费趋势的关键信息。

在本书第一章中，我们谈到过品牌价值，只有真正理解品牌的核心价值，才有可能以此为基础与消费者建立良性互动关系。而企业与消费者之间的关系，决定了企业的发展走向。无论是传统企业，还是高新科技企业，对消费者的研究是永恒的课题。优秀的企业善于寻找目标消费者群体，理解他们的需求，倾听他们的想法，接纳他们的意见、建议，优秀的企业明白一个道理，消费者对产品的评价决定了产品的命运。

鲍勃·皮特曼认为："当你深入研究消费者心理，你会发现，消费者真正关心的不是产品本身，而是产品带来的便利性。他们会选择那些能提高生活品质、带来便利、提高效率的产品。研究消费者就是研究他们的需求，例如，如今越来越多的年轻人不愿意去考驾照了，为什么呢？深入研究之后，你就会发现，并不是他们没有出行需求，而是他们有很多其他出行选择，并不是非得自己开车。所以对企业管理层来说，最关键的是要搞清楚自己的产品或服务，在消费者的生活中可能会扮演什么角色，满足什么需求。"

克莱顿·克里斯坦森在他的著作《与运气竞争：产品创新与消费者选择的故事》中写道，消费者挑选商品时，会考虑这个商品能满足什么需求。在给一个快餐连锁品牌做咨询时，克里斯坦森的团队花了一天时间观察来消费的顾客，并与他们进行交谈。他们观察后发现，很多顾客都会进店来买一杯奶昔，然后带着在开车时喝。"通过交谈，我们发现顾客购买奶昔并不是因为想喝，而是为了在开车时有东西来打发时间。奶昔正好能满足他们的需求，所以成为了这些顾客的首选。"基于此，克里斯坦森建议这家快餐品牌调整食品供应餐单，增加奶昔供应量，并提高其他餐点制作打包的速度，节省顾客购买与等待的时间。

### 启示3：深刻了解消费者

企业要了解产品在消费者生活中发挥什么作用，满足什么需求，就必须与消费者保持开诚布公的亲密关系，只有坦诚交流，才能掌握消费者的真实想法，从而发现实现转变的机遇。与消费者保持亲密互动，有两种方式，既可以像纽约人寿保险那样，通过与客户的深入交流来获取消费者的信任，也可以像脸书那样，通过大数据分析来掌握消费者的所思所想所需。

对此，脸书首席营销官盖瑞·布里格斯说道："脸书推出的视频直播功能已经成为我们所有 App 的重要组成部分了，而这个想法最早来自我们与用户之间的互动问答环节。我们不仅重视开放性与任务驱动，还重视大数据分析。因此，我们能全面掌握消费者的需求，并快速做出应对。"脸书成功的秘诀之一在于对消费者行为的深刻理解与快速反应，例如，脸书通过大数据分析，发现很多用户都有在网上晒照片的习惯，于是他们就在 2012 年收购了以图片分享为主的 Instagram。

### 启示 4：有不懈的进取心

我们所处的世界正以前所未有的速度快速变化。对企业来说，面对瞬息万变的市场环境，只有不断进取才能在时代前进的洪流里不被淘汰。赫兹租车前任副总裁本扎尔认为："就盯着眼前是无法成功的，想要赢得竞争，就必须不断努力，这种进取心才是取胜的关键。"在本书第六章中，我们会深入探讨孩之宝的转变之路，孩之宝成功实现转变的关键就在于他们坚持不懈的努力。

家庭护理品牌第七时代是一个绿色家用清洁用品品牌，他们在无毒害、可再生清洁用品方面走在行业前列，其总经理乔伊·博格斯坦认为："对消费者与市场的研究是一场持久战。我们一直关注消费者群体，特别重点关注那些没有购买使用过绿色清洁用品的消费者，他们听说过我们这个品牌，却从来没有购买过我们的产品。我们希望找到他们不买的原因，现在的消费者除了关心产品性能之外，还关心产品的持久性，他们会考虑产品使用效果如何，能给他们带来什么好处。很多消费者口头上说想买绿色清洁用品，但是实际上却从来不买。他们所表达出来的意愿与他们的行为之间，有一个偏差，我们希望找到这个偏差，然后有针对性地加以解决。"

## 启示5：重视企业文化

企业文化，包含一个企业的愿景、信仰、目的、价值观、内在规范、运行系统及行为习惯，它会深刻影响企业的决策与行为。《哈佛商业评论》官方博客上写着这样一段话："企业文化决定了员工的行为，企业规章制度无法规范的内容，都由企业文化来规范。当企业面对着消费者的新需求时，企业文化决定了企业的应对态度是积极还是消极。企业文化是企业员工做决定时的行为准则，当首席执行官不在公司时，企业文化才是员工们行为做事的第一准则。"

詹姆斯·赫斯克特教授在他的新书中指出，高效的企业文化可以将企业的效率提高20%至30%。这一章我们探讨了达美航空的案例，达美航空一直以来坚持的热情友善、乘客第一的企业文化，让他们始终坚持给乘客提供优质服务，这样大大提高了乘客对达美航空的认可程度。

好的企业文化能让员工觉得自己的工作很有价值，而且公司为员工提供实现这种价值的资源与机会。听起来好像不是太难，但是对处于转变时期的企业来说，要营造良好的企业文化并没有想象的那么容易。好的企业文化必须建立在相互信任的基础上，这种信任不仅是管理层对基层的信任，更是基层对管理层的信任。只有整个公司所有员工都认同企业文化，才能团结一致，朝着同一个目标去努力。而企业员工是无法决定企业文化的，相反，员工在入职时就已经接受了层层考验，只有符合企业既有文化氛围的员工，才会被企业录用进来。

从我们的经验来看，高效的企业文化建立在开诚布公、真诚互信的基础上，同样，这种开诚布公与真诚互信是双向的，不仅是管理层信任员工，员工也要信任管理层。要营造高效的企业文化，必须打破企业内的官僚主义壁垄，增加管理透明度，每个员工都应该能清楚地知道企业的目标、现状与走向，明白自己在其中扮演什么样的角色，起到什么样的作用。

史蒂夫·乔布斯回到苹果公司做的第一件事，就是推行了一项名为"另类思考"的广告营销，推出了一系列与众不同、具有鲜明个性、前所未有的广告，广告里涉及爱因斯坦、鲍勃·迪伦、马丁·路德·金、玛莎·葛兰姆、毕加索等耳熟能详的标志性人物，他这样做的目的就是借由这一项推广活动告诉业界，也告诉苹果公司员工，苹果公司要崛起了。乔布斯做出这一项推广活动的时候，苹果公司的情况很糟糕，公司剩余的资金仅能勉强支撑 90 天，但是这项营销活动非常成功，不仅在当时深深震撼了业界，也深深影响了此后几十年业内的苹果公司的走向。通过这次成功营销，苹果公司重新在激烈的竞争中站稳了脚跟，并为之后的崛起与全盛打下了基础。

当然，这种营销所带来的影响只是推动苹果公司实行转变的一个次要因素，真正让苹果公司成功实行转变的是乔布斯那种勇于创新、另类思考的能力，他回到苹果公司担任首席执行官后，就推出了第一代 iMac。不同于当时米白色的机身颜色，这款新推出的 iMac 是蓝色的，小小的颜色改变，却为苹果公司带来了巨大的成功。乔布斯通过一次成功营销与一个成功产品，点燃了苹果公司的创新之火，创新成了苹果公司的企业文化，并一直传承至今。

好的企业文化都包含着一个全体员工都认同的共同目标，但是，这并不意味着企业内部必须事无巨细意见一致。好的企业文化包容甚至欢迎企业内部出现不同的观点，允许员工有多样性。有共同的目标与有不同的观点，这两者之间并不矛盾，都是优秀企业文化的题中之意。在企业为实现转变做准备的阶段，企业管理层必须优先处理好这两者之间的关系。

另外，好的企业文化还能营造相互倾听的氛围，管理层应该认真听取员工的意见、建议。被倾听，是培养员工自信，增加员工创造力的重要方法。例如，乔布斯在设计皮克斯公司总部时，特意设计了一个交流分享区，员工可以随时去那里畅所欲言，彼此分享观点，这种设计真是神来之笔，乔布斯的理念远远领先于当时的同行。贝尔实验室也有类似的设计，他们举办了一个公开交流论坛，鼓励员工相互交流，彼此分享最新的科研进展，并一直保留了下来，成了实验室文化的一部分。

研究表明，在大学里，学生之间，学生与教师之间的相互交流，有助于提高科研能力，提升科研水平。学生与教师坐在一起交流，一起参加学术研讨会，甚至一起用餐，都能营造出一种相互倾听、彼此交流的氛围，不仅有助于学生提高学术水平，也能给教师新的灵感与启发。

霍华德·斯蒂文森是哈佛大学的名誉教授，他认为"优秀的企业文化比英明的决策更能给企业带来积极的影响"。用现代管理学之父彼得·德鲁克的话说就是"任何决策都无法与优秀企业文化相媲美"。企业文化的重要性毋庸赘言，但是，在现实中，还是有很多企业对自己的企业文化不够重视，而优秀的企业却已经将自己的企业文化作为了一种独一无二的竞争优势。

好的企业文化能营造愉悦的办公氛围，在这样的氛围中工作，不仅让人身心舒畅，还能提高员工工作效率。企业的办公氛围不应该是让人心生厌恶的，而应该是愉悦舒畅的。现在的员工工作压力非常大，好的企业文化能帮助员工舒缓压力，让员工在忙碌与重压之下，仍保持积极向上的心态。而让员工保持积极向上的心态不仅有利于提高工作效率，更重要的是，这种积极向上的心态会借由企业员工传达给消费者，积极向上的员工能带来积极向上的消费者反馈。

在《蜘蛛侠》这部电影中，彼得·帕克（蜘蛛侠本人）说："蜘蛛侠给了人们希望。"而打造蜘蛛侠系列的漫威公司首席执行官彼得·库尼奥就是这样挽救了公司。1999 年，漫威濒临破产，股价跌到每股 96 美分，通过库尼奥的不懈努力，公司股价上升到每股 54 美元，最终以 43 亿美元的高价被迪士尼公司收购。当被问到挽救漫威的诀窍时，库尼奥说："实现转变不仅需要了解业内情况，制定切实可行的策略，而且需要重构企业文化。很多时候，出问题的不是企业的运行，而是企业的文化。企业文化出问题了，企业的表现就会一落千丈。实现转变的第一步就是要转变这种企业文化，在公司内部重新构建积极向上、充满希望的企业文化。"

**第 五 章**

**05**

**对未来有清醒认知**

前几章，我们探讨了如何及时发现企业发展中面临的危险信号，在此基础上，判断企业实行转变所面临的阻碍，并有针对性地做好准备工作。外界环境瞬息万变，看到这种变化并保持与时俱进的企业，才会不遗余力地实行转变，而企业管理层决定实行转变的动因就在于他们对未来发展趋势的预判。也就是说，企业实行转变的动因在于，管理层认为只有转变才有利于企业未来发展，才能与未来发展趋势保持一致。要准确做出这种预判，需要同时具备两种能力，即准确分析未来发展趋势的能力及坚持不懈。这两种能力相辅相成，缺一不可，只有对未来有清晰而又准确的判断，才能在困难中找准努力的方向；而只有坚持不懈地努力，才有可能最终实现转变。而当前世界快速发展变化，要做出准确分析的难度越来越大，要坚持下来所受到的阻力也越来越大。

著名作家、纽约时报专栏作者托马斯·弗莱德曼认为："在这个快速变化的时代中，我们要如何让自己与时代保持一致，最大限度地利用有利因素，规避不利因素呢？答案只有一个，回归基础，重视基础。没有基础工作的转变都是无根之木，无源之水，长久不了。"

本章所要探讨的主要内容就是如何保持对未来发展趋势的清醒预判与认知。带领企业进行转变是非常难的一件事，不仅是因为转变之路的阻碍很多，更是因为没有一个固定的判断体系能帮助我们对未来发展趋势做出准确判断。这不像是开车，你可以用导航，转变之路是没有现成导航仪可用的探索之路。

正如弗莱德曼所说，实现转变的第一步就是重视基础，重视当前。企业在当前所面临的形势与环境，是其未来发展的基础。而要掌握当前情况，除了传统的做市场调查、分析消费者行为之外，还有一点常常被一般企业所忽视，那就是了解产品与消费者之间的关系，特别是要准确掌握消费者对品牌的认知度与相关度。消费者行为学家佩考·尤德黑尔擅长利用人类学方法收集、分析消费数据，他对消费者行为的研究不同于一般学者，他不仅分析消费者为什么购买这个产品，而且还分析消费者不选择那个产品的原因。他这一分析视角与主流分析视角截然不同，这也使得他的观点特别有新颖性。他认为："在分析消费者为什么不选择某个产品时，其实我们就是在分析这个产品的相关度与认知度下降的原因，因此需要从不同层面、不同角度进行分析。例如，同样的产品，对男性消费者与女性消费者来说，会出现不同的评价。原因很简单，男性与女性看待问题的方式不同，思考模式不同，对男性消费者来说高分的产品，未必能博得女性消费者的青睐，反之亦然。在判断产品相关度与认知度是上升还是下降时，不能简单以单一尺度来衡量，而是应该从不同文化背景、不同思考模式、不同行为习惯等角度出发，综合进行考量。"他举了一个例子，他曾去过一家餐厅，餐厅里种着新鲜蔬菜，然后现场收割烹饪，端给顾客享用。这个餐厅的理念就是，满足人们希望吃到原汁原味蔬菜的愿望。这种经营模式非常新颖，当然也存在争议，但是却满足了很大一部分希望回归自然的顾客的愿望，因此生意很好。对此，他说道："在经济发展全球化的今天，管理者必须具有全球化视野，必须学会多角度思考，这才是通向未来的捷径。"

弗莱德曼认为，大多数企业都有一个通病，在看待问题时，都有局限性，不能用全局性、长远性、多元性的视角来看问题。"企业管理层必须要形成全局观，要学会在更深的层面理解消费者。不但要掌握消费者喜欢什么，还要了解他们不喜欢什么，要学会跳出固有的思维模式去看问题。很多企业管理人员都在舒适区里待得太久了，他们习惯于看数据看报表，习惯于用开会解决问题。但这是远远不够的，要掌握未来发展的趋势，必须要走出舒适区，走出办公室，深入到消费者中间去，与他们进行面对面的坦诚交流，了解他们的真实想法。"为了在这个快速变化的时代中保持与时俱进，企业管理人员除了要准确掌握企业自身情况之外，还要准确掌握所处的大环境，特别是要准确了解消费者与竞争对手，而这些靠躲在舒适区里开开会是根本无法实现的。

弗莱德曼的观点非常正确。如果将经营管理企业比作开车的话，在时速5千米时，哪怕驾驶员反应慢一拍、动作错几个，都不是问题，都不会造成车祸。但是，当车速提高到100千米每小时时，驾驶员哪怕有一丁点反应迟缓或动作错误，都有可能导致车毁人亡。而现在这个飞速发展变化的时代，已经将每家企业都加速到了100千米每小时。作为驾驶员的企业管理人员，如果还是用时速5千米的心态，躲在舒适区里不思进取，就可能给企业造成无法挽回的损失。

马克·阿迪克斯是美国通用磨坊公司的前任首席营销官，在谈到通用磨坊是如何准确判断未来发展趋势时，他认为这一准确判断是建立在对消费者的准确理解基础上的。他说道："我们一直坚持顾客至上，这是我们一直没有迷失发展方向的根本所在。我们对消费者的需求有着非常深刻的理解，我们关心他们日常的生活模式，分析他们的行为习惯。我们的营销人员并不是单纯的推销员，而是我们深刻理解消费者的观察员，他们同时扮演着记者与人类学家的角色，帮助我们时刻关注大环境变化，一旦出现机遇，就能立刻抓住。而理解消费者，最重要的一点就是要理解消费者与产品之间的关系，通过分析这种关系，能获得很多原本被忽视却至关重要的信息。"

他举例说："例如，我们有一款产品叫脆谷乐，几年前，我们开展了针对脆谷乐与消费者之间关系的研究，主题就是找到脆谷乐这款产品在消费者生活中发挥了什么作用，扮演了什么角色。结果出乎我们意料，被调查的消费者给我们讲述了很感人的小故事，他们认为脆谷乐这款产品是家庭成员情感交流的纽带，这些小故事都有一个共同的主题就是关于抚养孩子。我们认真分析了这些小故事，并从中提炼出了新的市场营销方案，主打感情牌，结果大受欢迎。这次调研与改进在我们的营销工作中也是史无前例的一次成功尝试。"

对大多数企业来说，准确判断未来发展趋势是非常有难度的。但是，这却是成功实现转变的基础，只有建立在这种准确判断基础上的转变，才能给企业可持续发展带来驱动力。

斯坦利·库布里克的经典之作《2001太空漫游》虽然拍摄制作于1968年，却准确预言了未来发展的趋势。电影里出现了太空飞船与宇宙空间站对接的场景，出现了宇航员操作太空飞船的场景，出现了宇宙空间站的具体形态，出现了可视电话，等等。这些场景在今天看来，很多都是正确的，是已经发生的现实。但在当时，这些都是库布里克的想象而已，或者说是他基于对未来发展趋势的了解所做出的预判。类似地，吉恩·罗登贝瑞的代表作《星际迷航》，这部上映于1966年的电视剧中出现了翻盖移动电话、手机传感器、液晶显示屏等，这些在今天成为现实。

归根结底，准确把握未来可能出现的情况，并保持足够的灵活性，是成功实现转变的基础。艾米·韦伯是知名作家、未来学家，她开设了一家咨询公司，专门帮助客户分析未来发展情况，制定未来发展战略。她的第三本著作《信号在说话：为什么今天的边缘现象会变成明天的主流》探讨了如何通过分析技术革新，掌握当下面临的形势，预测未来发展的趋势。在书中，她系统分析了许多初见端倪的新理念，从中筛选出可能成为未来发展主流趋势的那些理念，并针对这些理念提出了企业应该在当下做好哪些应对措施与准备工作。她在书中关注的那些新理念，在目前看来都是边缘性的、小众的，但假以时日，这些理念很有可能会随着科技的进步，成为日后发展的主流趋势。如果我们现在不做好准备，等那一天真的到来时，就会错过实现转变的机遇。

韦伯认为，准确把握未来发展趋势，有三个要点。第一个要点是清醒认识当下情况。"企业管理层有一个通病，都愿意相信那些自己认为对的东西，而他们判断的基础却是过去的陈旧经验。在做决策时，他们只愿意看到他们想要看到的部分，听到他们想要听到的部分，那些他们不想看到不想听到的部分，都被他们人为过滤掉了。因此，他们更倾向于投入产出立竿见影的项目，而不是那些投入后需要很长时间才能实现回报的项目。这也是很多企业会认为市场发展变化趋势与自己的理念不符而拒绝实行转变的原因。"

根据自己的主观意愿有倾向性地对外界信息进行筛选，忽视或拒绝不符合自己意愿的信息，只接受符合自己意愿的信息，这种现象在行为科学上被称为"证实性偏误"，通俗一点说就是"愿望式思考"。绝大多数人都存在这样的现象，这也从一个侧面说明了我们对外界环境的判断通常都是不客观的。那些符合我们意愿的信息会被我们优先挑选出来，优先加以确认，而不符合我们意愿的信息则会被选择性地忽略或拒绝，这使得我们做出的决策在很大程度上是主观筛选的结果。

韦伯所说的第二个要点是正确看待未来，与海森堡测不准原理有关。我们在第三章讨论过海森堡测不准原理，它的主要内涵就是，在任何给定时刻，我们不可能同时知道一个粒子的确切位置和动量，对一个粒子的已知存在一个基本极限。很多企业在理解时间问题时都有一个误区，过分强调了时间是线性的，而忽略了在时间推移过程中，一个单一的小小事件可能会导致最后结果出现截然不同的变化。在线性时间的大前提下，在探讨时间问题时，我们应该适当保持一点弹性。韦伯认为："在预测未来发展这个问题上，没有绝对准确的答案，我们永远无法精准说出在未来哪个时间节点会出现哪些事。时间确实是线性走向的，但是，当下的现实世界却是千变万化的。所以，我觉得非要预测未来是没有意义的。如果我们能预测未来，这其实就已经肯定了未来是可预知的这一基础前提。但是，未来其实是无法预测的，现在发生的任何一件微小事件，都会在时间线上改变未来发展的走向。我们能做的只是预知未来发展的趋势，在一个给定的单位时间内，比如，预知未来5年或未来10年可能出现的发展趋势。而我们对未来发展趋势的这种预判，都是建立在当下所掌握的信息的基础上。所以，我们能做的就是在当下，尽可能准确客观地掌握信息，不放过任何一种可能发展为主流趋势的边缘理念，然后以此为基础，去预判未来一个时间段内的发展趋势，并在这个过程中找到实现转变的机会。"

韦伯所说的第三个要点是掌握正确的方式方法。她认为，分析未来发展趋势是一件很严谨的事，并不是找几个人坐在一起头脑风暴一下就能解决的，而是需要建立在大量数据分析与事实积累的基础之上，需要用到模式识别与回归分析等一系列科学方法。在分析时，既要有类似于库布里克和罗登贝瑞所具备的善于多角度思考的能力，也要有科学分析的能力，要从当前的边缘性信息中，看到未来发展的可能性。

她举例说道："我对IBM的智囊团印象非常深。他们的智囊团囊括了各行各业的优秀精英，既有动画师，也有科学家，既有记者、医生，也有外交家。这些来自各行各业的精英从各自的角度出发，给IBM的发展提供了多维度的有用信息，帮助他们看清当前形势，给他们预测未来发展趋势提供了更多角度。IBM智囊团的主要目的不在于找到未来发展的答案，而是在寻找通往未来的各种可能路径，通过信息汇聚与碰撞，促进产品与服务的转型升级，推动公司实现转变。我始终认为，我们预测未来发展趋势并不是在找所谓的答案，而是在找通向未来的路径，找到未来发展的方向。因此，我们在分析时，要站在更大的格局上来看未来，我们要分析的不是下一个产品到底怎么做，而是在未来我们能实现什么样的跨越式发展，完成什么样的转变。"

韦伯说的这第三点，有点像是这样的情况：某人的车子坏了，叫了修车服务，来了一个年轻修理工。车库没有灯，车主就去车子里找手电筒，结果手电筒没找到，修理工就按亮了手机上自带的手电筒功能，开始修车了。试想一下，如果你是手电筒制造商，时光倒流到几年前，你所关注的问题是不是如何让手电筒变得更经久耐用、如何让手电筒防水等？你有没有想过，也许再过几年，手机上会出现手电筒功能，大多数人都不需要再随身携带手电筒了？

这让我想到了电影《奎迪》里的一个场景，洛奇给阿多尼斯·奎迪一张纸，纸上写着他希望阿多尼斯学会的内容，阿多尼斯拿起手机对着那张纸拍了张照，然后把那张纸还给了洛奇。洛奇再三询问他是否要拿走这张纸，结果阿多尼斯回答说不用，这些内容已经"上传到云里了"。试想一下，时光倒流回几年前，有几个复印机制造商会料到未来人们都用手机拍照上传的方式来记录信息了？当时的复印机制造商是不是还在执着地提高复印机的使用效率，想方设法减小复印机的体型，却没有料到未来人们对复印机的需求量大大降低了呢？

正是基于这样的考虑，优步最近收购了一家研究自动驾驶技术的公司奥托。特拉维斯·卡兰尼克是优步的创始人、前任首席执行官，他认为自动驾驶技术是优步的巨大威胁。自动驾驶技术有很多人类驾驶汽车所不具备的优势，例如，由于无需驾驶员，成本较低，不用考虑休息放假问题，不用担心涨工资，也不会产生骚扰乘客的问题。自动驾驶技术一旦商用，对出租车公司或优步来说，都是致命的打击。如果优步不能在自动驾驶技术这个领域有所作为，在未来肯定会被其他掌握这项技术的公司所击败，所以优步先下手为强，收购了奥托。优步本身就是以创新者的姿态在业内站稳脚跟的，他们提出的共享理念让人们的用车成本大大降低。但是，自动驾驶技术的出现使得再次降低用车成本成为可能，而优步所做的就是先下手，抢先掌握主动权。

丽塔·麦格拉斯是哥伦比亚大学商学院教授，她从另一个角度向我们认真分析当前形势，站在全局角度分析未来发展趋势的重要性。她认为："企业管理人员应该重视当下消费者的需求，并以此为基础，分析他们在未来可能出现的新需求。这就要求我们站在全局的角度，重新分析所处的大环境。例如，福特公司正在实行转型，他们将关注点从单一的汽车制造，转移到了格局更大的为消费者提供移动解决方案上来。他们非常敏锐地发现，制造汽车这一单一的卖点已经不能再满足消费者的新需求了，于是，他们将大量资源投入到为消费者寻求移动解决方案这一新焦点上来。这是比以往更大的目标与格局，也为福特的发展提供了许多新的机遇。接下来，为了全力推进新项目，福特要做的就是决定要停止哪些项目，这可不是一件容易的事，比起开启一个新项目，终止手头上已有的项目更让人难以取舍。"

麦格拉斯认为，虽然很多企业都想实行转变，也正在朝这个方向努力，但是他们实际上却还是留恋旧的经营模式，不肯放弃旧的盈利点。她说："要想实现转变，往前走，就要有所舍，必须要果断终止那些与实行转变无关，不利于后续发展的项目，彻底放弃旧的经营模式。同时，要对现在所处的情况与所掌握的资源进行全面分析，在此基础上，找到实现转变的路径。但是，很多企业却迟迟不肯放弃旧的经营模式。"换句话说，这些企业是用"愿望式思考"在推进转变。

麦格拉斯向我们指出了成功实现转变所应该具备的一个重要因素，即在现有模式与未来机遇之间取得平衡。现有模式是企业当前的经营模式与盈利模式，很多企业在实现转变的过程中，舍不得割舍这部分既有的盈利点，所以仍旧花费大量资源与精力去巩固它们。优秀的企业管理人员能够在现有模式与未来机遇之间取得平衡，而绝不会为了巩固现有模式，放弃未来发展的机遇。例如，125年来一直纸质印刷、出版的《华尔街日报》，在面对人们逐渐习惯无纸化阅读的发展趋势时，不得不做出转变。随着科技进步，人们所能接触到信息的渠道越来越多，所接触到的信息也越来越丰富，为了在短时间内看到更多信息，人们逐渐养成了偏爱短篇报道的习惯。于是在2016年底，《华尔街日报》推出了新版本，所载的报道篇幅更短，用词更简洁明了，方便读者阅读。

费斯·帕帕考恩是著名的未来学家，也是帕帕考恩智库公司的创始人及首席执行官。她对未来发展趋势的分析非常深刻，曾做出过一系列如今已经成为现实的预测。例如，她是第一个提出有机食品会风靡全球的人，第一个提出四轮驱动会成为主流的人，第一个提出随着多媒体的出现电影院会逐渐衰落的人。她还是第一个提出"茧式生活"概念的人，这个词现在被收入韦氏词典，用来形容在家办公，依靠各种外卖服务，足不出户的宅式生活。

在谈到转变这个话题时，她说："你不能问消费者他们有什么新需求，试想一下，如果你回到智能手机出现之前，问当时的消费者，他们是否需要智能手机，他们肯定无法回答你。你不能直接问消费者他们未来会出现哪些新需求，他们也不知道，你只能自己去寻找。而新需求通常都隐藏在当前生活的各种不满意中，如果你问消费者你有哪些不满意的地方，相信他们就会滔滔不绝了。我们要做的就是认真梳理这些不满意，思考如何改进、优化它们，并从中发现新需求、新机遇。对今天的不满意所做的优化与改进，很有可能就是未来发展的趋势与方向。迄今为止，我们对未来发展趋势的分析95%都是正确的，这得益于我们的两大支撑系统，一个是我们的发展趋势追踪系统，从1975年至今，追踪分析了17种趋势的发展情况；另一个就是我们的智库，囊括了各行各业数千名精英。"

## 本章小结

韦恩·格雷茨基是加拿大的职业冰球明星，冰球传奇人物。即使对不看冰球的非球迷来说，格雷茨基的大名也如雷贯耳，成了他那个时代冰球运动的代名词。在同时代的冰球选手中，格雷茨基不是跑得最快的，也不是打得最好的，但是，他是所有冰球选手中判断最准确的，他能在恰当的时间出现在恰当的位置，打出完美的进球。他在场上时，总是能准确判断出队友的位置，传出精妙的传球。他的这种判断力，与其说是计算后的结果，不如说是他长年累月积累所形成的本能反应。优秀的企业管理人员，就像格雷茨基一样，拥有准确的判断力，他们能根据当前的形势，分析出未来发展的趋势，提前理解消费者的新需求。

要维持企业的可持续发展，企业管理人员必须要具备分析未来发展趋势的能力，这也是他们最大的挑战之一。所谓分析未来发展趋势，并不是要精准预测出未来某个时间节点会发生什么事，而是要对未来可能出现的发展趋势做出预先判断。在实现转变的过程中，企业需要做好充足的、打持久战的准备，希望以下三个启示能帮助企业管理人员做好准备。

## 启示 1：走出舒适区

躲在舒适区里，坐在办公桌前，不深入到现实中，永远无法看清大环境的变化。

霍华德·舒尔茨是星巴克的创始人，他之所以能成功将星巴克打造成一个文化现象，正是基于他勇敢走出了舒适区，深刻了解了大环境的发展变化。1971 年，三个咖啡爱好者在美国西雅图市的派克市场开了一家专卖阿拉卡比咖啡豆的小咖啡店，这就是星巴克。1982 年，舒尔茨加入星巴克，负责市场营销工作。他有一次去意大利旅行，爱上了米兰的咖啡文化，特别是那种人们聚集在咖啡馆里聊天交流的社交文化，让他深深着迷。回国后，他竭力说服管理层，突破原有经营模式，在西雅图市中心的星巴克店里，仿照米兰咖啡馆的样子做了改建，这就是日后星巴克店的雏形。他希望打造出一家能让人们放松的咖啡馆，是家与工作场所之外的"第三空间"，人们可以在这里社交，也可以在这里独处。正是他勇敢走出舒适区，才给星巴克的发展带来了新机遇。

## 启示2：重视新趋势

启示1说要走出舒适区，那么从舒适区走出来之后，又何去何从呢？用艾米·韦伯的话说，就是去寻找新趋势。大多数公司在分析未来发展趋势时，都会用老一套做市场调研的方法。然而，这种市场调研与其说是调研未来发展趋势，不如说是在总结已有的信息。每个参与市场调研的人都是从自己的经历出发来谈未来，这就好像是回到电脑发明前，问当时的消费者对电子表格怎么看，他们当然无法也无从回答了，因为他们根本用都没有用过，想都没有想过，而如果将这个问题放到现在来问消费者，尽管他们已经接触过电子表格，用过电脑了，能回答这个问题了，但是，他们的回答已经过时了，起码对分析未来用处不大。

那如果不用市场调研这一套，怎么才能发现未来发展的端倪呢？艾米·韦伯建议我们寻找新趋势，而所谓新趋势是指"科学家、艺术家、技术专家、哲学家、数学家、心理学家、伦理学家、社会学家正在关注的新兴领域，特别是他们正在试图验证的新假设、正在开展的具有创造性的新研究、针对人类共同面临的困难的新解决方案等"。例如，知名动物学家、环保主义社会活动家珍·古道尔为了更好地了解黑猩猩，深入非洲与黑猩猩们共同生活，她的这种做法除了具有学术意义之外，也给旅游市场带来了新的机遇。半个世纪之前，由大专院校、政府组织及大型企业推出的大量训练教学项目，间接刺激了电子游戏产业的发展。1971年，波音公司的一名电子员工发明了一种兼具发射与接收功能的设备，具有数据处理能力，设备带有一个中等大小的电子显示屏，这就是后来智能手机的雏形。

## 启示3：寻找不满意之处

寻找不满意之处，也是找到转变契机的一种方式。本书前几章介绍过的案例，都是在找到问题并不断改进后实现了转变。我们常说"需要是发明之母"，说的就是需求激发了新发明，其实，日常生活中的不满意之处也能激发企业推进转变。就像生病需要治疗一样，找到不满意之处并加以优化完善，也是实现转变的一种路径。

空调的发明就是最好的例子。1902 年，威利斯·开利在水牛锻造公司研发部工作时，接到了一个任务，印刷厂印刷纸张由于湿度不对而总是起皱，为了解决这个问题，他发明了一套控制湿度的系统，并且为这套空气处理装置申请了专利，该装置既可以通过加热水使空气变湿润，也可以通过冷却水使空气变干燥。后来，他意识到这套装置可以通过控制温度与湿度，应用在除了印刷厂之外其他诸多领域，于是他辞职创办了自己的公司，如今他留下来的公司已经成长为行业内的领头羊。

# 06

## 第 六 章

### 转变的方向

达斯汀·霍夫曼在电影《毕业生》中总是开着一辆阿尔法·罗密欧轿车，这是一辆手动挡汽车。对那些没有开过或不常开手动挡汽车的人来说，如果在空无一人的大马路上，以时速65公里的速度来驾驶手动挡汽车，除了操作复杂一点，跟开自动挡没有太大差别，不需要驾驶员做出太复杂的动作，也不需要花费太多精力。

但是，当路况变复杂或天气条件恶劣时，开手动挡与开自动挡就会差异非常明显。特别是在道路突然从三车道变成两车道，遇到多山路况，经过连续上下坡，前面有重型车需要超车时，手动挡就会特别考验驾驶员的驾驶技术。类似地，在城市道路中，由于交通指示灯较多，路上车流量较大，周围建筑物密布，驾驶员要时刻注意前面的路况与指示灯，驾驶手动挡汽车的难度也会大大提升。总的来说，在路况复杂、天气条件恶劣的情况下，驾驶手动挡汽车需要驾驶员投入更多注意力和更高超的驾驶技巧。

在面对多山或连续上下坡路段时，驾驶员应该仔细倾听引擎声，以决定是否需要加减速或换挡。在面对路上车况复杂，前面有重型车需要超车时，则需要关注周边车况，找准时机加速换挡，完成超车。也就是说，驾驶手动挡汽车的驾驶员既要时刻关注周围情况，时刻保持对周围车况的敏捷反应，也要时刻关注汽车的情况，特别是引擎情况，决定是否要换挡，加减速度。

驾驶自动挡汽车和手动挡汽车的差别，就好像是不同的企业经营管理风格。有的企业时刻关注外界大环境变化，敏锐调整自身发展方向，注重提高产品的相关度与认可度，能准确抓住实现转变的机遇；有的企业一直保持平稳运行，不愿意对现有运行模式进行大刀阔斧的改革，更倾向于维持现有经营模式与盈利点；有的企业为了提高在市场上的竞争力，对企业经营做了微调，如更新产品、重新设计新颖的标志、缩短产品生产周期等。但是，无论是哪种经营管理风格，企业的目标是不变的，其对消费者所做出的承诺是不变的，传达给消费者的理念是不变的。

就像是威瑞森从主攻有线业务转向了主攻无线业务，苹果公司从主打台式机到主打平板电脑与穿戴设备，他们的主要经营方向虽然发生了改变，但其希望传达给消费者的理念却是始终如一的，他们的转变只是更好地实践了原有的理念而已。

但是，在这个瞬息万变的市场环境中，原有的理念也许已经不再适合变化后的市场了，此时，我们就需要重新思考企业的价值定位问题。例如，重新审视企业人员结构，裁撤一部分不再适应当前发展趋势的部门与员工，尽可能优化企业人员结构；重新审视产品的定位，重新寻找能打动消费者的地方；重新审视现有经营模式是否需要调整，还是应该彻底改变经营方向。

本章主要探讨转变的方向性问题，同样是通过分析案例的方式展开，我们采访了很多企业管理人员，他们有的带领企业实现了"换挡"，有的带领企业转变了发展方向，有的则两者兼具。通过案例分析，我们会发现，充分了解并重视企业 DNA、企业文化及企业执行力是成功实现转变的基础。

DNA 这个词被广泛应用在生物科学领域，如今也被越来越多地用在商业领域。从生物科学角度来看，DNA 是构成生命的基础，它决定了我们的形态，影响着我们的行为。如果不具备超凡运动能力的 DNA，无论我们后天如何努力，都不可能成为奥林匹克冠军，这就是 DNA 对我们生理结构的决定性作用。从商业角度来看，企业的 DNA 是决定企业成功与否的决定性因素，包括企业的各种能力、特质、文化、历史等。企业 DNA 是企业成功实现转变的基础，影响着企业的优势因素与劣势因素，决定了企业能否通过转变，实现后续健康可持续发展。

下面我们来看几个案例。

## 第一个案例：充分了解自己，以巴诺书店为例

巴诺书店是美国最大的实体书店，但是在亚马逊崛起后，其处境一度非常尴尬。相较于亚马逊价格低廉、品种繁多的优势，巴诺书店只能靠本地经营、独立书店的特色来吸引消费者。约翰·林德劳伯是巴诺书店的前任市场营销副总裁，在谈到巴诺书店时，他说道："巴诺书店所经历的一切都是由其企业文化或者说是其 DNA 决定的。巴诺书店的管理层都是做零售的好手，前任首席执行官莱纳德·瑞吉欧在公司供职长达 45 年，他对做零售驾轻就熟。1994 年，亚马逊兴起，巴诺书店管理层并未予以重视。直到 1997 年，才上线了官网。我是 1998 年加入巴诺书店的，当时这个官网根本就不具备网上购物的功能，管理层只不过把线下销售那一套搬到了线上而已，根本没有互联网思维。而那时亚马逊已经迅速成长，亚马逊的网站已经做得非常完善了，我们想要追上亚马逊几乎不可能。短短几年，亚马逊已经变成了行业内的领头羊，在电子商务领域风生水起，而巴诺书店却还停留在传统销售领域，丝毫不重视电子商务。从这里我们学到了实现转变的第一课：永远不要低估竞争对手，永远不要低估他们的崛起速度。要在激烈的竞争里保持优势，就必须全力以赴。我至今仍然记得瑞吉欧在我加入公司第一年时跟我说的话，他说：'1995 年时，我们没能预见未来发展趋势，我们没有率先建立起自己的网上书店，没能像亚马逊一样用价格优势来抢占市场份额，如果我们当时能有先见之明，能当机立断地实行改革，也许我们就能趁亚马逊没有站稳脚跟的时候，将他们挤出去。'很可惜，他说的这些都是事后诸葛亮，事实上，巴诺书店的管理层一直没能抛弃惯性思维，也没能实现转变。"

在亚马逊迅速崛起时，巴诺书店正在快速吞并规模较小的实体书店。当时巴诺书店的零售业务还处于上升阶段，各项数字指标都比较乐观，因此，

他们对亚马逊的崛起并没有表现出过多的关注。林德劳伯回忆道："仿佛就是一夜之间，我们就突然变成了温水里的青蛙。亚马逊的成长一直没有给我们很大的冲击，是因为我们的销售数据没有体现出这种冲击，但事实上，我们一直就是那只温水里的青蛙，由于一直没有感受到疼痛，所以一直没有想过改变。如果我们能在一开始就重视亚马逊的崛起，在一开始就感受到疼痛，我们也许能在当时做出及时应对。但是，巴诺书店本质上就是一个零售商，对新兴的电子商务一窍不通，对电子商务带来的飞速改变缺乏充分的认识。"

其实，巴诺书店并不是不想开展电子商务业务，他们对亚马逊与苹果推出的电子阅读器也表现出了充分的重视。他们想参与到竞争中，但是，他们固有的企业 DNA 决定了他们在数字化的市场竞争中处于弱势地位。从本质上来说，巴诺书店是传统的线下书店，他们的企业 DNA 决定了他们是一家线下零售商。他们不具备数字化发展的基本特质，当他们尝试着追赶亚马逊与苹果，建立自己的官网，推出自己的电子阅读器时，就面临着没有人才、没有技术、没有能力的窘境。开展电子业务，参与数字化竞争，对巴诺书店来说是一种违背其企业 DNA 的强人所难之举。

幸好，近年来，巴诺书店认清了这一现实，决定顺应企业文化，实行符合自身企业 DNA 的转变。他们正在着力打造小型的社区书店，这些书店配备了更多的导购人员，主要针对当地的读者群体，根据他们的需求决定书店的书目。巴诺书店成立至今，已经售出了 30 亿本书籍，这是非常了不起的销售数据。而他们正在推行的社区书店计划，如果能成功，将会推进企业实现转变，给今后的可持续发展带来新的助力。

## 第二个案例：以不变应万变，以卡兹熟食店为例

有时候，以不变应万变，才是最好的转变。纽约的卡兹熟食店是一家百年老店，对热爱这家店的老饕客来说，他们一点都不希望店家实行转变，他

们希望菜单上一个字都不要变。他们家的五香烟熏牛肉一直是招牌，对喜欢这道菜的人来说，找遍全世界都找不到第二道可以与其媲美的熏牛肉了。近年来，卡兹熟食店一直尝试着在保持其菜品原有味道的基础上，调整经营模式，增开新店。

那么，卡兹熟食店是如何既保持其传统又实现转变的呢？现任负责人杰克·戴尔认为秘诀就在于转变的过程要非常谨慎，非常务实。卡兹熟食店开业128年以来，一直都只有一家店，位于曼哈顿的下东区，其主打的烟熏牛肉三明治因在电影《当哈利遇上莎莉》里出镜而声名鹊起，而其百年来不变的好味道也吸引着络绎不绝的回头客光顾。

在分析卡兹熟食店的转变前，我们先来了解一下它的历史。1888年，一家名为冰岛兄弟的小熟食店在纽约曼哈顿下东区开业，这就是卡兹熟食店的雏形。后来，随着卡兹家族的加入，店名改为冰岛和卡兹，最后卡兹家族买下了整个店铺，就改名成了现在的卡兹熟食店，并且一路从只有小小一间的熟食店扩大到今天能容纳300人就餐的餐厅。对这家百年老店来说，增开新店是一个不小的挑战，要确保新店的装修环境、用餐氛围、菜品味道等所有的细节都与老店一致，既要让回头客满意，也要让慕名而来的新客满意，顾客进入店铺后看到的、闻到的、听到的，都要符合老店标准。

正因为如此，卡兹熟食店在推行转变、增开新店之前，对转变的目标、程度、方式都进行了再三斟酌。戴尔说："过去我们也有很多机会可以开新店，但是我们都没有这样做，因为我们没有绝对的把握能做好这件事。现在我们经过全面认真的考虑，认为到了可以开新店的时候了。开新店面临着很大的挑战，要将卡兹熟食店百年的历史与传统都融入新店中去，所提供的菜品要与老店完全一致，因为这种味道，这种历史感，才是我们一再吸引顾客来光顾的主要动因，所以这一切都要原封不动地在新店展现出来。我们认为，卡兹熟食店之所以是卡兹熟食店，就是因为我们百年来传承的菜品与传统，这是我们的根。与纽约市里的其他餐馆相比，我们非常幸运，我们不需要求新求变，而是以不变应万变。在瞬息万变的时代中，我们这样的餐厅非常罕见，但这种罕见的特质正是我们区别于其他餐厅的地方。"

此外，戴尔还计划在布鲁克林区开设一家外带餐厅，将卡兹熟食店的味道推广到城市的另一端。他解释道："我们计划在布鲁克林区开一家新店，没有堂食只有外带的外带餐厅。布鲁克林地区跟下东区一样充满活力，人群熙攘，那里的街区与我们老店所处的街区很相似，这种环境是我们所熟悉的环境，我相信我们也会在布鲁克林做得很好。我们永远不会将老店搬到其他地方去，但是我们希望能让那些来曼哈顿不方便的老客户就近吃到我们的餐点，所以我们选择了在布鲁克林开一家外带餐厅，让那里的顾客，特别是年轻顾客尝到我们百年来的传统味道。增开新店只是缩短我们与顾客之间距离的一种方式而已，希望通过这种转变，能让原本就听过我们餐厅但一直没有来尝试的顾客，走进我们的餐厅。"

戴尔想要开设新店的另一个原因就是想要吸引年轻人，卡兹熟食店一直不擅长做市场营销，很少打广告，百年来的口碑一直靠顾客口耳相传。但在如今这个快速发展的时代，卡兹熟食店也开始在市场营销上做出了小小转变。戴尔在谈到借助年轻人在社交媒体上推广卡兹熟食店时，这样说道："我们想要通过年轻人在社交媒体上推广卡兹熟食店，这样做并不是要改变传统，相反，我们是想借助这种手段来推广我们的传统。我认为社交媒体的宣传对我们是有利的，我们可以通过社交媒体将我们的理念与传统传递给更多人。现在我们是社交媒体上排名第三的餐厅，我们的餐厅环境、菜品、服务人员，甚至来就餐的顾客，都成了网络热议的话题。希望借助社交媒体与网络，让更多的人认识我们，认可我们。"

除了外带餐厅，戴尔还想借助保鲜及物流技术，开展外送服务，为身处其他城市的纽约人带去家乡的美味。顾客不用专门跑到实体店，只要在线预订，就能借助现代发达的物流系统，吃到卡兹熟食店的外卖。虽然外卖的菜品由于各种原因，肯定没有亲自去店里吃美味，但是对想要吃到美食却不方便去店里的顾客来说，这样的外卖也足够美味，足够使人心满意足了。

戴尔在谈到外卖服务时说道："我觉得做外卖最重要的是坚持传统，很多餐厅一开始都非常成功，但是随着一代代传承，原来的味道与传统就逐渐消失不见了。对我来说，我尊重传统，也会尽最大努力保持住这种传统。当然，坚持传统不等于一成不变，在这个瞬息万变的时代中，我们都面临着转变，但在转变的过程中，我们仍要坚守固有的价值观与传统，坚守我们百年来的味道。对我们来说，传统的味道就是最好的味道，值得我们坚守与推广。"

## 第三个案例：小步向前，以脆谷乐为例

食品行业不像是高新技术行业与媒体行业，对外界变化的反应与应对都比较缓慢，但是，随着大环境的深刻变化，食品行业也逐渐开始寻求转变。当然，食品行业的转变不像高科技行业那样翻天覆地，而是细水长流式的渐变，而且，食品行业的转变通常都集中在市场营销领域，特别是近年来，随着健康饮食理念的逐渐兴起及公众对家庭生活观念的逐渐改变，食品行业正经历着前所未有的营销挑战，这也促使食品行业不得不在市场营销领域推行转变。例如，像脆谷乐这样一个历史悠久的老牌产品，也打破传统模式，不再一味用主流家庭观念做营销基点，而是增加了跨国婚姻、混血宝宝等新的营销元素。

在分析脆谷乐的营销策略转变前，我们先来了解一下脆谷乐的历史。1941 年，美国通用磨坊公司为了与竞争对手的即食玉米片产品相抗衡，推出了一种全新的、以燕麦为主要原料的即食麦片，这就是脆谷乐。在外观上，为了与玉米片相区分，通用磨坊公司将脆谷乐做成了小小颗粒状，后来这种形状成了即食麦片的通用外观。

在美国，脆谷乐是非常畅销的国民早餐，2014 年时市场销售额达到 9.94 亿美元。通用磨坊公司在推出脆谷乐时，主要有两个营销基点：第一，向消

费者推广燕麦的健康功效；第二，将这款产品打造成推动全家一起共进早餐、增进家庭成员关系的纽带。近几年来，针对消费者对胆固醇摄入过高会引发心脏病这一顾虑，通用磨坊公司加大宣传脆谷乐的主要原料燕麦对人体的诸多好处，大打健康牌。同时，针对消费者对家庭观念的转变，在广告中增加了许多新元素。

马克·阿迪克斯是通用磨坊公司的前任首席市场营销官，他认为："市场营销人员的任务就是发现并积极应对外界环境的变化。一旦消费者的态度发生变化，我们就要相应调整营销策略。在这样一个快速变化的时代，人与人之间关系变得高度互联，消费者接受新事物的速度非常快，我们能做的就是时刻关注，及时转变。过去的营销模式是我们都坐下来开会，讨论出一个方案，然后按照这个方案去执行。现在世界变化速度之快，根本没有时间让我们坐下来讨论方案，也许你早晨一睁眼，就会发现世界已经大变样了。推行转变是企业应该时刻关注、时刻放在心上、时刻做好准备的一件事。"

最近，通用磨坊推出了一个新广告，广告的主题是关于收养的，这则广告是基于真实故事改编，讲述了一对美国夫妇收养了两个来自东欧的小孩。镜头里，这对夫妇开着车去孤儿院接收养的孩子们，一个男孩和一个女孩，他们看着有点害羞，有点不确定，但是对新生活充满了向往。来到新家后，女主人拿出了脆谷乐，用麦片在盘子里摆出了一个笑脸，然后端给两个孩子吃，孩子们看到后露出了笑脸。在另一则广告里，通用磨坊则启用了混血小女孩作为主角，小女孩的爸爸是黑人，妈妈是白人，全家一起围坐在餐桌前吃脆谷乐，然后妈妈告诉小女孩，她就要有一个小弟弟了。这两则广告都突破了脆谷乐传统的家庭观念，新增了收养家庭、跨种族婚姻等元素。在健康话题领域，脆谷乐推出了一则以种植燕麦的农民为主角的广告，将燕麦从播种、发芽、长成、收割、制作成脆谷乐的全过程都一一呈现给消费者，突出了从农场到餐桌全程健康无添加的理念。除了极少数不赞同的声音之外，这些广告一经推出都大受好评。

阿迪克斯认为："实现转变的关键就在于要及时回应消费者及潜在消费者所关注的焦点问题，我们并不是在做彻底转变，而是在市场营销领域做调整。通过这种调整，保持与消费者之间良好的互动关系，提高产品的竞争力。在各项数据指标出现问题之前，就发现并抓住转变的机遇是非常难的一件事，这需要我们具备很强的洞察力与执行力。对脆谷乐来说，无论是主打健康牌，还是重新定义家庭的概念，都是我们实现转变的一种途径。"

## 第四个案例：有舍才有得，以孩之宝为例

最近，孩之宝的股票一路上升，连续几个季度财报都非常抢眼，一改过去几年的颓势。孩之宝公司是世界级的玩具公司，旗下拥有变形金刚、小马宝莉、培乐多等诸多产品，深受消费者喜爱，为几代人带去了美好的娱乐体验。而我们之所以用"娱乐体验"这个词，而不直接用玩具或游戏这些词，就是因为孩之宝在经历了一段低谷期后，在首席执行官布莱恩·戈得纳的带领下，实现了从单纯出售玩具到提供娱乐体验的重大转变。

在探讨孩之宝的转变之前，让我们先来回顾一下它的历史。1923 年，哈森菲尔德三兄弟在美国罗得岛州普罗维登斯市创立了一家小型的纺织工厂，专门销售纺织品边角料，这就是孩之宝的前身。在此后 20 年里，这家小小的纺织厂展开了一系列扩张，先是增加生产铅笔盒及教学用具，后来逐渐涉足玩具与玩具彩泥。1952 年，孩之宝推出了一款名为土豆先生的玩具，玩具一经推出就大受欢迎，这也是孩之宝第一款火爆市场的产品。1954 年，孩之宝拿到了迪士尼的产品许可，在与迪士尼的深度合作中，推出了许多迪士尼经典角色玩偶。1964 年，孩之宝在充分考虑男孩心理的基础上，推出了世界上首款特种部队公仔，结果大获成功。从 1964 年到 1965 年，特种部队公仔的销售额占到整个孩之宝公司的 2/3。

1968 年后，孩之宝进行了一系列的扩张，先后收购兼并了多家玩具公

司。到了20世纪八九十年代，这种扩张到达了高峰。孩之宝不断增加产品线，产品种类越来越多，目标群体年龄跨度越来越大。在生产制造玩具的同时，孩之宝还将触角伸到了其他娱乐领域，通过给予特许权的方式，将孩之宝的产品渗透到电视、电影、唱片、电子游戏等领域。在当时，孩之宝是名副其实的世界级玩具公司，从南美洲到欧洲再到亚洲，到处都能见到孩之宝的产品。也是在那个时候，孩之宝完成了管理层的转变，从原本的家族式继承制，变成了现代化的企业经营管理制度，借助大量家族之外的专业人才来经营管理公司。20世纪90年代开始，孩之宝的经营状况时好时坏，尽管当时的管理层做了许多工作，但收效不甚理想。

2008年，布莱恩·戈德纳出任首席执行官，当时孩之宝的经营状况非常糟糕，公司亏损达到数亿美元，亟待一场大刀阔斧的改革。戈德纳在谈到当时的情况时，这样说道："我们当时有1500多个品牌，这么多品牌却没有给我们带来足够的利润，产品的相关度与认可度直线下降。当时我们就好像是杂技演员，手里端着很多碗，必须时刻不停轮转，才能让这些碗不摔碎，才能保证基本的营收不下降。"

戈德纳认为，孩之宝急需实现转变，现有品牌太多，却没有能让消费者印象深刻的主打品牌，他认为需要集中精力，挑选几个有市场潜力的品牌深耕，通过讲故事的方式，让这些玩具与消费者发生更深刻的联系，从而提高产品的相关度与认可度。

他说道："在20世纪80年代，孩之宝是世界上发展最快的公司之一，我们的收益从亿级上升到了十亿级。这得益于我们当时的经营策略，以某一个玩具为核心，制作相关电视节目与动画片，在儿童频道播放，通过电视的广泛传播，提高产品的市场竞争力，像是当时推出的小马宝莉与变形金刚，都通过这种方式取得了巨大成功。借助媒体，以讲故事的形式，增加产品与消费者之间的联系，这是孩之宝首创的营销方式，在这一点上，我们走在了行业的前面。当时，制定并实施这一策略的正是公司创始人的儿子斯蒂芬·哈森菲尔德先生，他非常有远见，在那个年代就看到了媒体在营销方面的巨大作用。"

戈德纳重新启用了这一策略，与管理层一起，挑选了具有市场发展潜力的7个品牌进行深耕。"我们现在的策略可以用做蛋糕来比喻，7个品牌就是蛋糕的7层。只要这个7层蛋糕做好了，我们所面临的问题与挑战就会迎刃而解。事实也证明我们的策略是正确的，通过借助媒体的力量深耕这7个品牌，公司经营情况大大改善，7个品牌所产生的盈利额在公司总盈利额中占据的比重也越来越大。"

回顾2008年以来的情况，戈德纳说道："我们必须变得更有针对性，要将公司资源、人力等都集中到某几个具有发展潜力的品牌上，放弃那些盈利效果不佳、发展潜力不大的品牌，要做出这个决定确实非常难，但是为了公司的重建工作，这又是不得不做的抉择。我们要在激烈的市场竞争中重新获得优势地位，要给股东交出满意的财报，要对公司内的员工负责，就要做出抉择，就要学会说不。"

戈德纳举了一个学会说"不"的例子。当时孩之宝旗下有一个玩具车品牌，东卡玩具车。尽管东卡是玩具车中的核心品牌，但是，孩之宝管理层在认真评估后认为其不符合公司后续发展的要求，不具备后续支撑公司发展的潜力，所以，孩之宝将东卡卖给了其他公司。东卡的这个案例说明以戈德纳为核心的管理层在眼前利益与长远利益之前，做出了抉择，选择了长远利益。

孩之宝管理层的思路非常明确，他们实现转变的核心举措就是选择少而精的品牌进行全方位的深耕，即围绕这些品牌打造全系列的故事线，并且投放到电视、电影、电子游戏等领域，给消费者浸入式的娱乐体验，增加产品与消费者之间的黏合度，以此来提高产品的市场竞争力。

对此，戈德纳解释道："我们希望通过这种深耕模式，更好地了解消费者的需求，更好地深入到他们的日常生活中去，我们不仅希望了解他们现在的喜好、习惯、行为，还希望能预测他们未来5到10年的生活模式与行为习惯。要增加与消费者之间的黏合度，光靠一般的广告推销是不够的，我们希望通过讲故事的方式，来增加产品的记忆点。孩之宝历史上就有过借助媒体以讲故事的形式进行市场营销的成功先例，我们希望通过努力，为每一个主打品牌都打造完整的媒体营销方案，让我们的产品出现在更多的媒体与屏幕上，因为每一次亮相与发声，都是我们与消费者之间的一次互动机会。我们希望提供给消费者浸入式的娱乐体验，让他们随时随地都能享受孩之宝提供的愉快体验。"

孩之宝实行的"七层蛋糕"策略，致力于为消费者提供浸入式娱乐体验，收到了非常积极的市场反馈，公司财报连续多个季度表现抢眼，股票上涨力度也很强劲。

凯文·凯勒是达特茅斯学院塔克商学院市场营销学教授，也是市场营销方面的畅销书作家。他非常赞同戈德纳在孩之宝所推行的这一系列改革，他认为："孩之宝一度面临非常严峻的挑战，公司旗下产品线太多，品牌太杂，缺乏营销重点。但是真正促使他们下决心实行转变的是消费者的娱乐观念发生了转变。现在的孩子越来越聪明，已经不再满足于过去单纯的玩具娱乐体验了，孩之宝面临的问题就是如何将娱乐与科技进步结合起来，利用科技进步，为消费者提供更好的娱乐体验。例如，如何将原有的玩具形象与电子游戏结合起来，整合出新的娱乐体验。"

对孩之宝的管理层来说，要实现转变的第一步就是要重新寻找自己的市场定位，要以一种发展的眼光来重新定义孩之宝，重新定义玩具行业，实现从过去传统的单纯销售玩具到提供娱乐体验的转变。他们必须站在全局的角度来重新审视孩之宝，玩具销售当然还是其不可或缺的重要部分，但是除此之外，孩之宝的商业版图还要拓展到电视、电影、音乐、电子游戏、电子应用程序等其他更多领域中去，为消费者提供全方位、全系列的浸入式娱乐体验。

凯勒说道："我常常说企业要找准自己的定位，而要找准定位就要借助于三个坐标：消费者需求，企业可提供的产品，与其他企业的不同之处。一个企业想要成功实现转变必须要从消费者的角度去思考，及时发现消费者的新需求。然后通过努力，以消费者可以接受的方式，推出自己的产品，满足消费者的这一需求。孩之宝就找到了自己的定位，它不仅是一家玩具公司，更是一家提供浸入式娱乐体验的公司，并以此为基础，推行了改革。其实在做娱乐体验方面，他们一直很有心得，过去有过成功经验。他们现在要做的就是立足这个定位，开足马力，全力去做。"

孩之宝在实行转变的过程中，大胆做出了抉择，砍掉了很多产品线，有些产品线在当时还是非常受欢迎、有盈利空间的，但是他们为了实现转变，为了长远利益，还是决定放弃这些产品线，这是非常有勇气的决策，当然也非常冒险。而这种勇于创新的精神是深植在孩之宝企业 DNA 里的固有品质，他们一直以提供愉快的娱乐体验为己任，戈德纳上任后不仅加大了总部的研发投入，还在多个国家设立了研发工作室，大力推进创新工作。戈德纳认为："我们从来不去买别人成功的创新，而是自力更生，自己创新。我们对创新非常重视，创新是我们的生命线。我们在创新上投入了大量的资源与力量，为的就是不断满足消费者的需求，我们公司内部有一句口头禅——好奇心激发热情，热情产生竞争力。这也是对我们企业文化的最好解读。"

## 第五个案例：找到平衡点，以 CNN 为例

媒体业与科技发展息息相关，相互影响，相互作用。近几年来，随着科技进步而兴起的脸书，Instagram 及 Snapchat，就是这种关系的最好解读。从印刷机的出现到云存储概念的兴起，科技对媒体业的影响无处不在，近半个世纪以来，老牌传媒巨头 CNN 就经历了科技进步所带来的一系列转变与革新，也正是这种不断转变、与时俱进的精神，让 CNN 一直处于强势竞争地位。

1963 年 11 月，时任美国总统的约翰·肯尼迪遇刺身亡，当时全美国的人都停下了手边的工作，聚集到一起看电视新闻转播。1969 年，美国宇航员成功登陆月球，全美国也是万人空巷，守在电视机前看新闻转播。这种依靠电视转播获取信息的方式，在美国持续了几十年，直到 CNN 的出现打破了这一现状。CNN 创始人泰德·特纳从新闻转播节目中看到了商机，他在 1980 年 6 月 1 日创立了世界上第一个 24 小时新闻直播电视网，从此改变了过去以一天内固定时间段看到新闻报道为主，突发新闻实时插播为辅的新闻传播形式。

CNN 兴起时，美国主要有三大商业广播电视公司，美国广播公司，哥伦比亚广播公司及全国广播公司，它们都集中在晚间播放半小时新闻节目，除非有特别重大的新闻进行突发新闻实时插播外，其他时间段都不播放新闻节目。CNN 开始运营时，收效很差，公司处于亏损状态。1983 年，CNN 在世界各地设立了新闻分社，完成了全球性的商业布局，其 24 小时不间断播报新闻的模式也逐渐被观众认可，开始显露出强劲的竞争实力。1991 年，CNN 对海湾战争进行了实况转播，一时声名大噪，并在 20 世纪 90 年代迅速占据了有线新闻电视的优势竞争地位，CNN 逐渐成为人们获取新闻信息的主要途径。

特纳所打造的 CNN 不仅是对新闻传播形式的一次创新，更是一种商业模式的创新。CNN 的主要收入来源有两类：一是广告商提供的广告费用，二是有线运营商支付的费用。双重收入来源使得 CNN 与传统的广播电视公司相比，拥有巨大的营收优势。CNN 凭借这种商业模式，在新闻传播领域一直占据着强势地位，直到 2001 年"9·11"事件发生后，人们还是会选择打开电视机，看 CNN 的实况转播了解事件发生进展及后续处理情况，CNN 在美国人民心目中已经成了获取信息的重要途径之一。

但是，随着科技不断发展，时代不断进步，传统的新闻传播形式受到了新媒体崛起的冲击。对 CNN 这样的业内巨头来说，只有与时俱进地实现转变，才能继续保持其竞争优势。概括地来说，CNN 在实现转变时，主要面临两大挑战：一是行业内的竞争越来越激烈，越来越多的电视公司加入到了 24 小时实况转播的队伍中来；二是信息传播途径的改变及人们获取信息的习惯发生了改变，越来越多的年轻人在手机或平板电脑上看新闻，获取信息，他们不再像父辈一样愿意坐在家里守着电视机看新闻节目，而是习惯于从推特或脸书上获取新闻信息。过去那种全家人一起守着电视机看新闻的场景已经不多见，现在人们习惯人手一个手机或平板电脑，各自获取自己感兴趣的信息。

CNN 面临着维持传统优势业务与开拓新业务之间平衡的难题，一方面，传统新闻转播业务是他们安身立命的根本，也是 CNN 的核心竞争力，要放弃这部分业务无疑是不现实的。但是，另一方面，他们又面临着数字化带来的新挑战，急需开拓数字化新闻传播的新业务。他们要在这两者之间寻找到平衡点，在不削弱传统业务的基础上，加快开拓新业务领域。

同时，其传统的依靠广告收入与有线电视收费服务收入的经营模式也受到了新挑战，出现了两大难题：一是越来越多的广告商将资金投入到在线媒体上，投入到有线电视的广告费用逐渐缩水。二是越来越多的消费者习惯免费浏览新闻，免费获取信息。调查结果显示，85% 的年轻人认为浏览新闻、保持与社会的同步性很重要，但是只有 40% 的被调查者愿意付费浏览新闻。

杰弗里·祖克是 CNN 世界频道的现任总裁，也是一位从业多年的媒体人，他在谈到这个问题时说道："过去我们总是错误地认为，电子化是传统新闻传播途径的一个补充，这真是大错特错，电子化是未来发展的趋势，而不是传统的补充。我们希望 CNN 能成为全覆盖型的新闻频道，一方面，我们加大对传统业务的投入力度，以此来保持我们的核心竞争力。另一方面，我们也加大了对新业务的投入，特别是对新闻数字化方面的投入，以此抢占未来发展的先机。我们要在这两者之间寻找平衡点，不放弃传统业务，也不放弃未来发展，这对我们来说是很大的挑战。因此，我们在对待这两者时，始终保持了平等的态度，不丧失传统，也不将新闻数字化视为边缘业务而不重视，而是将现有业务与未来发展机遇有机统一起来，找到了实现转变的平衡点。"

要在传统业务与新业务之间保持平衡，是非常困难的一件事。CNN在此过程中，始终将重心放在提高核心竞争力上，通过巩固内在价值、不忘传统的方式，来面对瞬息万变的市场环境。斯科特·萨芬是CNN世界频道的前任首席市场营销官，他在谈到CNN的转变时，这样说道："CNN一直以来所推行的商业模式面临着改革，如果不改革，这套模式就无法适应未来的发展趋势。我们看到了未来数字化发展的趋势，并且已经在着手打造自己的数字化平台，在增加实时视频内容的基础上，发挥记者的专业优势，让记者站在专业的角度拍摄视频、制作新闻报道。通过这种方式，将我们的传统与未来的新趋势结合起来。"

萨芬认为，得益于自己的先见之明，很早就着手打造数字化平台，所以尽管目前这个平台还不是非常完善，但已经在观众心目中先入为主，有了竞争优势。随着宽带网络的普及，在线视频新闻会成为市场的主流。那么CNN又是如何满足观众对数字化新闻内容的需求的呢？对此，萨芬说道："我们非常及时地抓住了转变的机遇，准确预见到了未来发展趋势。我们对观众获取新闻的行为习惯进行了深入调研，收集了大量消费者数据，掌握了观众的消费习惯。CNN是一个全球性的时事新闻转播频道，我们时刻关注着世界上发生的各类事件，因此，我们对未来的发展趋势有着独到的判断与见解，这是我们擅长的事，也是让我们受益的事。"

传统的市场调研与消费者研究都不能准确反映消费者的真实行为习惯。"如果你问消费者他们每天看多少小时电视节目或者他们是从哪些途径获取新闻的，大多数消费者都说不出个所以然来。我们大部分人其实都不知道自己到底看了多少小时电视，或多或少会高估或低估自己对电视的依赖性。但是，在线浏览新闻就不同了，消费者一般都是在上班时间抽空看一眼新闻网页，这个时间与途径都是可以掌握的。为了加强消费者与CNN之间的品牌黏性，我们在加强传统电视频道新闻节目的基础上，借助新技术，做了自己的数字化平台。但是，在这个瞬息万变的时代，谁都说不准什么样的经营模式是最好的，我们也只能尽力在两者之间取得平衡。"

CNN 的转变仍在继续，他们最近一两年的短期目标就是加强数字化新闻的可看性，增大对消费者的吸引力。面对年轻消费者群体不断出现的新需求，CNN 希望通过努力，提供一种全新的、可看性更强、更吸引人的获取新闻与信息的方式。萨芬说道："新媒体也在做新闻，脸书和推特都在给用户推送新闻与信息，但是他们仅仅是推送新闻与信息，而不像我们一样在作报道。CNN 现在面临的情况就是如此，一夜之间好像所有人都在做新闻，但是他们做新闻的方式跟我们一直以来用的方式截然不同。面对新媒体的竞争，我们之所以能游刃有余，快速做出转变，这要得益于我们一直以来强大的专业能力，我们拥有新媒体所不具备的出产高品质新闻报道的能力。同时，我们又能及时跟上时代，做出了自己的网页、手机应用、互动平台等。我们推出了互动新闻平台，消费者可以自己上传与评论新闻，满足了消费者社交互动的需求。但是，我们也深知，CNN 之所以不同于其他新闻媒体，就在于我们的专业能力，在这个谁都可以做新闻的时代里，我们不仅能做新闻，还能报道新闻，挖掘出新闻背后的故事。"

CNN 对品牌内在价值的坚守始终如一，几十年来孜孜以求，依旧致力于作 24 小时不间断的新闻报道。它也是业内最成功的 24 小时新闻频道，从自然灾害到政治事件，任何大事件都有 CNN 的记者出镜报道。但是，随着新技术的发展与时代的变化，人们获取新闻的行为习惯发生了变化，如何适应这种变化，是摆在 CNN 面前的最大挑战。而要战胜这个挑战，成功实现转变，CNN 要找到属于自己的平衡点。

但是，CNN 一直以来在对我国的报道中，常常是以双重标准扮演着反华的角色，我们应有所警惕，而对其顺势而变的技术层面上的追求，我们亦可从中吸取有益的部分。

## 第六个案例：双管齐下，以保护国际组织为例

如果要举几个成功实现转变的案例，我们肯定不会优先想到非营利组织实现转变的案例，甚至很有可能都找不到非营利组织成功实现转变的案例，所以，保护国际组织成功实现转变的案例才显得弥足珍贵，让人惊喜。绝大多数非营利组织都是基于某个愿景而成立的，整个组织存在的目标就是实现那个愿景。为了实现这个愿景，他们会将所有的人力、物力、财力、时间精力、热情都投入其中，孜孜以求，不懈努力，只为了有朝一日能实现目标。

保护国际组织是由彼得·萨里格曼与斯宾塞·毕比创立的非营利环境保护组织，以保护地球上尚存的自然遗产和全球生物多样性为最终愿景，并不遗余力地朝着这个目标努力。但是，随着各项工作的开展，他们发现保护环境这个愿景并不是孤立存在的，它必须与当地经济社会发展联系起来，才有可能真正实现。萨里格曼在谈到这个转变时说道："我当时就对大家说，如果我们局限于环境保护这个单一目标，我们是肯定无法成功的。环境保护是我们这个组织的动因与根本，但是，只有将环境保护与当地经济社会发展结合起来，我们才有可能继续往前走。为此，我们要做出转变，而且这个转变要尽快实行，否则我们就会一直做无用功。"

为了更好理解萨里格曼所说的转变，我们先来了解一下保护国际组织最初的愿景与所做的工作。保护国际组织成立于 1987 年，其主要工作是针对世界上污染与破坏最严重的地区，通过开展环境保护工作，阻止其环境恶化的趋势，改善生态环境，并且帮助当地制定动植物保护政策。例如，1987 年，保护国际组织购买了玻利维亚的部分国债，以此换取玻利维亚政府承诺花费同等数量的资金保护邦尼生态保护区。到了 20 世纪 90 年代，保护国际组织将工作重点放到了保护动植物多样性方面，与麦当劳、星巴克等商业巨头合作，实行可持续的商业发展政策，以支持热点地区生物多样性保护工作。

萨里格曼在谈到转变的初衷时，这样说道："我的想法很简单，如果能将保护环境与当地经济发展结合起来，特别是在热点地区加强与当地的经济合作，会更有利于推进环保工作。当然，这种方式与环保组织传统的工作方式截然不同，它更直接也更易被当地政府所接受。我们还与大企业合作，在推进生物多样性保护工作的同时，提高原住地居民的生活质量，我们希望通过努力，对当地的环境保护及经济社会发展做出显著改善。例如，我们与星巴克合作，在不破坏森林、不破坏当地生物多样性的基础上，发展咖啡种植产业。这样种植出来的咖啡，由于附加了环保价值，会更受消费者的认可。2015 年，在我们与星巴克的共同努力下，星巴克所出售的咖啡中 99% 以上所用的咖啡豆都符合环境保护与农民权益保护标准。"

　　萨里格曼认为，尽管前期已经取得了一些成就，做了一些实事，但是保护国际组织的潜能还远远没有被激发出来，其所希望达成的目标还远远没有实现。他说道："我们前期的工作像是在一片经济快速发展的海洋里，孤立出了几个以环境保护为名的小岛。当今世界，发展是各国关注的头等大事，每个国家都希望能实现经济社会的快速发展，如果将环保从这个大趋势里孤立出来，我们将一事无成。对我们来说，仅仅关注一个地区的生物多样性保护工作是远远不够的，我们要关注的是当地的经济社会健康发展状况及人们的生活质量。"

　　基于这种认知，保护国际组织开始实行转变，其宗旨从原本单一的生物多样性保护，转变为通过建立健康的生态系统来提升人们的生活品质，通过保护生物多样性来增强经济社会发展的稳定性。他们不再局限于一时一地，不再纠结于眼前利益，而是站在全局的角度、从长远出发来推进环保工作。萨里格曼认为："保护国际组织的宗旨已经发生了变化，我们将立足点放到了人道主义这一基石之上。我们不仅要告诉渔民们保护珊瑚礁是保护生物多样性的重要途径，我们还要让他们知道保护珊瑚礁也是在保护渔民们的经济来源。很多地区的经济发展都是以环境遭到破坏作为代价的，这样的经济发展从长期来看，必然是损害人类的根本利益的。我们要做的就是将环保工作引入到经济发展中去，在经济发展过程中保护环境。"

　　当然，保护国际组织在实行转变的过程中也遭遇到了来自内部的强大阻力。很多员工与志愿者之所以加入这个组织，就是因为对保护生物多样性、保护环境这一宗旨有强烈认同。改变这一宗旨对他们来说，无疑是非常难以接受的一件事。萨里格曼回忆说："当时我们遭遇了很大的阻力，大概有20%的员工都离职了。很多人认为我放弃了环保工作，转而去经商发财了。幸好我最终说服了剩下的员工们，让他们都接受了保护环境本身就是社会经济发展的重要组成部分这一基本立场。毕竟，谁也无法在撒哈拉沙漠以南地区，无视贫困问题，跟吃不饱饭的居民们大谈特谈环境保护。"

　　为了顺利实现转变，克服可能出现的各种障碍，萨里格曼与他的同事们一起对保护国际组织进行了全面的分析，并将之与全球范围内成功实现转变的企业或机构进行对比，找出了最适合他们的转变路径。他们将保护国际组织的制度优势、专业力量、合作伙伴、员工组成及捐款人群体等情况一一列表，做了详细评估分析，并以此为基础开展了一系列改革措施。正是这些具体扎实的工作，让他们最终成功实现了转变。对此，萨里格曼说道："我认为，如果保护国际组织要真正取得成功，就必须对整个机构进行改革。这种改革不是轻飘飘的稍做改动，而是彻底的、全面的改革。我们正是这样做的，在明确了目标之后，我们将所有的资源都投入其中，在增强执行力、完善监督机制和加大诚信力度方面，进行了大刀阔斧的改革。我认为，成功实现转变最重要的一件事就是对自己有清醒的认知，明确目标、愿景与内在价值，换句话说，要充分了解这个组织的DNA，并在此基础上，全力以赴实行改革。当然，为了成功实现转变，我们在员工招募上也花了一番心思，着重招募那些能理解与认同我们的新员工，加入我们的事业中来。"

　　萨里格曼对保护国际组织的清醒认知，特别是对转变目标的认知，是他们成功实行转变的重要因素之一。对保护国际组织来说，单纯做环境保护肯定是比较轻松，也比较容易受到外界肯定的一条路。但是，他们却选择了更困难却更不易受到外界认同的一条路。萨里格曼对此有自己的想法："巴西东海岸很多热带雨林被当地居民改建成了巨大的桉树种植园，从短期来看，这确实会增加当地就业，提高当地居民收入，改善他们的生活。但是，从长远来看，这种改建却极大地破坏了土地结构，进而破坏了周边水源，导致可食用鱼类资源枯竭。像这样的例子很多，如果一味强推环保工作，势必影响居民们的就业与收入，进而造成当地居民对环保工作的抵制。我们希望能在这样的案例中发挥一些作用，用一种简单的方式解决复杂的问题，将环保工作融入当地经济社会发展的大背景下去推进。"

保护国际组织在萨里格曼的带领下，找到了将环保工作与当地经济社会发展结合起来的连接点，并取得了非常好的效果。例如，他们与沃尔玛合作，开展了一项时间跨度几十年之久的项目，向消费者提供可持续发展的产品，打造对气候变化影响更小的产品供应链，在不破坏环境的基础上，实现产品的生产与供应，像是在生产棕榈油过程中减少对森林的砍伐，采取环境友好的方式捕捞海产品等。沃尔玛创始人山姆·沃尔顿的儿子罗布·沃尔顿担任保护国际组织执行委员会委员。例如，盖茨基金会也与保护国际组织合作，投入 1000 万美元，在全世界范围内设立一个监测网络，用来监测农业生产对生态环境所造成的各类影响。再如，为了提升消费者对环境保护工作的认知，2014 年，保护国际组织制作了一系列名为"大自然在说话"的短视频，并邀请了包括茱莉亚·罗伯茨、佩内洛普·科鲁兹、罗伯特·雷德福、哈里森·福特等在内的诸多好莱坞明星做旁白解说。萨里格曼说："我们通过这些举措，推动可持续发展。只有认识到自然资源的重要性，才能有针对性地开展环保工作。自然资源是人类不可或缺的食物与淡水来源，也是人类赖以生存的环境的一部分，我们希望通过努力，促进人与自然可持续发展。"

如今，保护国际组织正以令人瞩目的速度与规模发展壮大，规模超过了2.5 亿美元，其所秉持的将环境保护融入经济社会发展的宗旨，正是其不断发展壮大的关键所在。保护国际组织成功实现了转变，并站在长远发展的角度，不懈地帮助那些环境恶化严重的地区改善自然环境，推动当地社会经济可持续发展。

## 第七个案例：步履不停，以 IBM 为例

有些企业天生就具有快速转变的 DNA，这些企业从设立之初就具备了成功实行转变所需的软硬件条件，包括合理的组织架构、开放包容的企业氛围、对外界变化快速的适应能力等。例如，脸书就是一家具有快速适应能力的科技企业，对外界环境特别是前端发展趋势的适应性特别强。然而，IBM 并不是这样天生具有转变 DNA 的企业。IBM 成立于 1911 年，其主要业务从生产天平到生产剪刀，到生产咖啡研磨器，再到生产计算机，到最后定型成一家信息技术和业务解决方案公司，一路走来成功实现了多次转变。

乔恩·岩田是 IBM 高级副总裁，主要负责市场营销，他认为 IBM 的企业精神决定了其不断往前的特质，IBM 从来不定义产品类型，而是从公司内在价值出发，适应外界环境变化。尽管为了适应外界环境变化，IBM 经历了多次转变，但是其内在价值与企业精神一直保持不变。也许 IBM 的转变不如脸书这样的新兴公司来得敏捷快速，毕竟，IBM 这样的百年企业有着巨大的体量，在实现转变时需要照顾到多方因素，但是，IBM 还是以自己的方式一路步履不停，成功实现了一次次转变。

让我们先通过 IBM 的两次转变来快速了解一下 IBM 的历史。我们所要探讨的第一次转变发生在 1993 年，IBM 这个曾经的计算机巨头濒临破产边缘，股票跌到了 20 年来的最低谷，公司进行了大裁员，裁员人数达到 10 万人，损失将近 81 亿美元，这也标志着 IBM 作为计算机巨头时代的终结。由于多年来在行业中的独霸地位，缺乏强而有力的竞争者，导致 IBM 公司对外界环境缺乏必要的重视，应对环境变化时反应迟钝，内部结构非常不合理，

管理流程僵化，部门间缺乏沟通。

恩特·格斯特纳是 IBM 前总裁，现任纳贝斯克首席执行官。他加入 IBM 时面临着内忧外患，外界都猜测他上台后会推行拆分策略，将庞大的 IBM 公司拆分成几个规模较小的部分。但他却反其道而行，通过一系列改革措施，进一步整合资源，将 IBM 打造成了一个更精简、更综合性的公司。他认为 IBM 的优势在于为客户解决别人解决不了的复杂问题，提高 IBM 核心竞争力的关键在于将业务重心从单纯的销售转变为为客户提供解决方案。他以此为基础，重新解读了 IBM 的核心价值体系，建立起了新的企业文化。

在外人看来，从制造商变成解决方案提供商，IBM 的这一转变似乎与其内在价值格格不入。其实不然，IBM 一路走来，在做好销售的同时，也为客户提供咨询服务，客户购买 IBM 的产品，不仅能拿到机器本身，还能获得 IBM 提供的一系列售后服务与技术支持。在完成销售工作的同时，IBM 一直都默默完成了大量的咨询工作。因此，格斯特纳实行的这一转变并不违背 IBM 一直以来的内在价值，反而是其内在价值的一种表现形式。

第二次转变发生在 2005 年，当时 IBM 将 ThinkPad 电脑业务卖给了中国的联想公司，业内普遍认为这是一次双赢交易。联想希望通过收购 ThinkPad 将业务范围拓展到硬件领域，并以此为跳板，进军国际市场。2014 年，联想进一步收购了 IBM 的服务器部门，又一次拓展了业务范围。而 IBM 公司则通过这两次出售，将更多的精力与资源集中到实现转变上来，并最终成功转型成信息技术和业务解决方案公司，集中为消费者提供更优质高效的解决方案与服务。如果 IBM 没有果断出售这两块业务，还是固守在原有的业务领域内，就不可能在如此短的时间内完成转变。

乔恩·岩田的远见卓识给 IBM 成功实现转变提供了强大的助力，他认为："对我们这样的企业来说，自我定义并不是什么好事，反而会限制长远发展。当今世界，技术革新不断加快，经济变化风起云涌，消费者的品位与习惯也随之发生了巨大改变，我们面临着前所未有的激烈竞争，想要用过去的老经验来指导未来的发展，是根本行不通的。我们不能再自我限制，固守在原有的业务范围内，而应该与时俱进，实行转变。如果回顾一下IBM的历史，你就会发现，我们一直紧跟时代的步伐，不断实现自我突破，我们一直努力用新技术解决社会发展与经济变化中出现的新问题。"

乔恩·岩田接着说道，明确目标并借助于多种方式加以实现，努力提升服务消费者的能力与水平，是IBM成功实现转变的重要原因之一。IBM这样的技术型企业，面临着5天一小变、10天一大变的激烈竞争，只有多管齐下，多方出击，才能实现转变。首先，IBM有着全球性的技术支持，他们与顶尖的科学家、学者、大学教授等高级知识分子合作，分析行业未来发展的趋势，并将之应用到产品研发与生产上。乔恩·岩田说："这是一种对未来发展的预测，帮助我们避免可能出现的失误与偏差。这些顶级专家的独立性与客观性能帮助我们降低研发产品时可能出现的误区，帮我们节省反复试错的成本与时间。有了这些专家，我们就不会出现花一年时间辛辛苦苦做出一个产品，结果发现消费者根本不买单这样的窘境。"

其次，IBM有一套完善的内部分析研讨机制，其员工遍布170多个国家和地区，总人数超过了37.5万人。乔恩·岩田说："我们注重打造内部的社交网络，希望通过内部分析研讨机制，提高员工能力和水平，倾听员工对公司文化和内在价值的看法，打造具有竞争力的内部文化氛围。这种机制让我们最大限度地保持了真实性，保持了决策的透明度，每个人都有机会发表自己的看法与意见，而当这成千上万条意见、建议汇聚到一起后，就凝聚成了巨大的向心力。我们不限制员工的奇思妙想，反而对他们倍加珍惜，正是因为有了这些与众不同的有趣员工，我们才能从多个维度来看问题，才不容易走偏。"

乔恩·岩田所说的这种不拘一格重视人才的企业文化，也体现在了IBM的员工招募方面。他说："我们希望那些有创造力的人才加入IBM，他们的加入会让我们的企业文化更加丰富多样，对外界环境变化的适应能力就会更强，在实现转变时就会更游刃有余。我们不仅欢迎具有深厚技术能力的人才加入，更欢迎能快速适应外界变化并带领身边人一起实现转变的人才加入。我想 30 年前我不可能有底气说这样的话，但是今天我有足够的底气这样说：在 IBM，我们欢迎并珍惜不拘一格的人才。"

IBM 这种用人机制是他们积极适应外界环境变化，勇敢实现转变的产物，这些年轻有创造力的人才加入 IBM 后，又反过来推动公司往前发展，实现了良性循环。在如今这个快速发展的时代，IBM 仍旧坚守着自己的核心价值，不以产品来限定公司未来发展，而是积极适应变化，大胆实现转变。乔恩·岩田说："我们总是给新员工灌输一个理念，今天的现状不能决定未来 10 年、20 年的发展方向，时代总在不断进步，我们的产品也必须与时俱进，不能故步自封。IBM 这种步履不停、一直往前的企业文化，是我们今后发展的最大动力，也是我们再创下一个辉煌的基石。"

## 第八个案例：强强联合，以林德布拉德旅游公司为例

说到游轮旅游，大多数人都会认为无非就是上岸购物玩乐、船上吃喝度假的休闲娱乐游，而林德布拉德旅游公司推出的游轮旅游却完全颠覆了这个刻板印象。拉尔斯－埃里克·林德布拉德是林德布拉德旅游公司的创始人，被认为是生态旅游之父，他认为旅游不仅是吃喝玩乐，也可以是一场对自然与自我的探索之旅，他的旅游公司带着普通游客深入只有科考队会去的偏远之地，带给游客完全颠覆传统的旅游体验。

拉尔斯－埃里克·林德布拉德本人就是一名探险爱好者及环保主义者，他将自己对探险的热爱融入旅游公司的经营中。他的旅游公司开发出了很多从前根本不在旅游公司考虑范围内的旅游线路，包括南极洲、北极斯瓦尔巴特群岛、加拉帕戈斯群岛、复活节岛、亚马逊热带雨林、巴布亚新几内亚及不丹等。这些前所未有的旅游线路，带给游客全新的旅游体验，增强游客对

地球之美的理解与欣赏。

1979 年，拉尔斯－埃里克·林德布拉德的儿子斯文－奥洛夫·林德布拉德接手公司，他在父辈的基础上，赋予了公司新的发展愿景，为游客提供了更身临其境的旅游体验。但是，这种旅游方式只在探险爱好者圈子内比较流行，对普通大众来说，这种旅游方式还是非常陌生的。为了提升公司知名度，在不改变公司核心价值的前提下，实现转变，2004 年，林德布拉德公司做出了大胆决策，与《国家地理》杂志形成了战略联盟，借助《国家地理》杂志的优势，为游客提供更优质的旅游体验。林德布拉德公司邀请《国家地理》旗下的科学家、探险家、博物学家和摄影师参与游轮探险旅游，借助他们的深厚学识与丰富经验，为普通游客带去更专业更有意义的旅游体验，这种旅游模式使得林德布拉德公司在业内的竞争力直线上升。如今，林德布拉德公司与《国家地理》合作的探险远征队已经拥有 10 艘远洋船，可以提供覆盖全球七大洲所有地区的探险旅游航线。

林德布拉德公司与《国家地理》的战略合作非常具有远见卓识，成功吸引了目标游客群体，提升了竞争力。理查德·丰坦是林德布拉德旅游公司的首席市场营销官，他认为这次战略合作是一场双赢合作，他说："13 年前，斯文就与国家地理谈过合作事宜，当时他的出发点就是希望通过合作提高消费者对我们的品牌认知度，提升旅游体验。随着我们与《国家地理》的合作日益加深，我们发现，通过这种合作，可以将《国家地理》各种专家，像是探险家与博物学家邀请到我们的旅游项目中来，为游客提供一种全新的旅游体验。对喜欢摄影的游客来说，我们能为他们提供与《国家地理》杂志旗下专业摄影师一起旅行的机会，这些专业摄影师都是行业里的佼佼者，游客可以在旅游过程中与他们零距离互动，享受到手把手教学的特殊待遇。同时，这种合作也让我们的旅游项目更环保，我们从可持续发展的角度出发，对经过的每个地点都精心保护，以便让后人有机会与我们一样看到当地的原始风貌。对我们来说，《国家地理》是最理想最合适的合作伙伴，他们与我们理念相同，都在环境保护工作方面有自己的坚守。"

对《国家地理》来说，与林德布拉德公司的合作有助于提高消费者对《国家地理》杂志的关注度，林德布拉德公司的旅游项目将国家地理杂志的文章与图片带入到了普通消费者的日常生活中，有利于提高杂志的销量，挽回杂志销量逐年下降的颓势。对林德布拉德公司来说，与《国家地理》的合作增强了他们的品牌认知度，拓宽了他们的目标消费群体。其他游轮旅游公司也可以为游客安排随船摄影师与博物学家，但是，林德布拉德公司安排的摄影师与博物学家可不是普通人，而是来自《国家地理》杂志的顶级专家。除此之外，林德布拉德公司还安排其他旅游公司很难邀请到的野生动物学家、海洋专家和热带雨林专家。与《国家地理》的这一合作，加强了林德布拉德公司的品牌差异度，使其在竞争中脱颖而出。

## 第九个案例：全面开花，以康卡斯特电信公司为例

2016 年，美国全国广播公司在转播奥林匹克赛事时，做出了一个前所未有的战略部署，他们决定对所有赛事都进行现场直播，所有赛事的时长加起来相当于是进行了一场为时 250 天的 24 小时不间断直播。当然不可能有一个观众会一秒钟不落下地看完这些现场直播，但是对美国全国广播公司来说这也没什么好遗憾的，毕竟让观众看完所有直播并不是他们的最终目的。布莱恩·罗伯特是康卡斯特电信公司的首席执行官，而康卡斯特公司是美国全国广播公司的母公司，他认为，做所有赛事现场直播的目的在于推广公司新研发的王牌工具，他希望通过推广这款工具改变观众的观影习惯，从而增加用户与康卡斯特公司之间的品牌黏性。借助这款新工具，在里约奥运会期间，康卡斯特的用户可以通过赛事、运动员、国家等关键词来搜索想看的节目，当美国运动员夺冠有望时，屏幕上还会出现提醒字幕，而所有这些操作都可以通过远程声控的方式完成。康卡斯特公司希望借助这一新工具，让观众无

论是在线上还是在电视机上，都能尽可能简单明了地找到自己想看的节目。

康卡斯特公司寄予厚望的这一王牌工具就是他们推出的 X1，这是一个带有远程语音控制功能的电视盒子，可以连接用户的其他数码设备。很多人都将 X1 比作康卡斯特公司的安卓系统或 IOS 系统，它是一款智能化的技术平台，可以将软件与硬件，应用与用户联系起来。虽然最初的研发目的就是为了转播奥林匹克赛事，但是，它的应用却远远不局限于这一最初目标。近年来，有线电视频道数量激增，高端有线电视网的节目内容呈现指数级增长，让许多观众一时难以招架。而这些有线电视网将所有的节目都堆砌到页面上，观众只能通过遥控器寻找想要看到的内容，X1 的出现改变了这一局面，它将所有节目内容都按照类型进行分类，并支持用户远程语音选择想要看的节目，极大方便了观众。而且，X1 的软件系统支持在线升级，用户只要连上网络就能进行升级，再也不用预约工作人员上门进行服务了。

X1 的问世推动了康卡斯特公司实行转变，提高了康卡斯特的市场竞争力，X1 的销量持续上升，订阅用户数量大幅增长。过去几年间，康卡斯特公司推进了一系列创新，X1 只是其中一项创新成果。对于小型企业来说，为了适应外界环境变化而改变公司发展方向、企业文化、人员结构等，还是相对容易的。而对康卡斯特这样体量巨大的行业巨头来说，要改变企业现状，实现转变，就要付出比小型企业多出百倍的努力。在探讨康卡斯特公司的转变之前，我们先来了解一下它的历史。

1963 年，拉尔夫·罗伯特（布莱恩·罗伯特的父亲）收购了一家仅有 1200 个订阅用户的有线电视台，并在此基础上，建立了康卡斯特公司的雏形。之所以命名为康卡斯特，是取通信与播放两个词的各一半组成的组合词（通信的英文单词为 "communication"，播放的英文单词为 "broadcast"，两个词各取一半组合为 "Comcast" 即 "康卡斯特"）。当时，有线电视还处于起步阶段，在美国推广非常缓慢，相较于传统的天线接收方式，有线电视给观众带去了更丰富的频道与电视节目。受限于美国联邦法律的规定，有线电视公司只能在与地方政府签订特许经营协议的情况下才能开展市场业务，这导致了全美国诞生了数百家个性化的有线电视公司，每个公司都在各自的小领域里服务特定的观众群体。20 世纪 90 年代，有线电视领域开始出现并购热潮，特别是 1996 年，美国联邦出台了通信法案，加速了有线电视行业内的兼并与收购。到了 1998 年，康卡斯特公司已经发展成为拥有百万用户的业内一流公司，正是在此时，康卡斯特公司通过分析有线电视技术发展趋势与消费者习惯改变情况，果断做出了新的收购策略，在继续并购其他有线电视台的基础上，将业务范围拓展到了新媒体与互联网领域。2001 年，康卡斯特公司并购了美国电话电报公司，2013 年，并购了美国全国广播公司，并将美国全国广播公司标志性的孔雀元素加入到了自己的商标上。

康卡斯特的发展历程就是典型的"看着容易，做起来难"，看似轻轻松松，背后却隐含着艰辛的努力与付出。康卡斯特公司一路走来，克服了无数困难与阻碍，最终从一家有线电视台，华丽变身成了一家多媒体公司。在实现转变的过程中，康卡斯特公司面临着来自行业内外的激烈竞争，竞争对手虎视眈眈，凭借着新技术支撑给用户提供卫星电视与光纤入户服务，比康卡斯特公司所提供的有线电视网络更稳定可靠，速度也更快。在激烈的市场竞争面前，康卡斯特公司一度受到了严重冲击，2007 年，美国消费者满意度指数显示，消费者对康卡斯特公司的打分甚至低于美国国税局得分。

康卡斯特公司到了不得不实行转变的关键时刻了。彼得·因特玛吉欧是康卡斯特公司的前任副总裁，负责市场营销工作，在回顾当时实行转变的情况时，他说道："我们从行业发展的角度出发，分析未来技术发展的趋势，分析 1 年后、3 年后、5 年后，甚至 10 年后，消费者可能会出现的新需求与消费习惯，并以此为基础实行转变。进入 21 世纪以来，卫星电视与网络电视逐渐兴起，像我们这样的有线电视公司不仅面临着来自有线电视行业内部的竞争，还要应对行业之外新兴企业的竞争。这些新兴企业拥有新技术，能更好地满足消费者的需求，导致了我们这样的传统有线电视公司用户流失严重。"

正是在这种背景下，康卡斯特加大了在技术、产品和服务等方面的投资，在全美铺设了一个增强型光纤网络，总长度超过 4.5 万英里，现在这个网络为美国 39 个州的 29 个区域网络提供高速和高清电视服务，这也是康卡斯特后期开展互联网服务与无线通信服务的基础。康卡斯特的这个光纤网络是业内光纤网络的标杆，康卡斯特在此基础上，进一步增加了高清频道数量，还开设了数字点播服务。2010 年，康卡斯特推出了 Xfinity 这一子品牌，这也标志着康卡斯特正式从传统有线电视公司向着多媒体公司转变。

因特玛吉欧认为："我们之所以推出 Xfinity，就是想向消费者传达一个信号：康卡斯特公司已经不是过去老掉牙的有线电视公司了。Xfinity 是一个全新的品牌，它代表着我们的产品与服务都突破了以往的限制范围，进入到了一个全新的发展阶段。过去我们总是用有线电视公司的身份与别的公司竞争，而这个旧身份已经远远不能满足时代发展的新需求了。Xfinity 的出现标志着我们进入了跨平台、无限制、重发展的新阶段，今后我们会在数字化与互联网方面增加投入，为用户提供前所未有的全新体验。"

在过去一段时间内，康卡斯特公司面临到了巨大的竞争压力，在行业内处于落后地位，如果要重新崛起，特别是要重新找回过去行业领头羊的辉煌，就势必需要投入大量的资源与时间。因特玛吉欧说："技术的本质特征就是它一直在改进，一直在发展。我们所要做的就是借助技术革新，推动公司往前发展，并在发展过程中，尽最大的努力满足用户的需求。而推动发展的前提就是要有坚固的基础，我们所面临的市场竞争日益激烈，每天都有新的竞争对手崛起，新兴的互联网公司对我们造成了巨大的冲击，我们只有加大投入力度，尽快实现转变，才能在竞争中占有一席之地，才有可能重新回到行业领导者地位去改变行业发展的方向。"

当康卡斯特公司竭尽全力应对外部竞争，努力实现转变时，其公司内部也经历了一次深刻的转变。德阿尔西·鲁德璐伊是康卡斯特公司执行副总裁，他在谈到这一内部转变时说道："在并购美国全国广播公司、推出 X1 后，我们实现了从传统有线电视公司到多媒体公司的转变，但是这一转变并不是结束，而是之后一系列转变的开端。技术革新正在深刻影响消费者看待世界的方式，对我们来说，如何利用新技术提高用户体验，是摆在我们面前的重大课题。我们希望我们的产品能更深入人们的生活，当消费者上网时，能用到我们的产品；当他们通过监控摄像头看婴儿房里的宝宝时，能用到我们的产品；孩子们完成线上作业时，能用到我们的产品。无论是要获取信息还是要娱乐，无论你用的是电视、手机、平板还是笔记本电脑，无论是看视频、家庭安保、家庭 WiFi 服务、还是手机服务，都能用到我们的产品与服务。要达到这一目标，我们需要分阶段实行转变。首先，全面完善光纤网络，提高用户体验，这一阶段我们已经完成了。其次，站在未来发展趋势的角度，来重新定位公司发展。过去 8 年间，我们研发并推出的 X1，兼具电视与互联网双重特性，这是我们对消费者新需求的一次回应，也是我们不断改善用户体验的一次尝试，通过 X1，用户可以以前所未有的简便方式，自主选择观看内容，自主完成设备更新。"

康卡斯特公司在推进转变的过程中，不仅投入了大量资金，还对企业内部人才结构进行了大规模调整，引入了很多高新技术人才。像康卡斯特这样的传统有线电视公司，其员工多是传统技术人才，大多数都来自有线电视行业内部。为了实现转变，康卡斯特大量从行业外招聘新型人才，比如他们从耐克公司挖来了克里斯·撒切尔担任产品总监。引入新型人才后的康卡斯特公司，以更具有创新精神的姿态，大胆实行转变。今天，康卡斯特公司的员工中，有很大比例是软件与数据处理方面的专业人才。2015 年，康卡斯特公司推行了"用爱设计"活动，并邀请为苹果公司设计新园区的设计师，在费城公司总部边上设计并建造了一幢 60 层高的大厦。这座大厦除了有一部分将建成四季酒店之外，部分用来给公司内部的工程师与设计师办公所用，部分作为初创企业的孵化器使用。

鲁德璐伊认为："正是这一次次的转变，让我们从一家单一的有线电视公司，变成了如今这样一个多样化的复合型公司。在大家将我们定位成有线电视公司的时候，我们勇敢走出了自己的舒适区，并成功实行了转变。特别是成功收购美国全国广播公司，让我们的业务范围延伸到了主题乐园、电影电视制作等领域。我们成功实现转变这一事实，已经成了业内的又一标杆。"

让我们回到本节开始谈到的奥林匹克转播案例，康卡斯特公司在这次转播中，与推特、脸书等社交媒体合作，大大提高了转播的影响力。通过这次转播，康卡斯特公司向消费者展现出了全新的姿态，其公司定位也从过去的有线电视公司，转变成了具有创新精神的多媒体公司。可以说，这次奥林匹克赛事转播，正是康卡斯特公司转变后的精彩亮相。在经历了多年的努力与付出后，康卡斯特公司终于迎来了全新的发展机遇。当前，对康卡斯特公司来说，如何进一步提升用户体验，提高用户认可程度，重新赢回消费者的心，是他们所面临的最大挑战。

康卡斯特公司在实现转变的过程中，从多个维度入手，对公司进行了全面改革。这种改革不仅体现在对基础设施的更新上，还体现在对公司用人机制与人才队伍的大规模调整上。而他们改革的立足点始终是抓住有线电视这一主业务，通过推出 X1，大大改善了观看有线电视的用户体验，增强了消费者与品牌之间的黏合度。同时，通过加大对新技术与社交媒体的投入，与各大社交平台合作，让用户可以体验到前所未有的全新服务。随着物联网技术的发展，越来越多的家用电器，从洗衣机到恒温器，从车库大门控制系统到家庭安全系统，都能通过互联网实现智能操控，康卡斯特公司的发展重心就转移到了为用户提供更好的智能操控体验上来。正像康卡斯特的首席执行官罗伯特所说："这是一个全新的时代，我们需要不断突破自我。"康卡斯特正是以这样的心态成功实现了一次次转变。

## 第十个案例：吸取教训，以英国石油公司为例

提到 BP（英国石油公司），就不可避免地要说到美国墨西哥湾原油泄漏事件，2016 年，好莱坞甚至以此事件为基础，制作了一部灾难片。2010 年 5 月 20 日，BP 公司位于墨西哥湾的"深水地平线"钻井平台突然起火，随后发生爆炸、沉没，造成 11 人死亡、多人受伤。"深水地平线"钻井平台爆炸沉没后约两天，海下受损油井开始大规模漏油，造成了规模巨大的环境生态事故。好莱坞以此为背景拍摄了一部电影，聚焦原油泄漏事故对钻井平台工人及普通人的影响，特别是对环境造成的深刻影响。在影片片尾，制片方还专门揭露了事件处理的后续，让人遗憾的是没有任何一个承包商或 BP 公司负责人因此事被起诉。

尽管 BP 在此次事件中，没有受到刑事起诉，但却支付了高达 200 亿美元的环境赔偿，在刑事调查阶段又支付了 40 亿美元罚款。这次漏油事件也使得 BP 在消费者中的口碑直线下降。一个体量如此巨大的石油公司，在面临转变时会遭遇到数倍于小公司的阻力与困难，而 BP 在此次漏油事件后采取了一系列措施，努力实行转变。

一直以来，BP 公司在实行转变上的积极努力都是值得肯定且具有远瞻性的。他们是第一家承认碳排放量与全球气温变暖有关系的石油公司，并以此为基础，希望找到环境友好型的能源解决方案。他们希望借助于这种方式保持住行业领先的竞争地位，在未来环境法规修订时，能在谈判桌上占有一席之地。

在分析 BP 的转变之前，让我们先来了解一下 BP 的历史。

20 世纪 90 年代后期，BP 的首席执行官约翰·布朗爵士在整合了多个知名品牌后，为 BP 制定了新的发展方向，即通过强大的品牌力及市场营销工作，对内推行改革，对外强势发展。他认为，BP 不仅是世界上最好的石油公司，还应该努力发展成为世界上最好的公司之一。

对 BP 的发展，约翰·布朗爵士在他的书中这样写道："1997 年，BP 宣布承认碳排放量与全球气温变暖存在一定关联，我们是第一家宣布承认这一关联的石油公司。我认为，石油公司不应该回避这个问题。未来的发展确实肯定是低碳排放，石油公司不可避免地要进入到低碳时代，正是基于这点理解，我们率先做出了应对未来的改变。"

布朗爵士带领 BP 公司，从传统的石油公司向着以科技和创新驱动的能源方案解决公司转变。而他提出的"不只是石油"这一理念，不仅成了公司转变的口号，也成了公司后续发展的基石。BP 公司成为第一家承认全球变暖与碳排放之间有关系的石油公司，而且以此为出发点，进行了一系列改革与创新。BP 的标志是黄绿相间的，这也是他们发展历程的一种反应，在实现低碳排放，提供更好的能源解决方案方面，BP 走到了竞争对手与整个行业的前面。

但是，摆在 BP 面前的最大问题在于，有了雄心壮志，有了美好的愿景，要如何通过实实在在的努力一步步去实现它。从 BP 的实际行动来看，他们的改革与创新举措还远远没有达到能实现这一远大目标的程度。

蒂娜·奥兰多是 BP 公司前高管，她认为："在提出转变口号之后的数年间，我们从内部和外部两个维度，进行了深刻改革。在公司内部，我们从文化上和实际操作层面，进行了整合，但是由于涉及多个不同背景不同文化的企业，整合工作举步维艰，特别是对公司内部原有的员工来说，这种整合更是让他们无所适从。对 BP 这样一个体量巨大的世界级公司来说，实行转变所要涉及的员工人数是非常巨大的，理论上来说，一旦提出了一个目标，大家就要调整自身去为这个新目标而努力，但是，在实践中却没有这样简单。特别是这个新目标完全颠覆了过去公司的发展基础，代表着公司即将进入一个全新的时代，员工对这个新目标需要更多的时间与空间去理解与适应，他们一直以来所习惯的工作模式将发生翻天覆地的变化。"而 BP 在处理这个问题时，犯了一个大错误，他们不断地向内部员工、竞争者与消费者强调自己即将进行转变，却迟迟没有推出切实可行的转变措施。

许多同行业公司对 BP 的新战略感到深深的震惊，对这一新战略可能带来的商业及政策方面的挑战感到焦虑。奥兰多说道："同行们觉得我们太离经叛道了，这也确实是一个极具雄心壮志的新战略，但是'不只是石油'这个理念对一家以石油与天然气为基础的石油公司来说，实在是很矛盾。股东们一时之间都无法接受这个新理念，而对公司来说，现阶段也根本不可能完全放弃石油带来的现金流。投资者们与同行业的竞争对手都拿这个理念做文章，质疑 BP 的后续发展。现在回头去看，提出这个理念本身是没有任何问题的，但是在执行上却存在着诸多问题。这个理念本身就已经很复杂了，更不要说将它真的应用到公司运行上来。我们不断地宣称要实行转变，但是却无法给出转变的具体举措与实现路径。对理念的解释与定性是很重要的，有的公司空有美好的理念，却无法通过具体举措加以实现，甚至无法通过规范化的标准来描述这个理念。尽管我们在对外宣传时都说这一理念仅仅是一个开端，仅仅是我们提出来的一个美好的愿景，像 BP 这样体量巨大的公司要实行这样的转变需要很多很多年才能完成。尽管在这一理念提出后，BP 取得了一些成绩，受到了一些肯定，但是实事求是地说，这一理念从来没有落地过。我给那些想要转变企业发展方向的管理层一个忠告，在提出新的目标前，要综合考虑行业内的实际情况与公众对该行业的期望要求。BP 希望有所作为，有所创新，所以做了同行们从来没有做过的全新尝试，但实际上，这种尝试太华而不实，反而没有办法落到实处。而为了实现他们提出的全新目标，BP 花费了大量的人力、物力、财力与时间精力，在内部进行了大规模改革，但效果却不尽如人意。"

要将一家石油巨头转变成一家不以石油业务为主的新型公司，所面临的困难与阻碍可想而知。BP 必须要引入新的技术、新的人才、新的企业文化，这些都无法一蹴而就，甚至根本不可能在现阶段就完成。所以，在付出了大量努力后，BP 最终放弃了这一理念。提出这一理念的布朗爵士也在 2007 年从公司离职，他的离职意味着，过去 7 年 BP 所实行的改革告一段落，公司管理层决心实行新的转变。

BP 转型失败的故事告诉我们一个道理：提出新的目标前，一定要确保自己有实现这个目标的基础与可能性。时至今日，BP 还在为这个错误的转变买单，面临着利润与口碑双下降的尴尬局面。好的消息是，尽管经历了一系列挑战与挫折，从数据来看，BP 在绿色环保方面仍然领先于同行业其他公司。他们在过去 7 年间采取的一系列举措，虽然没能最终完成转变，却在其他方面提升了公司的竞争力，从长远来看，最终会获得回报。

布朗爵士在他的书中说道："事后回头去看，当初提出的理念超出了公众的接受范围，我们如此执着于这一理念，是一个错误。绿色环保应该是一个愿景，而不是公司现阶段发展的纲领。我们在绿色环保方面确实做出了一些成绩，也走在了同行的前面，但是，真正实现这一转变从现阶段来看，是不可能的，在理想与现实之间，有着许多阻碍与困难，有些在现阶段是无法跨越的。我对没有及时认识到这一点，而感到遗憾。我的在 BP 的经历应该能让今天的管理者们吸取一点有用的经验教训，在实行转变时，能考虑得更全面一些。"

# 本章小结

本章我们讨论了很多案例，有的案例是关于局部转变的，例如，卡兹熟食店用开新店、用新社交媒体做市场营销的方式，实现了转变；有些是关于全面转变的，例如，康卡斯特公司不仅在发展方向上做了新转变，还调整了公司内部结构以适应这种方向转变；也有的转变是两者兼有的，例如，IBM 公司通过不断转变，特别是通过实现跨行业的转变，改变了企业 DNA，成功转变成了一家信息技术和业务解决方案公司，为用户提供高效优质的解决方案。

这些案例生动形象地为我们展现了各个维度的转变过程，但其背后都有相通之处：市场环境、社会经济环境、文化环境发生改变，技术革新迅猛发展，推动企业做出转变。例如，脸书的创始人马克·扎克伯格一直以推动人与人之间的互联共享作为企业发展愿景，他很早就看到了移动设备在拓展用户范围、优化用户体验方面的巨大潜力。2012 年，脸书开始研发自己的 App，由此进入了一个需求极其巨大的消费者市场。雪莉·桑德伯格是脸书的现任首席运营官，她在 2016 年 11 月接受美国全国广播公司财经频道采访时说道："人们越来越多地使用移动设备，美国消费者平均每天打开手机界面 150 次左右。我们的目标是推动人与人之间的互联，要做到这一点，首先就要从消费者的行为习惯入手，推广移动设备 App。"2016 年，脸书的 App 拥有了 2.7 亿用户，每个用户至少每月登录使用一次。而在脸书 17.9 亿的总用户数里，通过移动设备登录使用的用户数占到 93%。

在实行转变的过程中，只有找对方向，并朝着这个方向不懈努力才有可能取得成功。一味狂奔并不是最好的努力途径，因为你很有可能在错误的路上越跑越远。那么，怎么找到对的方向呢？部分企业高管可能会对发展方向有着正确且清晰的认知，但是绝大多数情况下，前面可能不止一条路，也不止一个可以前进的方向，朝哪个方向走就变成了最关键的问题。在决定转变方向之前，最好先搞清楚企业的基本情况，有哪些优势，有哪些劣势，擅长哪些领域，并对这些因素进行全面评估，找到最适合、最容易成功的那条路。以下是我们给读者们的几点建议，希望能帮助大家找到对的方向。

## 启示 1：重视企业 DNA

DNA 是组成生命的基石，DNA 中包含着遗传密码，影响着我们的外貌、智力、运动能力，甚至性格。可以说，DNA 决定了我们到底是谁，影响着我们所做的每个决定，影响着我们的生活轨迹。例如，本书的两位作者都是篮球爱好者，玩起篮球来都像小孩子一样狂热，但是，我们的DNA决定了我们俩都不可能变成身高两米的职业运动员。

企业也与人一样，有着自己的DNA，企业DNA决定了企业的发展方向。企业DNA对企业的影响有些表现在技术层面，有些则表现在企业文化层面。脸书的DNA是推动人与人之间的互联和共享；孩之宝的DNA是提供浸入式的娱乐体验；IBM的DNA是为用户提供高效优质的解决方案；脆谷乐的DNA是为消费者提供健康饮食习惯；卡兹熟食店的DNA是通过传承百年来不变的味道，为顾客提供始终如一的就餐体验。他们的DNA深刻影响了他们所做出的任何一个商业决策，也影响着他们的转变方向。当企业在实现转变的过程中误入歧途时，就有可能无法回到正轨。前文提到过的巴诺书店和BP就面临着这样的问题，他们在转变过程中无视自身DNA选择了错误的转变方向。

前文所提到过的柯达公司，是另一个不尊重企业DNA而导致转变失败的典型案例。前文我们在分析柯达转型失败时曾提到过其管理层过分关注"黄金手铐"而忽视长远利益，但是这只是柯达失败的部分原因。从转变方向上来说，柯达及时发现了胶片行业在未来发展过程中可能会出现的重重阻碍，但是却没有采取相应的措施。柯达在行业中率先意识到技术升级会导致胶片向数字化转变，但是在柯达内部的一次董事会上，管理层就柯达的定位问题进行了深入探讨，他们认为柯达是一家专注于影像处理的公司，而不是一家科技公司。受到这种错误定位的影响，柯达尽管看到了数字化的未来，却没有采取任何措施向数字化转变。

### 启示2：适应市场分工

本书的两位作者都喜欢打网球、打篮球、跑步，尽管我们俩对这些运动都不是很精通，但是在我们的鞋柜里有一大堆网球鞋、篮球鞋、跑步鞋。过去人们在运动的时候就只穿一双运动鞋，而不是像今天这样各类运动都有自己专属的运动鞋。

1972年，耐克公司率先推出了专业化的篮球鞋，而阿迪达斯则推出了专业的网球鞋，这些鞋子与过去通用的运动鞋相比，无论在性能和设计上都有了专业化的提升，运动鞋市场已经不再是过去那种"一双鞋包打天下"的局面了。运动鞋制造商分工越来越细，有些厂商甚至只出产某一种类型的产品。

林德布拉德旅游公司专注于为游客提供探险式的旅游体验，通过与《国家地理》杂志合作，在远洋游轮旅游中引入了专业科学家、摄影师，为游客提供专业化的旅游讲解及摄影服务。游客能在这样的旅游中听到野生动物学家、海洋学家等专业人士提供的解说，也能在《国家地理》杂志的专业摄影师的指导下拍出专业级的照片。

CNN在实现转变的过程中面临着互联网信息的巨大冲击，要维持行业领先地位不得不与时俱进实现电子数字化转变，而要在一众媒体中脱颖而出则需要在数字化的同时保留CNN特有的专业性。CNN既适应了互联网时代消费者阅读习惯的改变，通过制作实时新闻节目保持新闻传播的及时性，又坚守新闻制作传统，为消费者提供专业化的分析。

## 启示3：紧跟时代

脆谷乐抓住了当下家庭概念的新变化，并将之体现在了新的广告中，为这个已有几十年历史的老品牌注入了新的活力。贝蒂妙厨的品牌形象也随着女性社会地位的转变而发生了深刻改变，1936年时，贝蒂妙厨的品牌形象是一个保守的家庭妇女；如今随着社会发展变化，其品牌形象变成了一个年轻有为的职业女性。可口可乐的品牌形象也随着社会的变化及流行因素的转变而不断发生变化。

## 启示4：付出努力

在本章一开始，我们举过一个手动挡汽车的例子，手动换挡对驾驶员来说只是操作几个动作而已，但是汽车内部却经过了复杂的联动反应。同样，当我们转动方向盘操作汽车转向时，看似简单的动作，汽车内部也要经过复杂的反应才能实现。对企业来说，实现转变也是这样一个看似简单，实际上却要经过一系列复杂的内部调整的过程。

哪怕是看上去轻微的转变，都要经过内部复杂的调整过程。例如，2010年时，红龙虾餐厅首席执行官基姆·洛普德鲁普决定调整餐厅定位，从过去讲究性价比，转变成注重新鲜与品质，并重新装修了整个后厨与就餐区域，取消了特价菜、炸大虾、冷冻食品，取而代之的是全木的装修风格、新的采购流程、更专业的服务、能制作高端菜肴的大厨。红龙虾餐馆并没有转行，也没有改变餐厅的主营内容（还是主打海鲜），仅仅是转变了定位，就需要付出如此多的精力与成本。试想一下，像IBM和康卡斯特这样体量巨大的巨头企业在实现转变时，要付出多少。

## 启示5：以不变应万变

卡兹熟食餐厅的管理层在为新餐厅选址时非常谨慎，经过了全面、认真的考量，放弃了很多看起来不错的地址，最终选定了在布鲁克林地区开设新店。对他们来说，保持卡兹餐厅百年来的传统是第一位的。转变需要大量的资源与时间，因此，需要谨慎对待。巴诺书店在当时错误地放弃了自己实体书店的定位，在研发平板电脑上投入过多成本，而没有在自己的核心领域，即实体书零售领域进行改革，最终导致了其转变失败。

# 第 七 章

**07**

领导力

在前几章中，我们探讨了实行转变的原因、转变前的准备及如何找准转变方向。实行转变是一个过程，需要在事先做好准备，在转变中克服种种困难与阻碍，还需要有一个有能力带领企业完成转变的核心领导人。本章探讨的核心就是领导力问题。

在谈到管理人员所必须具备的核心能力时，很多人会用到"愿景"这个词，所谓愿景就是指对公司未来发展的一种展望，且相信这种展望通过努力会被实现。这种说法其实是比较狭隘的，仅仅局限于预测未来发展与制定决策这两个维度，并不能真正反映出优秀管理人员的核心能力。我们认为，那些能带领企业实现转变的优秀管理人员要对消费者有深刻的理解，既要理解消费者的消费行为模式，了解他们希望解决的问题在哪里，也要对未来技术进步有充分的了解，能判断出未来技术能提供哪些解决方案，更要理解自己的公司在这个过程中扮演着什么角色，能利用现有技术与未来可能出现的技术生产出什么样的产品，提供什么样的服务，这些产品或服务能在多大程度上让企业在竞争中处于优势地位。与其用愿景这个词，不如使用周边视觉这个词。"周边视觉"这个词原本是医学名词，我们借用这个词来指代那些既能看到细节，又能看到全局的能力。具有周边视觉，意味着能从企业所处的大环境及未来发展趋势两个维度，给出企业实现转变的方向与细节。要具有这种能力，就需要管理人员走出原有的舒适区，就像本书第五章所说的，在舒适区内，很难看到外界环境变化，也很难看清企业内部的细节。

关于领导力和战略的许多传统智慧，都与军事搭边。看过电影《华尔街》

的读者，一定会记得片中由迈克尔·道格拉斯所扮演的戈登·盖柯对《孙子兵法》的推崇与依赖。

艾德·维克是扬罗必凯广告公司的前任董事会主席，他在服兵役期间，曾远赴越南执行任务。他曾担任海军军官，负责指挥船艇在湄公河三角洲作战，目睹了超过一半的战友在战斗中受伤或战死。由于表现出色，他获得了两枚铜星勋章和总统嘉奖令。这段兵役经历也深刻改变了他为人处世的方式。

在谈到如何在市场急剧变化的今天，保持企业强劲的盈利能力时，维克认为，企业的成功很大程度上取决于企业的管理层领导力如何。他说："在战场上，司令员决定战役成败，在商场上，管理者决定企业优劣。优秀的企业领导者能带领公司起死回生，扭亏为盈。假设你是一艘军舰的指挥官，半夜时分，遭遇到敌军偷袭，敌军在数量上占据了绝对优势，且你所在的军舰在偷袭中不幸被击中，正在缓慢下沉。此时，你该怎么办？在这种极端情况下，优秀的指挥官能顶住压力，沉着冷静地思考对策，他会依靠团队作战，动员所有的有生力量决一死战。这就是在生死间迸发出来的勇气与决绝。当然，在商场上，不会出现这么惨烈的情况。但是，在重压之下保持沉着冷静，却仍然是一名优秀的企业管理人员所必须掌握的能力。"

他认为："商场与战场有很多相似的地方，都有一个既定目标，为了实现这个目标，都需要冒一定的风险。不同点在于，在战场上，为了实现赢得战斗的目标，要冒的风险可能是失去生命，战场上的胜利很大程度上取决于忘却生死的全力以赴。将这种思维应用到商场上，就会形成与以往不同的新的思考方式。例如，在你要求员工做任何事之前，你应该先扪心自问，你愿不愿意做这件事。在商场上，通常都是老板对员工发号施令，要求员工冲在第一线；但是，在战场上，身先士卒、带头冲锋的往往是部队的指挥员。这就是我从战场上学到的管理经验，也是我认为非常重要的领导力特质。"

维克认为优秀的企业管理者应该具备以下领导力特质：

· 高瞻远瞩

· 全面思考

· 勇于接受改变

· 谨慎选择团队

· 相信自己的本能判断

· 待下宽容

· 充分信任下属，勇于担责

· 能做出艰难抉择

· 重压之下沉着冷静

· 果决坚定


能带领企业实现转变必须具备强大的领导力，这个领导力可以分为两类：一类是领导者自身所应该具备的性格与特质，另一类是处理周边关系所应该具备的特质。在维克所给出的这 10 个领导力特质中，前 5 个都是处理周边关系应该具备的特质，后 5 个都是领导者本身应该具备的特质。

近来，管理学领域对领导力的研究日益完善，出现了一整套关于提升领导力的理论与实践方法。这套理论建立在一个基本前提上，就是对领导者的判断，只有愿意接受转变，并着手开始实施转变的领导者，才适用这套理论。那些身居管理者位置，却拒绝实现转变的管理者，他们并不是真正的领导者，而是企业的看管者，他们并不适用这一套理论体系。这套理论体系涵盖了带领企业实现转变所必须具备的核心领导力特质，具体如下：

**表 7–1　领导力特质与企业绩效、实现转变的能力之间的关系**

| 企业绩效 |
| --- |
| ◆ 外在特质 |
| ·越是优秀的管理层，越有可能带领企业实现转变。 |
| ·管理层的任职时间长短影响公司绩效改善的可能性，管理层任期与企业绩效之间的关系类似于倒 U 型。 |
| ·过多纠缠于公司内部关系不利于提高公司绩效。 |
| ◆ 内在特质 |
| ·越是有个人魅力的领导，越容易受到员工拥护与追随。 |
| ·能坦然接受不确定性的领导者更容易带领公司实现转变。 |
| ·企业内部人才多样性有利于提高企业绩效。 |
| ·愿意信任下属并适当进行分权有利于提高员工忠诚度。 |
| ·优秀的领导者能看清现状并接受可能出现的不同结果。 |
| 实现转变的能力 |
| ◆ 外在特质 |
| ·职业经历丰富的领导者有助于带领企业实现转变。 |
| ◆ 内在特质 |
| ·优秀的领导者具有良好的心态，他们在做事时精力充沛、富有激情、能营造愉快轻松的工作氛围。 |
| ·领导者的充分自信有利于确保转变的一贯性。 |
| ·集体主义价值观有利于形成重视创新的企业文化。 |
| ·领导者对现实与目标之间关系的把握与正确认知，决定了企业的创新力。 |

在领导力的诸多核心特质中，领导者的个人魅力是非常重要的特质之一。在过去 25 年间，领导者个人魅力是管理学界的主要研究方向之一，与此有关的研究成果非常多。一般来说，领导者的个人魅力在动员、激励、启发员工方面，有着不可忽视的重要作用。尽管最近的研究成果对此有些异议，但总体来说，还不足以推翻这一基本判断。

表 7–1 中的部分特质是关于领导者个人方面的，有些是关于领导者与外界环境之间关系的，有些则两者兼有。例如，丰富的从业经历体现了领导者对外界环境的适应能力，个人魅力则是领导者的内在特质，而在工作中营造积极向上、愉快轻松的工作氛围，既体现了管理者自身的心态，也影响到了

周围的环境，是两者兼有的特质。

表 7-1 与维克给出的十大特质，基本上相互吻合。表格中所说的看清现状并接受可能出现的不同结果，与维克所说的勇于接受转变是一个意思；表格中所说的适当分权与集体主义价值观，与维克所说的充分信任下属并勇于担责是一个意思；表格中所说的自信、坦然接受不确定性，与维克所说的果决坚定、沉着冷静是一个意思。

下面，我们来看几个案例，以加深对这些领导力特质的理解。

## 第一个案例：约翰·塞克斯顿之于纽约大学

约翰·塞克斯顿在 2002 年至 2015 年期间担任纽约大学校长一职，是纽约大学的第 15 任校长。他的履历非常出色，曾是圣弗朗西斯学院的一名宗教学教授，并在 1970 年至 1975 年期间，担任该学院的系主任。1978 年，他在福特汉姆大学获得宗教学博士学位，1979 年在哈佛法学院获得法学博士学位。1980 年至 1981 年，他担任首席大法官沃伦·伯格的法律助理。1988 年至 2002 年，他担任了纽约大学法学院院长一职，2003 年至 2006 年，他在担任纽约大学校长之余，还兼任了纽约联邦储备银行董事会主席。2009 年，《时代》杂志评选美国最优秀的大学校长，他位列第二名。

塞克斯顿身材非常魁梧，但是脸上总是挂着温和的微笑，在见到陌生人时，他会热情拥抱对方以示友好。别人对他的第一印象总是很好，因为他总是表现得真诚友好。而他的这些特质，也是他带领纽约大学成功实现转变的重要因素之一。

塞克斯顿对别人总是非常信任，他自己将之归结于他的天主教信仰。作为一名虔诚的天主教徒，又接受了多年的普世主义教育，使他养成了真诚待人的处事方式。在他带领纽约大学实现转变的过程中，他的宗教信仰与哲学思维体系，发挥了至关重要的作用。在他看来，所谓普世主义就是"一种思维方式，这种思维方式与每个人看待世界的本能视角不同，而是一种多个角度、多个维度复合的思维方式"。正是基于这种思维方式，他能更好地包容与自己截然不同的合作伙伴与下属，并充分信任他们。他擅长换位思考，总是相信人性本善，愿意花时间与精力去理解不同的观点。在他看来，自己不是绝对真理，也没有人是绝对真理，人与人之间的互动与交流应该建立在相互信任、相互理解的基础之上。他认为，听取不同的意见，特别是认真听取批评，至关重要。只有通过认真倾听不同的声音，才有可能找到属于自己的转变之路。

承认多样性，是推进转变的基础与前提。沃伦·波尔克是华盛顿大学的教授，他在对半导体产业的研究中发现，企业管理层是否具备倾听不同声音的能力，是影响企业是否能成功实现转变的重要因素之一。那些重视企业内部多样性的企业，在实现转变时会更容易找到方向，也更容易坚持下来。塞克斯顿就是这样的管理者。

塞克斯顿的天主教信仰还让他高度自律。他认为，既然自己有能力，就不应该浪费这种能力，不应该虚度人生。而带领纽约大学实现转变，就是他的人生目标之一。优秀的领导者总是能从工作中找到使命感与责任感，并善于将之应用到管理工作中，潜移默化地感染与影响身边的同事。

在塞克斯顿看来，他最大的技能就是会讲故事，他擅长将空洞的理论与高大上的目标，用人们能接受的方式灌输给他们，帮助他们更好地理解转变的目标与路径，在内部争取认同感。没有认同感的组织，是无法走完转变之路的。在接任纽约大学校长一职后，塞克斯顿开启了自己的"讲故事"模式。

首先，他为实现转变找到了价值主张，所谓价值主张就是整个转变过程的"教学大纲"，包括今后纽约大学应该教授哪些科目，开设哪些课程，采取何种方式授课，等等。2002年，塞克斯顿刚接任校长一职时，纽约大学的处境岌岌可危。尽管纽约大学在过去取得了骄人的成绩，部分学院如法学院、美术学院、库朗数学研究所等也久负盛名，但是这些成就与纽约大学希望成为学术界领头羊的雄心壮志相比，还远远不够。与此同时，纽约大学的财务状况也不容乐观，所负债务是捐赠总额的 4 倍多，人均捐赠额只有 1.5 万美元。相比之下，哈佛、耶鲁、普林斯顿都超过了 200 万美元。这就直接导致了转变资金不足，任何想要通过资金投入来改变现状的方案，放在当时的纽约大学，都是行不通的。

其次，他善于站在发展的角度来看待问题。在他担任法学院院长期间，他经常去参加一些交流会议，这些会议都是由排名不如纽约大学的学校主办的。他之所以去参加这些会议，是因为他认为，这些学校现在所面临的问题，也许在未来的某一天纽约大学也会碰到，他希望在问题出现前就未雨绸缪，想好对策。

未来学家艾米·韦伯是纽约大学的校友，她非常赞同塞克斯顿的做法，她认为未来并不是一下子出现的，而是逐步展现到我们面前的，是从边缘领域发端并朝着主流领域演变的。塞克斯顿的这种未雨绸缪的做法，有助于更好地理解未来发展趋势，帮助纽约大学完成转变。

纽约大学尽管经济状况不佳，却拥有其他很多大学望尘莫及的重要资源。受到纽约市申办 2012 年奥运会的启发，虽然申办没有成功，但是为了申办所建设的各种基础设施与开展的各种文化宣传，已经深入了纽约市的城市骨架与肌理中。塞克斯顿认为，纽约市可以看作整个世界的一个微观缩影，而纽约大学就是这个微观缩影中的一部分。纽约大学没有大门、没有围墙，校区分布在纽约市的多个地区，城市即大学，大学即城市，纽约大学应该成为纽约市的核心所在。而如果纽约市是整个世界的缩影，那么纽约大学作为纽约市的核心，也应该成为世界学术圈的核心之一。他希望通过引入国际化的师资力量与生源，开设全球性的研究课程，打造更开放多元的纽约大学。在他看来，这就是纽约大学的核心价值，也是其 DNA。原来的纽约大学只是一所地区性的好大学，塞克斯顿想要通过努力，将其打造成全球性的顶尖大学之一。

塞克斯顿认为，纽约大学坐落在纽约这个国际化大都市，这是纽约大学的优势之一。很多来纽约大学上学的新生，可能从来没有吃过中国菜，来到纽约后，他们就可以有机会坐地铁去唐人街吃到中国菜，接触到不同的文化。但是，在他看来，在美国吃到中国菜，远不如通过国际交换项目将这个学生送到中国上海市去学习。正是基于这个考虑，纽约大学在全球范围内建立了多个交换生项目，纽约大学的学生不仅能在纽约学习，还有机会去世界各地学习。他们的交换生项目涵盖了以下城市：

- 阿拉伯联合酋长国的阿布扎比
- 加纳共和国首都阿克拉
- 德国的柏林市
- 阿根廷的首都布宜诺斯艾利斯
- 意大利的佛罗伦萨
- 英国首都伦敦
- 法国首都巴黎
- 捷克共和国首都布拉格
- 中国的上海
- 澳大利亚的悉尼
- 以色列的特拉维夫
- 美国的华盛顿特区

塞克斯顿认为，通过这种方式，既能让纽约大学的学生与教师走出去，也能将优秀的师资力量与生源吸引到纽约大学来，可以实现校内优秀人才的良性循环。纽约大学通过这种方式在世界上打响了知名度，让更多其他国家与地区的优秀年轻人才了解纽约大学，吸引他们到纽约大学来求学或任教。要是没有这个交换项目，很多其他国家的优秀人才可能根本不会关注到纽约大学。

塞克斯顿认为，纽约大学在阿布扎比的分校是世界上最好的学校之一，已经培养了超过600名学生，在这600人中，有6人获得了罗德奖学金。他们中的很多人来自贫民窟与偏远地区，阿布扎比分校的录取率高达90%，给了这些学生享受大学教学资源的机会。很多申请者甚至放弃了哈佛大学和牛津大学的录取机会，而选择去阿布扎比分校求学。

这种多校区的运行模式，对教职员工来说，也很有吸引力。他举了一个例子，有一个耶鲁大学的学者在美国工作生活了30年后，打算回到中国的故乡去执教。塞克斯顿给他打电话说："你根本不需要在美国与中国之间二选一，来纽约大学吧，我们可以让你两者兼有。"

在担任纽约大学校长的14年间，塞克斯顿不可避免地受到了一些批评与质疑，有些人认为他在处理纽约大学财务事宜上不负责任，有人说他缺乏包容性，有人批评他与人权情况不佳的国家合作办学。针对这些批评与质疑，塞克斯顿没有上社交网站去回应，而是将这些看成是完成转变无法避免的代价，是为了完成美好事业所必须承担的重担。事实上，任何一个稍微了解他的人都知道，他绝不是一个缺乏包容性的人。塞克斯顿在他强大的宗教信仰的鼓舞下，即使面对重压也能保持沉着冷静，当外面"枪林弹雨"太密集时，他就安静暂停，等待机会继续推进自己的改革方案。

塞克斯顿具有很多优秀的领导力特质，他能高瞻远瞩，有信仰，充满激情，善于换位思考，能团结与信任下属，能营造出积极进取的工作氛围。在他的带领下，纽约大学成功完成了转变，成为一所国际性的顶尖大学。今天的纽约大学很大程度上是塞克斯顿亲手打造的，没有塞克斯顿，就没有纽约大学辉煌的成绩与国际领先的学术地位。

在与塞克斯顿的会面中，我们对他卓越的工作，特别是为他成功带领纽约大学实现转变所做的一切表示了感谢与赞赏。塞克斯顿却更正道："这不是我的功劳，而是全体纽约大学教职员工的功劳。"从他的这个更正中，我们可以更了解他希望传达出来的集体主义的价值取向，他能给予下属与员工充分的信任，并勇于承担责任，这也是他成功的关键所在。

纽约大学的转变之路，过去是，现在仍然是一次冒险。塞克斯顿转述了他已故妻子丽萨的一番话，她认为纽约大学是一所很好的大学，完全可以尝试着争取成为世界级的顶尖大学。对哈佛大学与耶鲁大学这些本来已经是世界一流水平的大学来说，实现转变可能要承担太多的风险，从而导致他们不敢轻易尝试转变。但是，对纽约大学这样一所本来就处于危险境地、希望提升自身地位的大学来说，为了实现转变而承担风险是天经地义的。塞克斯顿接受了转变的这种不确定性，即使在认为只有60%可能性会成功的时候，仍然坚持推进改革、推动转变，并通过他的努力，将这60%变成了100%。

## 第二个案例：夏兰泽之于奥美集团

大卫·奥格威是广告业界最受尊敬，也是对广告发展影响最深的广告奇才之一。1948年，他在没有客户、只有2名员工的窘境中，成立了奥美广告公司，而这家奥美广告公司在日后成长为了全球最大的8家营销公司之一。直至今日，奥美发展成为在全球169个城市拥有450个办公地点的广告营销界巨头。

在成立之初，奥格威就致力于将奥美打造成与众不同的广告公司。作为一名广告领域的专家，奥格威深知品牌的力量，他希望通过"为一流公司打造一流品牌"的方式，来推动公司发展。奥美的企业DNA是通过聚集一流的人才，实现公司内部的多样性与运营管理的高效性。迄今为止，奥美帮助过美国运通、福特、雀巢、麦斯威尔、多芬、庞氏、IBM等世界级的公司打造品牌形象。

2016年，《广告周刊》将奥美选为年度全球最佳广告公司，入选的理由就是奥美在创造力方面的多样性优于同行业其他公司。《广告周刊》认为，奥美之所以能保持辉煌，归根结底得益于其对人才的挖掘与培养，特别是他们在提升管理层领导力方面所做出的不懈努力。

奥美公司成立至今，人才的培养与领导力的提升一直是他们首要关注的核心，也是让他们在行业里始终走在前列的关键。夏兰泽是奥美的现任董事长兼首席执行官，她在奥美供职超过 40 年，她认为奥美经历了两次复杂转变，而两次转变的原因都是快速变化的外界环境与激烈的市场竞争。在第一次转变中，奥美从一家单纯的广告公司，转变成了一家为客户提供市场营销、公共关系管理、品牌管理等全方位服务的公司。第二次转变中，她带领奥美适应互联网时代的新要求，进入了全面数字化时代，奥美从一家传统公司，转变成了第一批主动接受与适应数字化发展的公司之一。

奥美的竞争对手们在推动单一业务到全方位服务，传统公司到实现数字化办公这两项转变时，都半途而废，没有成功。奥美不仅在转变中幸存下来，还取得了让人瞩目的成功业绩，他们的秘诀是什么？

夏兰泽认为："就像奥美的创始人奥格威一直说的那样，取得成功的关键在于客户。详细讲，我们之所以能取得成功，关键在于我们重视我们的客户，注重培养与客户之间的良好互动关系。在服务客户时，我们总是对他们保持着好奇心，认真听取他们的需求，为他们提供合适的解决方案。例如，我每个月都要与 IBM 的营销主管会面一次，专门听取他们对市场营销的新需求，了解他们在与他们的客户互动中所看重的价值取向。我不会坐下来就直接抛给他们一个广告，问他们喜不喜欢，而是通过了解他们的价值取向与需求，来给出合适的方案。我会问他们，你们想要什么？你们想要消费者看到这个广告后怎么想？你们想让消费者怎么做？在给出方案之前，我会认真了解客户所在的行业领域，了解他们的价值取向，了解他们想要解决的问题症结，只有了解清楚这些前提条件，我才会开始制定方案。"

优秀的广告人都是具有好奇心的，就像夏兰泽女士那样，通过与客户之间的沟通，去寻找到解决问题的方法。她具有很强烈的好奇心，愿意花时间和精力与客户对话，倾听客户的需求，这也是她能长期保持卓越领导力的关键所在。实现转变的难点不在于应用某个新技术或是掌握某个新趋势，而是如何更高效地处理人与人之间的关系，特别是与客户之间的关系。而奥美的转变过程之所以被夏兰泽称为"复杂的转变"，就是因为要在转变中考虑到人的因素，特别是客户的因素。要另起炉灶或全部推倒重来，都不是难事，难的是如何在维持现有客户资源的前提下，实现转变。

在实现转变的过程中，优秀的人才也是成功的关键之一，要么让现有员工适应转变，要么就从企业外部寻找新的人才补充内部空缺。夏兰泽认为，由创始人奥格威创造的企业文化是保持公司强大竞争力的核心驱动力之一，在实现转变的过程中，她特别注重保护这种企业文化不被冲击，她经过深思熟虑，制定了应对策略，展现出了非凡的领导力。

她说道："转变过程中，我们面临的难题之一就是如何让员工保持进取心。他们已经在舒适区内待太久了，我们希望为他们提供新的发展环境，培养他们掌握新的技能，让他们适应快速发展变化的外界环境。当然，并不是所有的员工都愿意，都想要，都能够这样做的。针对这种情况，作为管理者，我们就要认真评估这个员工的后续发展或者去留问题了。我们需要的是那种能适应时代变化，不断满足客户的新需求，能保持核心竞争力的员工。我们希望员工在面对新的挑战时，能跃跃欲试，而不是龟缩在舒适区里不敢上前。这才是整个转变过程中最难做到的一环。"

领导者固然可以决定是否推行转变，但是，转变成功的关键却在于能说服多少人与你一起干。这是一件说起来很简单，做起来异常困难的事。夏兰泽思维敏捷，善于换位思考，能认真倾听客户需求，在重压之下能保持沉着冷静，她在不破坏公司悠久而广受认同的企业文化的前提下，最大可能地在公司内部取得了共识，带领奥美成功完成了转变。她所保护的这个企业文化是她所熟悉、认同且感到舒适的文化，也是奥美内部广受认同的文化。她认为："奥格威对奥美的影响非常深刻，时至今日，他所倡导的企业文化仍然是奥美的核心竞争力之一。对我来说，要以改革者的姿态，完成公司的转变，就不可避免地涉及企业文化保护问题。对我们奥美人来说，这个企业文化是我们深深认同且不断加以实践的文化，是我们的真实体现，在实现转变的过程中，做真实的自我是推动转变成功的内在驱动力之一。"

作为优秀的领导者，夏兰泽也深知坚持的力量。她在制定战略时，考虑到了循序渐进，为后期的调整预留了空间。从一家单一的广告公司转变成一家全方位的营销传播公司，是一个马拉松式的努力过程。作为这场马拉松的领导者，她必须具备足够的意志力、耐心，从长远利益着手，一步一个脚印地推动转变。她说道："实现转变是一场持久战，有时候需要坐下来想一想，下一个阶段的工作目标是什么，理清一下工作思路。在我的办公桌上放着一个便签，上面写着我希望在接下来一年内完成的事项清单。为了提高时间利用效率，我会优先考虑完成其中最重要的事项，然后再完成次要的。我不想自己终日无意义地忙碌，因此我把这个便签放在办公桌最显眼的位置，以时刻提醒自己集中精力。"

## 第三个案例：道格拉斯·布朗斯基之于纽约中央公园

道格拉斯·布朗斯基深知所有的转变都不可能一蹴而就，他 20 年如一日，致力于中央公园的改革与维护工作，将其打造成了曼哈顿地区的地标性公园。纽约中央公园是美国历史上第一个大型公共公园，也是美国人最珍惜的公共财产之一，建成至今已经 100 多年，接待了上千万来自世界各地的游客及纽约本地居民。在历史上，中央公园曾有过一段衰败时期，正是布朗斯基临危接手，带领一群形形色色的选民，将中央公园重新打造成了享誉国内外的知名公园。

1853 年，纽约州议会决定拨出 750 英亩土地，在曼哈顿中心地区建设一个大型的城市公园，为改善公共卫生和推进公民社会形成做出贡献。20 世纪初期，由于社会大环境的改变，特别是政治经济环境的改变，中央公园经历了第一次大衰落危机。1934 年至 1960 年期间，罗伯特·摩西担任公园管理者期间，争取到了联邦基金的资助，修葺了公园内早已被侵蚀破坏的景观与许多摇摇欲坠的建筑物，但是，直到他离任，他所推进的改革措施还没有完全实施，公园管理方面也不甚理想，游客在游玩时破坏公园景观的现象时有发生。接下来 20 年间，中央公园遭遇到了第二次大规模的衰落。

对当时的情况，中央公园保护网站这样写道："中央公园一直处于衰落状态，园内的草地变成了垃圾场，长椅、路灯、运动设施等都被破坏了，有着 100 多年历史的基础设施都变得摇摇欲坠。人们对中央公园随意处置，毫不珍惜，公园内到处都是垃圾、涂鸦，经常有人恶意破坏公园设施。公园内充斥着非法活动，像是一个无法无天的危险废墟。尽管公园管理处有 300 多名员工在公园里从事各种工作，但是由于没有问责制，工作效率与质量堪忧。纽约市政府对中央公园不闻不问，这个公共财富正在变成公共耻辱。"

当时，哥伦比亚大学的一个学术团队以中央公园的保护为主题开展了课题研究，并形成了一个轰动一时的课题报告。得益于这份课题报告，有关部门实行了两项改革措施：一是设立一个管理岗位，主要负责公园管理事宜，二是成立中央公园保护协会，监督各项政策和措施落地，推动普通市民参与公园保护。1979 年，贝琪·巴洛担任公园管理员，负责公园的日常管理与运行工作。她毕业于耶鲁大学，是一名城市规划师。在她任内，巴洛推动了公共管理与私人资金合作的新模式，让私人捐赠直接用于公园重建与维护。1980 年，两家致力于中央公园保护的私人组织合并成为纽约中央公园保护协会，在保护协会的资金支持与努力下，中央公园开始逐渐复苏。此后，越来越多的个人、基金会与企业都参与到公园的维护与修复工作中来。

1998 年，中央公园保护协会与纽约市政府达成了一项管理协议，双方一致同意由布朗斯基负责公园管理工作。2004 年，布朗斯基出任中央公园保护协会主席和首席执行官，不仅负责公园管理工作，还负责筹款事宜。在他的带领下，中央公园保护协会完成了转变，变成了城市绿色环保领域的标杆。斯蒂夫·查马奇曾是保护协会的执行委员和顾问，现任保护协会的创意总监一职，在谈到布朗斯基带领保护协会实现转变时，他说道："我永远记得第一次与布朗斯基见面的情景，他穿着运动夹克，系着领带，戴着一顶棒球帽，脚上穿着一双脏脏的板鞋。他是个让人信任的人，也是个随和的人，他对自己非常了解。他不像是银行家那样光鲜亮丽，而是像一个整天都在公园里转悠的普通人，与女性志愿者聊聊公园里的花，与园丁讨论下哪种草能经受得住频繁踩踏，与维修工人探讨怎么修理运动设施。但是，他也可以游刃有余地与商界人士打交道，争取他们的信任与理解，为协会募集资金。在他所有的优秀品质里，最重要的一项就是他的责任心。他能促使人们负责任地完成工作，为自己的行为负责。"

在谈到布朗斯基的领导力时，查马奇举了一个例子。有一天，美国铝业公司来到中央公园做团建，通过鼓励员工在公园里志愿劳动来增进员工之间的感情，同时也为城市发展做出贡献。美国铝业公司的首席执行官在总结讲话时，先是感谢了员工们的辛勤劳动，然后话锋一转，批评布朗斯基说公园里的垃圾桶居然都是塑料做的，而不是更环保的铝做的。查马奇说道："布兰斯基对公园情况非常了解，应变能力非常强，他立刻对这位首席执行官说：'如果你们能捐赠给我们一些更环保的铝制垃圾桶，那就是对公园维护工作最大的支持了。'第二天，他就收到了美国铝业公司寄来的捐赠支票。他就是这样一个有魅力的人，为了协会的发展，他会竭尽所能地贡献自己的力量，用热情与真诚去打动每一个人。"

布朗斯基对中央公园的发展有一个清晰的愿景，这是他能成功推动转变的关键因素。在过去几年中，他创新了一系列管理措施，更好地维护了公园内的基础设施。他还创造性地引入区域管理体系，该体系不仅有量化的规范性标准，还有考核问责方法，细化了工作职责与责任范围，压实了工作责任。

布朗斯基说："我认为引入责任制非常重要。在此之前，我们根本没有一个可以实施的量化考核问责标准体系。很多工作都没人做，没人管，今天来个人修理树木，明天来个人修理机器，根本不成系统。监督问责是我们一直想做的事情之一，上一任的管理员第一次将责任制引入到公园管理中，我希望在我任内能进一步完善这个责任制，使之切实可行。正是基于这个考虑，我们推出了区域管理体系，将整个公园划分为若干个包干区，由特定的员工来负责该区域的所有事宜，包括倾倒垃圾桶、清理涂鸦、打扫人行道、维护基础设施等。"

布朗斯基带领着他的团队，绘制了中央公园的总地形图，并合理划分了包干区域，最终划定了 49 个包干区域，每个区域安排一个指定人员负责管理。他说道："每个区域负责人都要掌握自己包干区内的所有工作，还要引导游客合理对待与使用公园设施，爱护公园绿化。一开始推行时，非常困难，但是随着时间的推移，情况变得越来越好。将责任制引入管理中，将责任感与包干区域联系起来，也有利于增强区域管理人员的自我意识，培养他们的责任感与成就感。我们赋予区域管理人员非常大的权限，整个区域内的所有事宜都由他说了算，如果他认为自己的包干区内有树木需要修剪或砍伐、有垃圾桶需要清理、有涂鸦需要清除，只要他决定要做，我们就支持他去做，并为他提供必要的支持与帮助。"

这种划分区域实行包干管理的方法，有助于增加团队之间的良性竞争，区域管理人员之间会因此彼此关注、彼此学习、彼此切磋。通过实行责任制与分权制，每个区域管理人员都要对自己的区域负责，都有属于自己的目标，都有权处置自己区域内的事宜，从而实现自我价值，有利于提高员工的成就感。

布朗斯基曾是一名景观设计师，他的职业训练就包括了既重视工作战略制定，又注重实际实施细节，他的这种特质使得他广受员工的信任。他认为："每天坐在办公室里没法管理好公园，我会走出去与不同的人交流，这大概也是我这份工作与众不同的地方吧。我需要与来公园遛狗散步的人打交道，也需要与区域管理人员打交道，还需要与捐款人或市长打交道。对很多人来说，每天与这么多不同种类的人打交道，让每一个人都感到满意，是非常困难的一件事，但是对我来说，我很清醒地知道自己正在干什么，以及为什么这么干。我知道管理好一个公园需要做哪些工作，这些不同的人群都能为我管理好公园提供有益的帮助与启发。我关注每一个来公园的人，无论是想安静坐在长椅上看报纸的老年人，只想坐着发呆看看人来人往其他什么也不做的年轻人，推着婴儿车的妈妈们，还是刚刚经历了不幸只想自己一个人待着的可怜人，这个公园是他们生活品质的一部分，是他们精神生活的一部分，这些普通人就是公园的主要游客，他们是沉默的大多数。我始终告诉自己，喊得最响亮的未必是最重要的，那些沉默的反而更值得我们去关注。"

正如布朗斯基所言，没有什么领导力比深刻理解自己的产品与客户更重要了，而这种深刻理解是可以通过语言及行动体现出来的。他对自己的产品——中央公园了若指掌，根本不需要别人来告诉他应该怎么做，他对公园的长远发展有自己独特的思考与规划，也有决心与动力实现这一可持续发展的目标。在成功推行了一系列改革措施后，他没有自满，反而在创新的路上越走越远。例如，他推动成立了城市公园研究协会，作为保护协会的学术分支，主要负责在儿童中开展环境保护教育，同时也为成年人提供环境保护方面的演讲与课程。城市公园研究协会还致力于推动其他城市、其他国家的城市公园保护项目，让当地居民也参与到城市公园保护工作中来。布朗斯基是一个认真的倾听者，他擅长与不同群体交流，具有出色的领导力，推动了保护协会内部、不同群体之间、协会与外部社会之间，达成保护工作的共识。

在布朗斯基的带领下，中央公园保护协会完成了转变，取得了骄人的成绩。全国各地，甚至全世界各地的公园管理人员都从他们的经验中受益良多。在取得成绩后，他也没有坐享其成，而是继续努力，成立了研究协会，为环保理念传承给下一代做出了贡献。从领导力上来看，布朗斯基是值得信任的领导者，他对自己的工作了若指掌，对未来的发展有着清晰的愿景与规划，正是他的不懈努力，才有了今天的中央公园。

## 第四个案例：福布斯传媒：逆境是重生之母

布鲁斯·罗杰斯是福布斯传媒的首席洞察官，他在与我们交流时谈到了当前媒体的状况，他认为："对福布斯传媒来说，真的已经到了生死存亡之时。现在这个时代已经不是我们一厢情愿地用长期战略就能忽悠过去的时代了，时代变化之快，让我们不得不以最快的速度做出彻底改变，否则就有可能被淘汰出局。媒体行业的旧格局已经分崩离析，福布斯传媒也处于风口浪尖。当然，我们一直相信逆境是创新之母，身处逆境反而能让我们看清未来。"

随着移动技术的日新月异，人们对媒体的观念也在重塑。越来越多的人通过移动设备获取、分享信息，只要有一台笔记本电脑、一个手机或者一个平板，登录到任何一个社交媒体平台上，就能获取到海量信息，通过新闻媒体获取信息的传统模式已经逐渐被时代所淘汰。千禧一代到 2020 年之后，成为美国社会劳动力的主力，占全部劳动力的一半以上，他们已经完全抛弃了父辈们那一套通过报纸或杂志获取信息的方式，而年龄更小的青少年群体则更是网络一族。根据皮尤研究中心及尼尔森媒体研究机构的数据显示，20世纪 80 年代以来，有线电视与有线新闻网的收视率在逐年下降，只有到选举年会出现小幅度的回升。传统的媒体格局已经一去不复返，即使是四五十岁的中年人群体也在努力适应新媒体，频繁使用移动设备获取信息。消费者行为的改变深刻影响了传统新闻媒体的格局，《商业周刊》被彭博社收购，《时代》杂志裁员数百人，《华尔街日报》缩减了工作日印刷版面，《新闻周刊》开辟了网上新闻平台。

福布斯传媒同样面临着从传统媒体向数字化媒体转变的挑战，在公司首席执行官麦克·佩里斯的带领下，福布斯传媒对原有的商业模式进行了全面检视，在保持核心价值与企业 DNA 不变的前提下，开展了一系列改革。

2010 年左右，福布斯传媒的领导层主要由以下几人组成：首席执行官麦克·佩里斯，首席运营官提摩西·福布斯，首席洞察官布鲁斯·罗杰斯，产品总监刘易斯·德沃金。其中，刘易斯·德沃金原本是一家网络新闻平台的创始人，该平台被福布斯收购后，德沃金就加入了福布斯传媒，成了公司的产品总监。这些高管共同组成了当时福布斯传媒的领导层，他们齐心协力，带领福布斯传媒实现了向数字化媒体转变的壮举，改变了过去依靠广告收入支撑的盈利模式。

福布斯传媒的这个领导层之所以能成功带领公司完成转变，一方面得益于他们对未来发展趋势的精准把握，他们不仅知道应该做什么，还知道不应该做什么，另一方面得益于他们的大胆实践，为了提高产品的相关性，他们愿意承担不确定的风险。

实现转变并不仅仅是将纸质的报纸杂志，变成数字化的新闻平台。很多传统新闻媒体都在试图做出转变，但是，他们对未来发展趋势的把握都带有一定的局限性，不能从全局的、发展的角度去正确看待行业发展前景。他们知道数字化取代纸质报纸杂志是大势所趋，就简单粗暴地搞一个网上平台，将原本印刷到纸上的内容全部搬到网上，以为这样大功告成了。他们的这种做法仅仅是将网络作为一个二级分销渠道，而不是将其作为一种全新的媒体模式。他们不了解网络的运作法则，不了解消费者对待网络信息的消费习惯与心态，归根结底，他们还是没有改变过去的传统思维模式，还在用传统的手段做新闻。

从内容上来看，很多传统新闻媒体还停留在过去一张报纸、一本杂志固定篇幅的框架中。随着网络的兴起，消费者对信息的需求量与日俱增，他们不再满足于过去额定数量的新闻内容，而是希望尽可能多地获取自己感兴趣的内容。传统新闻媒体面临着彼此之间的竞争，还要与日益兴起的新媒体竞争，而随着科技的进步与互联网的普及，人人都可以自己制作、编辑、发布信息，自媒体时代已经悄然来临。很多传统新闻媒体也许看到了这一发展趋势，但是受限于自身资源与能力，无法及时实现转变，也无法满足消费者这一日益增长的需求。他们在面对新媒体的挑战时，表现得束手无策。

那么，福布斯传媒是如何在这种挑战面前成功实现转变的呢？答案很简单，他们推出了一个线上平台 Forbes.com，该平台不仅刊登福布斯传媒的全职记者撰写的稿件，还允许外来人士在该平台上开设自己的主页，然后更新内容。这样一来网站上不仅有福布斯传媒自己的记者提供的高质量内容，还有各色各样的外来人士提供的丰富内容，既保证了网站内容的质量，又能提高网站内容的数量。与此同时，他们还创新解决了线上平台如何打广告的问题。对此，罗杰斯说道："过去我们的经营模式是自己聘用全职人员，自己出版内容，现在我们转变成了全职人员与投稿制相结合的新模式。采取投稿制能让我们的平台在内容上更丰富，让读者能看到各种不同的观点。这个平台借助于福布斯传媒的金字招牌不断扩大影响力，同时，反过来帮助我们降低了结构成本，大大提高了信息的数量。在这个数量至上的时代，拥有信息量就等于拥有读者群体，拥有大量的信息，就等于拥有大量的读者。在过去100多年里，福布斯传媒经历风风雨雨一路走到今天，如今，我们面临着数字化这个巨大的挑战，我们相信，通过我们的努力，一定能带领福布斯传媒成功实现转变。"

提摩西·福布斯认为，上线这个新平台固然是应对数字化发展的良策，但这只是治标之策，不是实现转变的治本之策。在他的提议下，福布斯传媒的领导层先是对德沃金的新媒体平台进行了投资，后又对其进行了收购，邀请德沃金担任福布斯传媒的产品总监。有了德沃金的这个新媒体平台，福布斯传媒就不用从零做起，重新去打造自己的平台了，对实现转变来说，可以说是事半功倍。

德沃金的这个新媒体平台采取奖金制，根据每个作者在平台上发布内容的点击量，给予作者一定比例的奖励，这在当时是非常先进的理念。此外，德沃金还允许品牌方在平台上打广告做推广，部分业内人士认为这种做法不妥，但是德沃金却认为这是支撑平台长久发展的必然之路。德沃金明白内容的重要性，内容合不合读者口味是这个平台生存下去的关键所在，他的这种观点与一向重视品牌口碑的福布斯不谋而合。

德沃金的从业经历非常丰富，曾在多家知名媒体担任作家与编辑，他非常熟悉像福布斯传媒这样的依靠广告收入的传统媒体。德沃金在担任福布斯传媒的产品总监后，带领福布斯走上了一条与大多数同行截然不同的转变之路，他们没有简单粗暴地将纸质内容一股脑儿全部搬到网上，而是与2000多名自由撰稿人签约，邀请他们在福布斯线上平台上发布自己的作品。这些自由撰稿人来自各个领域，有作家、学者、商业领袖、自由记者等，他们在福布斯的线上平台上开设自己的主页，然后根据自己擅长的领域，定期更新内容。每一位撰稿人有自己独特的主题，其内容在发布之前，都会受到福布斯传媒编辑的审核。福布斯传媒为此专门组建了一个审核团队，以检测平台上更新的内容，把控文章的质量。与此同时，该平台允许品牌方开设主页，在平台上更新营销推广类的内容。这种模式推出后，受到了市场的认可，从2010年到2017年，该平台月均访客数量从1500万人次，上升到了创纪录的5600万人次。对此，德沃金说道："我们这个平台内容非常丰富，有科技方面的内容，也有投资理财与企业经营等方面的内容。我们专门设立了一个团队来把控这些文章的质量，从事质量审核的工作人员都是福布斯传媒内部有十几二十年从业经验的老编辑，他们对审核文章非常有经验，也很认真负责。"

以该平台的科技频道为例，通常会有一个频道责任编辑，主要负责整体内容的把握，若干名全职工作人员负责审核内容，若干名撰稿人负责更新内容。频道责任编辑与副主编一起负责招募新的撰稿人，把控整个频道的内容走向。一旦招募到了新的撰稿人，就会有一名资深制作人负责与其接洽，帮助新的撰稿人明确撰稿的主题与方向，帮助他一起解决可能遇到的问题。此外，还会有一名平台使用方面的专业人士负责帮助撰稿人学会使用平台发布文章，帮助他们解决使用网站过程中出现的任何问题。一旦撰稿人发布了新内容，制作人就会第一时间对其进行审核，确保新发布的文章符合福布斯一贯以来的稿件质量标准。

业内也有部分人士对福布斯的这种创新做法表达了不满，认为这是对新闻职业道德的践踏。对此，德沃金回应道："记者们总是认为自己是读者们的保护者。但是，某个领域的专家比起记者来，在发布新闻信息方面，毫不逊色。"他所谓的"某个领域的专家"就是指那些自由撰稿人与品牌方。他认为："我们通过努力，形成了一种高质量、高效率、可扩展的新闻模式，为读者提供了更全面、更深入、更丰富的内容。"

罗杰斯则认为："我们做了前所未有的创新，但是在对自由撰稿人的筛选与内容的质量把控方面，还是秉持着严肃谨慎的原则。通过这套筛选与把控机制，我们平台上的内容在数量与质量上都堪称上乘。提摩西·福布斯是一个很有远见的领导者，他看到了新闻媒体行业未来发展的趋势，收购了德沃金的新媒体平台，并将之整合到了 Forbes.com 这一平台中，让我们能在坚持自身品牌价值的前提下，积极应对新媒体时代带来的挑战。福布斯这个品牌从诞生之日起至今，一直坚持着自身固有的价值体系，这是我们赖以生存的根本所在，也是我们成功的关键所在。"

2016 年，福布斯传媒首席执行官在接受美国全国广播公司财经频道采访时。在谈到公司实现转变，特别是实现了盈利方面的大幅上涨时，他这样说道："一切都取决于内容。在媒体行业，谁拥有好内容，谁就拥有忠实的读者群体。而读者与媒体之间的忠诚度，决定了该媒体的商业价值。拥有庞大读者群体的媒体既可以通过收费订阅获利，也可以通过广告收入获利。我们的读者群体遍布全球，阅读量超过了 7500 万人次。（作者注：截至本文写作时，福布斯平台上的阅读量已经超过了 9400 万人次。）我们广告收入的 75% 至80% 来自线上平台，当然这个数字还在持续增长中。从我们的经验来看，做好产品是第一位的，只要你有一个好的产品，能满足消费者的需求，受到消费者的喜爱，盈利对你来说就是迟早的事。"

当我们与罗杰斯谈到实现转变这个话题时，他说道："任何行业都面临着持续的变化，媒体行业也是一样。我们处在一个瞬息万变的环境中，这迫使我们不得不时刻努力往前，以保持在行业中的竞争力。转变必然会带来阵痛，我们经历了从传统媒体向数字化转变的过程，从过去'命令—支配型'的管理模式，转变成为更开放更灵活更多元的管理模式，其间经历了许多困难与挫折。我们希望通过努力，在坚持自身价值体系的前提下，建立一个更可持续发展的盈利模式。对我们来说，明白自身的定位，坚持固有的价值体系，远远比单纯建立一套经营模式要难得多，也重要得多。从诞生之日起，福布斯的这套价值体系一直传承至今，这是我们的根本。我们的首席执行官佩里斯经常说，福布斯是一个百年品牌，其内在价值体系是我们工作的内在驱动力。确实，福布斯传媒自1917年成立至今，一直致力于为读者提供高质量的文章、具有启发性的灵感与深刻的见解。我们的读者认同我们的价值体系，了解我们的工作标准，接受我们的表达方式。今后，我们会一如既往地传承内在价值，更加努力地将福布斯这个品牌做强做大。"

福布斯传媒的领导层很有前瞻性，也很大胆，在他们的带领下，福布斯传媒做出了战略转变。尽管他们的这一转变让同行们惴惴不安，但从效果来看，收效颇丰。福布斯的转变为传统媒体在网络时代成功实现转型提供了一个范本，它所提供的转变路径将传统新闻媒体与自媒体结合起来，在数字化时代，实现了流量与利润的双丰收。福布斯传媒通过转变，从一个拥有百年历史的传统新闻媒体，变成了一个能娴熟使用新技术、满足读者新需求的全新媒体。

## 第五个案例：哥伦比亚语法预备学校：用坦诚和决心重建学校

1981 年，当理查德·索格阳博士接手哥伦比亚语法预备学校时，他面临的是一个名副其实的烂摊子，用他自己的话说就是："学校濒临破产边缘，教学楼都已经被卖掉了，教师工资发不出来，教学设施严重不足，年久失修，学生家长对我们非常不满，孩子们根本考不上理想中的大学。我要做的就是重整这个烂摊子。"索格阳博士当时面临的问题已经不能用转变来概括了，用重建来概括可能更合适一些。其实，哥伦比亚语法预备学校是一所历史悠久的男女同校教育机构，曾经在曼哈顿上西区备受推崇。索格阳博士接手该校后，实施了一系列改革与重建措施，最终重新将这所学校带回了巅峰。哥伦比亚语法预备学校的校园面积是整个曼哈顿地区私立学校里面最大的，拥有 1300 名学生，涵盖了从幼儿园到高中的所有课程，也是美国历史最悠久的私立学校。2014 年时，这所学校举办了 250 周年校庆典礼。

本书的作者之一，艾伦·亚当森在小儿子幼儿园毕业后，就一直为他在全纽约范围内寻找合适的学校，他理想中的学校既要有优秀的教学质量，又要注重孩子的社会化发展。他为此询问了不少专业人士，每个人都向他推荐了哥伦比亚语法预备学校，大家一致认为这所学校既能提供优秀的教学，又注重对孩子人格的养成，还是一所以家庭为中心的学校。

这些口碑都是索格阳博士辛苦努力几十年的结果，其实，我们从他每天早晨风雨无阻地站在校门口迎接学生这一点就能看出他对学校的用心之深。正是他的这份坚持与努力，在几十年间，将哥伦比亚语法预备学校从一个濒临倒闭的烂摊子，重建成了一所享有良好口碑的优秀私立学校。

哥伦比亚语法预备学校成立于 1764 年，其前身是国王学院的预科男校，后改名为哥伦比亚大学预科学校，在 1864 年成了一所独立的私立学校。此后学校发展一直非常稳定，直到 20 世纪 70 年代，随着经济环境的变化，哥伦比亚语法预备学校与许多学校一样，都进入了衰退期。

1981 年，索格阳被任命为该校的第十三任校长。当时，学校的状况非常糟糕，一度濒临破产，校内设施年久失修，根本无法使用，家长们对学校极度不满，纷纷表示要给孩子办理转学。面对这个烂摊子，索格阳选择了埋头苦干，他说："我是抱着创业的心态去做这份工作的。人们要看到的不是我的口头承诺，不是我的蓝图与愿景，他们希望看到的是我的行动。我希望通过我的一言一行，来传达重建学校的信念。我当时抱着一腔热血，下定决心要将这件事做好，做成功，因为对我来说，这是我的责任与使命。"

索格阳博士说话时亲切随和，对别人非常真诚，但是他的内心却充满激情，一旦明确目标，就会不遗余力地去实现它。他的这种个人魅力很容易争取到别人的信任，当他决心要重建学校时，家长与教职员工都愿意相信、支持他。

在接手学校后，索格阳博士就召集了全体家长开会，他在会上明确要求家长们预先支付明年学费的 20%，用于缓解学校目前的困境，并且明确告知家长们学费会逐渐上涨，上涨的部分主要用于维修学校内的基础设施、聘请更多的教职员工、开设更多的课程。他这样做违背了学校董事会的意见，学校董事会认为，如果直接跟家长要求涨学费会导致更多的家长办理转学。但事实上，家长们都非常欣赏索格阳博士的坦诚，被他的信念所打动，纷纷配合他的工作。索格阳回忆道："当时，我告诉家长们说学费要上涨 17.5%，这个数字是我经过计算后得出的，有了这笔钱，我就可以修理教学设施、聘用更好的教师、提供更好的课程。我跟家长们说，你们付出这笔钱，将会换来一个更好的学校，我们从现在开始，一起携手打造这个理想中的学校。没想到我的这番说辞效果不错，没有一个家长为了涨学费这件事而给孩子办理转学。这就是我们实现转变的第一步。"

索格阳拿到资金后，就开始着手学校设施的维修工作，剥落的油漆、漏水的水管、不合标准的供电系统、不再喷水的喷泉，等着他的都是这些琐碎却又不能被忽视的问题。索格阳说道："我当时面临着很多棘手的问题，整个学校都亟待修复重建。还要考虑很多长远性的问题，像是给教师涨工资，如何说服更优秀的教师来学校任教，等等。当时我们的资金非常紧张，在这种情况下，根本没有优秀的教师愿意来任教。我们也没钱请专业团队来负责校园的重建，只好请了一个懂水电和管道维修的维修工来做修复工作。为了省钱，我们真是想尽了办法。"

他这种节俭办学的理念深入到了整个重建工作中，他甚至改变了私立学校必须依靠捐赠来维持日常运作的惯例，仅仅依靠学生缴纳的学费就支撑起了整个重建工作。他说道："我们从来不乱花钱，在重建过程中，我们没有乱花一分捐赠。我们的理念很简单，学费是用来维持当下的运作的，而捐赠则是用来为以后的长远发展做准备的。我们通过精简行政机构的方式，来维持这种量入为出的运作模式。"

索格阳通过降低学校的日常运营费用，将更多的资金投入到维修校园基础设施与提高教师待遇方面。对当时的哥伦比亚语法预备学校来说，特别是对家长们来说，维修校园与提高教学质量是重中之重，也是增加入学人数的关键所在。通过精简行政机构，索格阳带领他的教职员工们将每一分钱都花在了刀刃上，学校的声誉因为索格阳的这种坦诚与务实而逐渐回升。他说："我经常与家长们座谈，向他们描述我的计划与蓝图，争取他们的支持。有一个家长提议说，我们可以做一个街头募捐，所得收入都用来支持学校重建工作。这个倡议很快得到了大家的响应，直至今日，这个募捐活动已经持续34年了，成了我们的常规筹款活动之一。还有一位家长在听了我的计划后，慷慨解囊，给我们捐赠了很大一笔资金，这笔资金应该是当时收到的最大一笔捐款了，我们邀请他加入董事会担任财务主管，他也非常乐意，一直担任了10年之久。很多时候，我都是在做这种说服别人、争取别人支持的事；我与家长们面对面的座谈，向他们描述我们的重建计划，最大可能地争取他们的支持与参与。对我们这样的非营利组织来说，很多时候，说服别人除了要有理性的数据与论据之外，还需要打打感情牌，向别人袒露你的真心，以此来换取别人的真心。"

艾伦·亚当森的小儿子也在哥伦比亚语法预备学校就读，作为学生家长，他对索格阳的这种坦诚沟通有着深刻的体会，在他看来，这种坦诚并不是索格阳在重建时期刻意为之的无奈之举，而是他性格本身固有的特质。索格阳说："我希望我们的学校能给大家一种亲切友好的、家庭般的温暖。在我担任校长的这35年里，我很少发布行政命令指挥别人去做什么事，教师们不会收到来自校长的任何指示。我习惯在自助餐厅、走廊上、校园小径上、教室里，跟他们面对面交流。尽管我们是一个非常正式、规模很大的私立学校，但是，我还是习惯用这种非正式的方式来与我的教职员工们交流。我要求自己必须走出办公室，去与别人沟通交流，成为这个学校的一分子，与每个人都保持良好的关系。"

在索格阳的带领下，哥伦比亚语法预备学校经历了深刻蜕变，学校规模快速扩大，学校口碑与地位日益上升。这都要得益于他的这种面对面沟通交流的领导方式，得益于他的坦诚、平易近人、亲切友好。索格阳说道："我希望营造一种宽松包容、有灵活性、能吸引别人的学校环境。我在这35年里收获很多，过得很开心。我全身心投入到这项事业中，我深知这件事没有捷径可走，也不可能一蹴而就，我们通过日复一日的努力，彻底转变了学校的面貌。如今的哥伦比亚语法预备学校，是一所以学生发展为核心的优秀私立学校。"

# 本章小结

本章探讨了5个关于领导力的案例，可以归纳出如下几点启示：

## 启示1：优秀的领导者不仅具有前瞻性，还具有全面性

夏兰泽带领奥美实现了转变，将奥美从一家传统广告公司，转变成了一家提供全方位营销与广告服务的公司。她的成功秘诀在于做到了三件事：一是深刻理解客户的需求，二是深刻理解员工的能力，三是深刻理解奥美的内在价值体系与企业文化。

夏兰泽就是典型的既具有前瞻性又具有全面性的优秀领导者，她的前瞻性让她能从发展的角度来看待问题，她的全面性则让她在实践过程中游刃有余。路易威登集团的总经理托尼·贝罗尼认为，相较于前瞻性，具有全面性更难得："试想一下，一个冲浪运动员在波浪上要保持平衡，必须要同时对海浪的高度与速度、风速、水流速度保持快速反应，他必须同时感受到这些因素，并做出综合性的判断，才能在惊涛骇浪中立于潮头。在冲浪过程中，为了保持平衡，他必须要快速做出应对，很多时候，这种应对都是本能反应。波浪不断往前翻滚，不停变换形状，潮起潮落，很多细微的变化都会影响到他的平衡，他必须时刻根据各种因素的变化，及时做出正确的应对。这就是全面性的重要作用。"

## 启示2：领导者的经历影响公司发展水平

道格拉斯·布朗斯基是景观设计师出身，具有丰富的从业经验，这为他后来主导中央公园的复兴工作提供了良好的信誉与行业背景。他了解游客们对公园的各种不同需求，知道哪种草最能抵抗踩踏的破坏，他与各种人群沟通交流，无论是游客、工作人员还是地方官员都对他非常信任。

福布斯传媒的领导层，特别是刘易斯·德沃金，在数字化平台运营方面有着丰富的经验，他在福布斯的工作经历让他非常了解传统新闻媒体的运作模式，这两种经验的叠加，让他成了公司里备受信任的产品总监。

福布斯传媒的领导层不仅在公司内部深受员工的信任，还在业内有着良好的口碑。信任感来自领导者的经历与经验，研究表明，领导者经验是否丰富影响着公司的绩效水平。一项针对98家食品企业首席执行官的调查显示，领导者越有经验，公司的绩效水平就越高，但是，当领导者的任职时间超过10年后，绩效水平就会出现下滑。在计算机行业，领导者的经验对公司绩效的影响则表现不明显。这项调查表明，领导者经验与企业绩效之间的关系，因行业不同而表现不同。在新兴产业中，领导者的经验对企业影响不大，甚至可以忽略，而在传统行业中，则会表现出较大的影响。《财富》杂志开展了一项针对183位企业首席执行官的调研，结果显示，职业多样化程度较高的领导层，在资源配置与制定发展战略方面表现更好。

## 启示3：领导者的个人价值观影响其决策

约翰·塞克斯顿的个人价值观与宗教信仰，在他带领纽约大学实现转变的过程中发挥了巨大作用。正是基于这种价值观，他积极倡导纽约大学向着更多元的方向发展，纽约本身就是一个多元化的国际都市，塞克斯顿所倡导的转变方向与这个城市的气质非常相符。在他的带领下，纽约大学成功转变为一所开放包容的全球性一流大学。

研究表明，领导者的个人价值观会影响其商业决策。一项针对瑞典上市公司首席执行官及全体董事会成员的调查发现，领导者的个人价值观在其决策中扮演着重要角色。另一项针对企业文化的调查显示，领导者的个人价值观会影响企业文化及企业绩效水平。

## 启示4：实现转变需要大胆行动

本书的一个重要前提就是，所有的公司迟早都会经历转变，既然早晚会发生，作为领导者不如大胆行动，主动去推进这个转变。很多领导者都倾向于保守谨慎，但是，过于保守很可能就会变成下一个柯达。这一章我们介绍了很多大胆行动的例子，像纽约大学的转变、哥伦比亚语法预备学校的转变、福布斯及奥美的转变等。

冒险与犯错都是转变过程中不可避免的，我们不应该对此感到畏惧。约翰·塞克斯顿在带领纽约大学实现转变之前，做过一个评估，转变成功的概率只有60%，但是他还是大胆行动了，并最终取得了成功。就像可口可乐公司首席执行官詹姆斯·昆西所说的那样："如果我们一直没有犯错，那只能说明我们努力得还不够，还没到能犯错的程度。"

## 启示5：树立正确的目标并加以实践

60多年前，现代管理学之父彼得·德鲁克在他在著作《管理学实践》中写道："如果要探究一个企业，就要从它建立之初的初衷开始研究，而这个初衷很有可能是商业范畴之外的某个原因。企业是社会的基本组织之一，其初衷应该深深根植于当前的社会环境中。"

约翰·塞克斯顿希望通过建立一所真正的国际性大学来让世界变得更美好，这是他的人生目标。在实现转变的过程中，领导者不仅要明确知道自己的目标是什么，还要说服一起共事的员工与下属认同这个目标，因此，这个目标肯定不会是赚钱这么肤浅，而应该具有更深层次的社会意义。研究表明，企业内部一致认同的目标是激发员工积极进取的驱动力之一。

亚当·格兰特是沃顿商学院的教授、管理学大师，他的研究方向主要是在传统制造业向服务业及知识经济转型的前提下，如何转变思考模式。当他还在密歇根大学读研究生的时候，曾经开展过一个课题研究，研究对象是一个电话呼叫中心的工作人员，他们日复一日地拨打电话，重复同样的工作。

这个电话呼叫中心的管理人员为了提高员工的工作效率，推出了奖金奖励制度，但是效果并不明显。格兰特提出了一个全新的解决方案。由于这个呼叫中心的主要工作任务就是给各种捐款人打电话，为在校生募集助学金，格兰特就请了一位曾经接受过这一助学金的学生来现场与工作人员交流。这位学生告诉工作人员，多亏了他们募集到的助学金让他能继续读书，改变了他的命运，让他成长为了一名老师。这场交流会之后，工作人员的工作效率明显提高，打电话时间比之前多出了 1.42 倍，募集到的款项增加了 1.71 倍。

格兰特的这个研究表明，比起金钱奖励，为工作人员设定一个可以为之努力的目标更重要。同样，对道格拉斯·布朗斯基来说，他的目标就是将中央公园打造成城市公共空间，让来公园里的各色人群，从坐在长椅上看报纸的老人，到推婴儿车的妈妈，都能感受到心灵的满足，从而提高他们的生活品质。他将这个目标灌输给公园里的其他工作人员，让每个人都自愿担负起自己的一份责任，共同出力来推动中央公园变得更好。

对领导者来说，在确定了目标之后，就要用各种方式来灌输与宣传这个目标，最有用的方式就是实例说明。领导者必须自己亲自参与，有亲身体验，才有可能说服力。约翰·塞克斯顿自己每周坚持飞到阿布扎比校区去给那里的学生们上课，道格拉斯·布朗斯基每天都会花费大量时间去中央公园里与各种人交流，索格阳博士亲自动手参与到哥伦比亚语法预备学校的重建工作中去。正如索格阳博士所说的那样："只有亲自投入，才有发言权。"他经常与家长们面对面交流，将自己的计划与蓝图都灌输给他们，争取他们的理解与支持。对索格阳博士来说，要建成一所宽容友好、家庭为主的学校，首先要做的就是与家长们建立起互相信任、互相支持的良好关系。

# 第八章

## 08

### 发现并抓住机遇

在前几章，我们已经探讨了实现转变所需要具备的前提条件、实现转变前的准备以及优秀领导者所应该具备的核心特质。本章探讨的主题是如何在瞬息万变的市场环境中，发现并抓住实现转变的机遇。

当前，经济转型速度正在加快，企业面临着两大挑战，一是如何保持竞争力，二是如何提高产品相关性。实现转变并不是新鲜事物，在如今这个快速发展变化的时代中，如何实现转变才是我们要关注的新课题。信息技术快速发展的今天，一家高新科技公司从成立到获得高额估值只需要短短三个月时间，其间还不需要投入任何原材料、机器设备或外包装材料。一年前大卖的产品，一年前流行的服务，到了一年后都会变得一文不值，现在美国专利局收到的专利申请比历史上任何一个时期都要多得多。产品的更新换代非常之快，前几年我们还在自己做家务，现在就已经有了能为我们制作咖啡、点播电视剧、预热汽车的家庭智能控制设备了。要想在这个日新月异、飞速发展的时代中获得成功，企业管理人员必须具备展望未来的能力，特别是要具备第一时间发现机遇并抓住机遇的能力。

看到并抓住机遇，这是21世纪最重要的技能之一。反映企业状况最直观的就是企业的基本数据，特别是财务数据。而反映企业在整个行业乃至整个社会大环境中所处地位的参照因素却不仅仅只有财务数据，社会因素、文化因素、环境因素、地缘政治因素都会在某种程度上影响企业的发展。在这样的大环境中，如果企业管理人员不能在第一时间看到机遇、把握机遇，不能及时调整企业发展方向以适应环境变化，就有可能被残酷的竞争所淘汰。

每年制定发展战略，当然有利于从整体上把握企业发展的脉络。但是，无论年初的计划有多完美，在一年中总会出现很多次预料不到的变化，迫使你不得不调整年初的计划。

斯蒂夫·加德纳是一家知名广告公司的创始人，在谈到机遇问题时，他说道："互联网时代不同于过去的最大特征在于，一切都处于快速变化中。在这样的大环境中，企业管理人员应该掌握的最大技能就是发现机遇并抓住机遇。很多人能发现机遇，却无法在第一时间抓住它。很多人倾向于埋头事务性工作，对未来发展缺乏远见。我曾有幸与史蒂夫·乔布斯一起共事，他是我见过最具有远见卓识的人，他具备非常强大的发现机遇并抓住机遇的能力。他经常说：'哪怕你是最有才华的艺术家，如果你一事无成，那你就什么都不是。'这种工作态度造就了乔布斯，使他成为我们这个时代对后世影响最深远的商业奇才。他从根本上改变了许多行业领域，从笔记本电脑、打印机、音乐播放器、手机到电影等等，他总是能比竞争对手先看到机遇，并第一时间抓住它、实现它。就拿 Mac 台式机来说，乔布斯对其的定位就是普通人能用的电脑。在此之前，人们使用电脑是有门槛的，必须要学会某些编程语言才能操作电脑，乔布斯改变了这一状况，苹果公司的 Mac 系列让任何一个普通人都能轻松地使用电脑。再比如说音乐播放器，以前我们使用的 MP3 播放器都是将音乐下载下来，再放到播放器里播放，这就不可避免地涉及盗版音乐问题。乔布斯看到了这个问题，通过推出授权，推出了有版权的音乐库，可以直接在苹果公司的音乐播放器上播放。再比如手机，在苹果公司推出 iPhone 之前，手机制造商都不愿意在手机上搭载过多功能，乔布斯则认为手机应该是一个多功能的移动设备，可以满足用户的各种不同需求，只是其中恰好就有打电话这个功能而已。"

加德纳认为，企业管理人员应该主动求新求变，积极从消费者需求、外界环境变化、文化流行趋势等角度寻找新的机遇。他举例说："看看优步，它将移动通信技术与 GPS 定位技术有机融合，引入了共享理念，彻底改变了人们的出行用车模式，满足了过去只能通过叫出租车与租车实现出行之外的需求。优步就是从人们现实需求出发，重新思考了当前出租车与租车服务的经营模式，并提出了更好的解决方案。"

加德纳认为，企业管理人员应该常常扪心自问："如果有重来一次的机会，你的公司可以重新开始，你会如何重新塑造它？你会做出哪些不同于以往的决策？现在的社会环境发生了哪些变化？对你的企业造成了什么新的影响？"优秀的企业管理人员总是能比竞争对手更早看到环境变化的趋势，更早抓住实现转变的机遇，更早明白社会大环境变化对企业所造成的新影响，并以此为基础，成功实现转变。

他说："早几年有一句话很流行，'要么主动变成戴尔，要么被戴尔打败。'这句话是英特尔创始人安迪·格罗夫的名言'只有偏执狂才能生存'的翻版。当时戴尔公司通过定制化而不是标准化生产来降低成本，改变了当时的行业规则与格局，其竞争对手纷纷效仿戴尔公司的做法。在当时，如果你不效仿戴尔，就很有可能会被行业所淘汰。我不认为这是偏执，这是一种机遇。我经常跟我的客户说，领导力有一个简单明了的标准：弄清楚大多数人想要什么，然后比你的竞争对手更好地实现它。对企业管理人员来说，必须要时刻关注消费者的需求，弄清楚什么是消费者最关注的，什么是他们最需要的。而要弄清楚这一点，就必须要对整个社会环境进行全面分析，从社会发展、文化趋势、科技进步、观念转变等角度进行系统分析，只有这样才能真正理解消费者，并从中发现机遇。我们认为，优秀领导者必须具备发现机遇、实现转变的能力，只有先自我突破，才能在竞争中保持领先。"

能够看到机遇，实现转变，说起来容易，但很难做到。如果很容易，商学院也就不会开设相关课程专门来教学生怎么做了。在我们写作本书时，一位非常有才华的未来主义学家阿尔文·托夫勒去世了，他是最早的未来主义学者之一，在他的畅销书《未来的冲击》中，他认为科技的快速发展很有可能让人类变得无所适从。他在书中描述道："科技快速发展给人们带来了过多的压力与不适应，导致人们在一段时间内会变得无所适从。"他这种说法虽然有点危言耸听，有点像启示录，但也很有建设性，他认为："我们必须在做小事的同时站在更大的格局上考虑问题，这样才能让每件小事都朝着正确的方向发展，而每件小事加起来就是未来。"

尽管我们一直在强调实现转变需要具备哪些条件，要做哪些准备，要经历什么样的过程，但是，真正能实现转变的肯定是那些在做小事时，具有大格局的企业。这些企业能从发展的角度看问题，目标明确，能第一时间发现机遇并抓住它，其领导层、企业文化、财务状况都具备了实现转变的能力。在快速发展变化的今天，这种方式相较于彻底转变企业发展方向或者转变企业发展模式，都要更直接、更高效。

可能会有读者认为，这种转变方式更适用于新型科技公司，实际不然。本章将会通过案例分析的方式，探讨这种转变方式的可行性与操作性，其中有两个案例都是传统型的企业，都是在其行业领域内很具有代表性的大公司，并且长期处于业内领先地位，这两家企业都有实现创新的企业DNA，也都有一位善于发现机遇并抓住机遇的领导者，它们在快速变化的市场环境中，通过发现新机遇的方式，实现了转变。下面来看案例。

## 第一个案例：依靠员工的力量，以万豪集团为例

1927年，维拉德·马里奥特及其夫人从犹他州搬到了华盛顿特区，在那里开了一家啤酒专卖店。这就是万豪集团的前身，自成立之日起，创新精神与创业激情一直深深根植于万豪的企业文化中。后来，马里奥特夫妇发现在华盛顿特区寒冷的冬日里，人们都希望能吃上一顿热乎乎的饭菜，喝上一杯好喝的啤酒，于是就在啤酒店里增加了餐饮服务。后来，他们发现那些赶飞机的人都想带点食物在飞机上吃，于是创办了一家航空食品公司，专门为旅客提供盒装午餐。1957年，他们抓住了美国五角大楼建成的契机，在附近开

设了第一家旅馆，为络绎不绝前来参观的游客提供住宿，并以他们的儿子比尔命名，就是万豪酒店的前身。而他们的这个儿子也很有经商头脑，在1969年，抓住了出国旅游大热的契机，在墨西哥开设了第一家海外酒店。再后来，比尔从游轮旅游中看到了商机，与游轮旅游公司合作，将万豪酒店的服务延伸到了游轮上。1986年，比尔发现商务人士在出差期间对住宿的需求与普通游客完全不同，他抓住这一点，开设了万豪集团第一家商务型的酒店——万怡酒店，并在此基础上，不断收购合并包括丽思卡尔顿等知名酒店在内的其他酒店，不断扩大商业版图。在他执掌万豪集团的50多年里，他将万豪打造成了一家全球性的酒店业巨头，在80多个国家拥有4300多家酒店。如今，万豪集团首席执行官是苏安励，他是万豪历史上第三任首席执行官，也是唯一一位非马里奥特家族出身的首席执行官。苏安励在万豪供职多年，在多个岗位锻炼过，对万豪的经营方式和发展模式非常熟悉。

比尔·马里奥特与他父亲一样，非常善于发现机遇并能果断抓住机遇。他从父亲那里学到了一套行之有效的管理经验，并将之发展完善，至今仍深深影响着万豪的经营与发展。2013年，他在接受史蒂夫·福布斯的采访时，谈到他一手打造的商业帝国，这样说道："我父亲的经营方式在当时的酒店行业是非常具有革命性的。他一开始经营的是一家啤酒摊，然后发展成了一家餐馆。有一天厨师生病了没来上班，我父亲就去请了医生给厨师看病，并让医生给全体员工检查了身体。这就是我们的经营理念，我们善待自己的员工，希望他们也能以善意对待顾客，这样顾客就会选择我们。我们对员工的发展非常重视，公司内部超过一半以上的管理岗位都是由基层员工一步步晋升上来的。我们不是流水线作业，员工们在一线接待客人，他们与客人们每年有数百万次的互动，我们不能仅仅口头上教他们怎么去对待顾客，而是通过自己的思考去养成对待顾客的正确方式，而不是遇到事情都要找经理解决。我们希望通过善待员工的方式，让他们心怀善意与进取心，从而为顾客提供更好的服务。我们之所以能取得成功，离不开这种员工至上的企业文化。"

确实如此，员工至上的企业文化有利于激发员工的创造性与积极性，员工的潜力被最大化地挖掘出来，为顾客提供更好的用户体验，这是万豪能一直在业内保持领先的重要因素。万豪的员工在这种企业文化之中工作，能够做到心无旁骛，他们能将更多的注意力放在工作本身上，能更及时地关注到哪些设施需要提升，哪些服务需要改善，从而改善顾客的入住体验。万豪的这套做法是行业内的首创，是非常成功的自我调整、自我纠错机制。

史黛西·米尔恩曾是万豪集团的副总裁，主要负责市场营销工作，她在万豪供职长达 25 年之久，她认为："万豪的优势在于，员工全身心投入工作中，愿意为客人提供更优质的服务。我们企业文化是以人为中心的，无论外界环境如何变化，这一点始终没有改变，从创立之日起就一直根植在我们的文化中。"她举了一个比尔·马里奥特的例子："他总是闲不住，不会待在办公室里。他总是亲自去一线视察，思考如何改进服务，为客人提供更好的入住体验。他去过每一家万豪旗下的酒店，与员工们交流，了解他们的需求与想法，看看他们的工作态度是否积极，看看酒店房间是否干净整洁，尝尝提供的食物是否符合标准。他一直保持着学习状态，不断学习新事物新思想。"

比尔·马里奥特是非常优秀的领导者，他没有待在自己的舒适区里，没有高高在上，而是走出去与员工交流，亲自去了解与感受一线工作的情况，也正因为如此，他能及时发现新的需求，发现新的机遇，对未来发展具有清晰的认知与规划。米尔恩说道："我们一直在做技术改进工作，但是在一项技术成熟之前，我们是不会将它应用到酒店中去的，我们希望我们提供给客人的服务都是精益求精的。同时，我们也在不断创新，例如，我们推出了多品牌忠诚计划，我们是第一家推出这项计划的酒店集团，我们知道人们会选择不同酒店入住，所以我们将尽可能多的品牌引入到这项忠诚计划中，客人入住其中的酒店，就能享受到我们的服务。我们还开发了自己的 App，方便客人与我们互动交流，了解他们的需求与想法。随着数字化的普及，我们也在对旗下的 6000 多家酒店进行数字化升级。我们这样做的目的就是为了满足消费者的新需求，通过这种方式收集顾客的意见、建议，倾听他们的真实想法，让他们感觉被重视，而这本身就是我们企业文化的一部分。为此，我们推出了客人手机作为房间钥匙的服务，在售货机里提供健康饮食，我们一直在想方设法满足顾客的需求。"换句话说，他们一直在想方设法发现并抓住机遇。

万豪针对年轻人推出的个性化服务，符合当下年轻人依靠互联网搞定旅行的新需求。无论是用顾客手机代替房间钥匙开锁，还是推出自己的 App，按照年轻人的品位重新装修大堂与酒店房间，都是万豪适应这种新需求所做出的新尝试。正如米尔恩所说的，万豪将考虑的重点放到了旅客身上，通过与旅客的交流互动，来发现旅客的新需求，并通过满足这种新需求，提高旅客的入住体验。

米尔恩说道："我们所做的一切都是为了提高用户体验，创新一直是我们文化的一部分。万豪一直是酒店行业的先行者，我们不断挑战现状，通过推出新品牌、新酒店、新体验，从科技层面到服务层面，全面提升我们的竞争力。员工至上、顾客至上的企业文化是我们的立足之本，我们的创始人认为只有照顾好员工，员工才会照顾好客人，客人才会选择我们，这是一个良性循环。因此，我们一直致力于培养员工，让他们在万豪实现自我价值。"

从米尔恩的话中，可以看出，万豪不仅允许甚至是鼓励员工去发现机遇，实现转变，以此不断提高他们的服务能力与水平。有了这些员工的加入，在发现机遇并抓住机遇的时候，万豪就多了无数眼睛与无数双手，能比竞争对手更早实现转变。万豪集团就是通过这种方式，一直在酒店行业处于领先地位。从万豪的这个案例中，可以看出，要比竞争对手更早地发现并抓住机遇，不可能只依赖于某一个或某几个领导者，而是要发动所有的员工都加入这个过程中来。正如比尔·马里奥特在接受史蒂夫·福布斯采访时所说的那样："竞争对手们总是紧盯着我们不放，总是模仿我们的做法，然而，我们一直走在他们前面。万豪成立至今已经85年，一直处于行业领先地位，所以我们的做法应该是正确的。"

## 第二个案例：坚守核心价值，以联邦快递为例

1965 年，一位名叫弗雷德·史密斯的耶鲁大学本科生写了一篇关于货物运输系统的学期论文，他在论文里详细阐述了一种时效性很强的运输系统，运送药品、计算机零件和电子产品等。他的这篇论文成绩平平。1971 年，史密斯创办了联邦快递公司，开启了隔天达快递的先河，成了这个行业中的领头羊。在连续作业的第一个晚上，联邦快递就运送了 186 个快递包裹，动用了 389 名工作人员及 14 架喷气式飞机，快递送达地点涵盖了美国的 25 个城市，由此开启了现代航空快递运输的新篇章。1983 年，联邦快递成了美国第一家在没有合并或收购的前提下，创业 10 年内收入超过 10 亿美元的公司。1990 年，联邦快递获得美国国家质量奖，是美国历史上第一家获此殊荣的服务业公司。1994 年，联邦快递推出了自己的网站，成为第一家提供在线位置追踪功能的快递企业，顾客可以通过网站追踪包裹踪迹。

1996 年，联邦快递进行了改名，从 Federal Express 改为 FedEx，英文中去掉了"联邦"这个词，以减少对企业性质的误解。更重要的是，这是他们进军国际市场的前奏，将两个词的名字缩减为一个复合词，还能给人一种更快、更新、更高效的印象。在消费者眼中，联邦快递逐渐成了隔日达快递的代名词，是可靠、及时的象征。而改名行动则让联邦快递以一种人人都能理解的方式，将快速、高效这一核心品牌理念传达给了员工与消费者。

如今，联邦快递的标志在美国随处可见，其标志性的紫色商标已经深入消费者内心，成为快速、及时的象征。在这个印象背后，则是联邦快递公司30 万员工的辛勤付出，正是他们的不懈努力，才有了联邦快递良好的口碑与声誉，也才有了联邦快递行业领跑者的市场地位。

作为一个服务性公司，联邦快递员工的服务质量如何直接关系到品牌的

声誉。每个员工都是品牌价值的践行者，也是品牌声誉的守护者。在过去 40 多年里，联邦快递推出了一系列创新，将商业版图拓展到了全球 220 多个国家和地区。就像万豪集团一样，联邦快递也注重发挥员工的作用，创始人史密斯认为员工就是公司的合伙人，应该充分调动员工的积极性去发现并抓住机遇，帮助公司始终保持强大竞争力。他不止一次在采访中说道："没有人能单枪匹马干成一件大事，要成就事业必须先有一个团队。"

2017 年 3 月，在纽约市举办的行业会议上，联邦快递的副总裁兼首席营销官拉杰什·苏布拉马尼亚姆在演讲中说道，联邦快递已经形成了一种能够团结旗下 40 万名员工的强大企业文化，这种企业文化被他们称之为"紫色承诺"，用拉杰什的话说就是一种"让每一个顾客都享受到卓越服务"的企业文化。这是联邦快递向顾客发出的一种承诺，它意味着顾客体验是联邦快递的重心所在，联邦快递不断地自我完善与革新，不断满足顾客的新需求。紫色承诺既是一种工作机制，也是一种企业文化，它要求员工在日常工作中全力做好每一件事，为顾客提供优质的服务体验。联邦快递的每一位员工都以此为工作准则，并将之实践到日常工作中。

拉杰什说道："我们的创始人史密斯在创立公司之初，就已经深深体会到了员工的重要性。他明白企业成功与否取决于企业的员工，取决于我们的送货员、接待员等一线员工。他深知善待员工的重要性，只有让员工参与到公司的发展中来，对他们的服务进行规范化提升，才有可能将企业做大做强。我们的员工分布在世界各地，但是，无论他们在哪里，都共享着同一个企业文化。企业文化是我们发展的基石，我们的品牌，甚至是整个公司都是建立在这个基石之上的。"

从一开始每天运送 186 个包裹，到如今每天要在世界范围内运送 40 万个包裹，联邦快递一路走来，一直坚持了自身的内在价值体系，坚守了提供优质服务的承诺。正是这份坚持，让这个公司一路发展到今天。联邦快递的每个员工以为顾客提供优质的服务为己任，几十年如一日实践公司的核心价值观。拉杰什认为："很多时候，我们并不仅仅是快递一个包裹这么简单。当我们向尼泊尔地震地区运送药品时，我们是在送去希望。当我们在节日为顾客送去网上下单的货物时，我们是在送去喜悦。我们深知自己身上肩负的责任。"

对大多数企业来说，一时履行承诺不难，难的是一直履行承诺。公司规模越大，承诺的执行难度就越大。当然，在联邦快递内部，肯定还是会有极小部分员工在工作时表现不佳，但是，这一企业文化的存在确保了绝大多数员工能按照公司的要求完成工作任务。而拉杰什之所以在大庭广众之下，毫无保留地分享公司的企业文化，就是因为他知道要一时模仿联邦快递的做法是很简单的，但是要一直模仿其企业文化则几乎是不可能的。

莫妮卡·斯基珀是联邦快递的副总裁，主要负责市场营销工作，她认为很多人都将品牌复杂化了："要树立品牌口碑，首先要明确品牌的定位及其背后的价值体系，然后从这个定位出发，完善企业行为。我们坚持为客户提供优质的服务，这是我们的承诺，也是我们的品牌定位，我们从这个定位出发，不断改善服务质量，提高服务体验。当然随着外界环境的变化，优质服务的标准也会发生相应的变化，但是我们坚持提供优质服务的承诺不会改变。现在，大家都很重视提高服务质量，消费者对优质服务的期待与要求也随之越来越高。特别是电子商务的兴起，让消费者能直接了解到某个企业的服务质量如何。我们也推出了自己的应用程序，通过这个程序，消费者可以自己跟踪定位包裹，获取包裹信息。我们一直在想方设法进行创新，以满足消费者不断出现的新需求与新期待，我们也要不断适应日益变化的市场环境，当外界环境发生改变时，我们想方设法保持与时俱进。而保持这种先进性最好的办法，就是密切关注外界环境变化，及时发现机遇。"

在谈到如何看待潜力问题时，斯基珀说道："只要是有利于顾客的事，我们都愿意去尝试。联邦快递的企业 DNA 里就有勇于创新的部分，我们的创始人史密斯非常重视对潜力的挖掘，总是能先于竞争对手发现商机，他的这种高瞻远瞩也成了我们企业文化的一部分，被一直传承了下来。"

联邦快递的创新史非常丰富：他们是第一家拥有自己的自动运输系统的快递公司，第一家推出在线包裹追踪系统的快递公司，第一家使用电动卡车运送美国境内包裹的快递公司，第一家使用可持续的燃料替代航空燃料的快递公司。

他们的官网上这样写道："我们之所以能不断创新，是因为我们对创新非常重视。我们的所有员工都肩负着寻找更优解决方案、提高用户体验的重任，我们的创新机制鼓励跨学科创新，鼓励改变既有规则的创新。联邦快递每天都在世界范围内运送大量的包裹，每天都面临着许多新的挑战，这些挑战是我们创新的驱动力，也是我们实现内在价值的途径。"

在今天这个瞬息万变的环境中，一个企业要想立于不败之地，就必须具备及时发现并抓住机遇的能力，特别是那些对消费者有利、能改变业界既有现状的机遇。万豪集团与联邦快递就具有这种能力，他们都在内部建成了一套有利于发现机遇的良性运作机制，这套机制让他们能在面对外界环境改变时，迅速做出应对，积极实现转变。同时，他们又能坚守自身的核心价值体系，在激励竞争中，始终保持自我本色。万豪与联邦快递之所以能长期在行业领域内保持领先地位，正是基于他们的这种不仅能高瞻远瞩，还能坚持自我的出色能力。

当然，每一个成功企业的背后，都有不为人知的故事。当你一心只想着抓住机遇，盲目往前冲时，就不可避免地出错。例如，1984 年时，传真机还没普及，联邦快递推出了一项为消费者提供传真服务的业务，他们以为这是一个新的商机。然而，随着传真机的快速普及，传真机价格直线下降，成了每家企业都负担得起的基础办公设备，联邦快递推出的这项业务也就无人问津了。

对大多数企业来说，发现并抓住机遇是一项很难掌握却不得不反复学习的能力。这项能力说起来好像很简单，但是真的要实践起来却非常难，本书前几章探讨了许多转变失败的案例，很多都是不具备这种能力导致的。对大多数企业来说，要准确判断未来发展趋势已经够难的了，要在准确判断的基础上，发现并抓住机遇，对他们来说难上加难。要真正掌握这项能力，最好的方法就是从舒适区走出来，从办公室里走出来，真正去了解消费者的需求，去了解市场的发展变化。企业管理人员应该深入到消费者中去，与他们交流，了解他们的思考模式与行为习惯，了解他们对什么感兴趣，关心什么，担忧什么，希望解决什么问题。

发现机遇只是第一步，抓住机遇才是重点。优秀的企业管理人员在发现机遇后，能准确抓住机遇，能以最快捷高效的方式，实现转变。很多企业其实已经具备了抓住机遇的条件，却在主观上缺乏积极主动性，被惯性左右，不愿意突破自己。所谓的抓住机遇，这个"抓住"就意味着要充满激情地主动作为。在电影《死亡诗社》中，罗宾·威廉姆斯扮演了一个充满激情、充满干劲、充满上进心的教师，他以一己之力，一步步改变了孩子们的生活。

能成功抓住机遇，实现转变的企业，都是对自身情况非常了解的。他们清楚知道企业DNA是什么样的，知道自己的企业文化是什么，知道他们在消费者心目中的定位如何。在机遇面前，他们永远保持了一种积极进取的心态，因为他们深知，只有进取才能在竞争中不被淘汰。

多弗·塞德曼是一家咨询公司的创始人兼首席执行官，主要帮助企业塑造企业文化。他认为："我们处在一个不断变化、竞争日益激烈的市场环境中。在这样的环境中，要不被外界环境牵着鼻子走，始终坚持自己的价值体系，是非常难的。这意味着要付出更多的努力，对自己的定位与企业文化有更清醒的认知。如若不然，就很有可能被外界环境带偏。我们能做的只有一步一个脚印，先站稳脚跟，再来考虑往哪个方向走，而让你站稳脚跟的那块基石，就是企业的核心价值体系与企业文化。"

当外界快速变化时，消费者可以清楚看到企业对这种变化的应对如何，从而根据他们的表现做出自己的选择。这就迫使企业在应对外界环境变化时，将部分精力放到坚持自身的核心价值上来，这也是企业积极推进转变的驱动力之一。

以下是帮助企业管理人员发现并抓住机遇的 5 个因素：

（1）充足的资金。这是抓住机遇，实现转变的物质基础。很多企业在开始实行转变前，低估了资金准备的重要性，而导致转变失败。很多企业在开始转变时企业经营状况良好，足以支撑当时的一系列改革举措，然而在实现转变的过程中却遭遇突发状况导致资金不足，或者他们并没有对这场持久战做好足够的准备。还有很多企业在实行转变时，期望值设置过高或目标制定不合理，导致他们在中途不得不重新制定目标，从头再来，这也可能会出现资金不足的问题。

（2）进取的心态。积极进取的心态与企业文化，是取得成功的关键因素之一。本书所探讨的所有成功企业，都有这样一种企业文化，企业内的员工，无论是管理人员还是普通员工，都明白自己的积极进取对实现转变的重要性。实现转变的路上充满挫折与困难，积极进取的心态就是战胜这些障碍的最好工具。好的心态与企业文化，能让员工感到凝聚力与向心力，从而增强工作的主动性。

（3）明确的目标。这是实现转变的方向与内在驱动力。一个企业不可能在实现转变的同时实现多个目标，目标必须简洁明了，让人一看就懂，印象深刻。目标不是越宏大越好，但是也不能单纯是赚钱盈利这么物质，而是应该与社会环境结合起来，体现企业所肩负的社会责任。

（4）持续的行动力。能成功抓住机遇的企业，都是行动力很强的企业，他们能将目标与愿景转化为实实在在的行动，从而优化企业内部结构，提高企业竞争力。实现转变的可能性有千万种，但是只有真的脚踏实地去做，并且坚持到底，才有可能将这些可能性变成现实。

（5）卓越的领导力。优秀的领导者在带领企业实现转变时，既表现出对全局的把控力，又表现出对细节的重视。他们从来不用单一视角来看问题，而是从多个角度、多个切面、多个维度全面分析问题。他们善于将复杂问题简单化，将复杂任务具体化，并合理分配任务，确保每个人都能完成任务。他们明白实现转变可能存在的不确定性，并且愿意承担这种风险，在工作中身先士卒，以积极进取的心态面对可能出现的困难。套用《星际迷航》里的话，优秀的领导者必须"勇敢地去没人去过的地方"。

为了帮助读者们更好地理解这五大因素在实现转变的过程中所发挥的作用，下面我们来分析一个具体案例：格林尼治公共图书馆实现转变的案例。格林尼治公共图书馆不是企业，也不是巨头，而是一家公立图书馆，面临着世界上所有图书馆都面临的数字化难题，在这个互联网时代，媒体、教育、学术领域都受到了巨大冲击，图书馆作为这些领域的交叉汇总之地，也面临着前所未有的挑战。如何在保留传统价值观的同时，适应新时代的发展，是格林尼治公共图书馆亟待解决的课题。

## 第三个案例：抓住主动权，以格林尼治公共图书馆为例

你最难忘的图书馆经历是什么呢？也许是第一次拿到属于自己的借书证，可以自由去借书的那一刻；也许是高中或大学里，在图书馆的安静角落里默默用功，为了未来而努力；也许是第一次带着孩子去图书馆，与他一起分享一本好书。提起图书馆，我们脑海中浮现的就是它的知识象征意义。然而，随着互联网时代的到来，图书馆这个存在了几百年的知识储备之地，也面临着数字化的挑战。

美国有超过 17000 个图书馆，为数百万人提供服务，图书馆已经变成了美国人生活中不可或缺的一道风景线。但是，随着科技的进步与人们获取信息方式的改变，图书馆作为一种公共资源的特性已经发生了深刻的改变。根

据皮尤研究中心的调查显示，越来越多的人习惯使用网络来获取信息与知识，互联网变成了和图书馆一样重要的信息来源。从 20 世纪 70 年代开始，美国图书馆开始逐渐增加数字化服务，并在图书的借阅与文化服务方面率先推行了数字化转变。根据美国图书馆协会 2015 年的一项研究显示，97% 的公共图书馆提供免费上网服务，98% 的公共图书馆提供技术培训，80% 的公共图书馆提供在线求职服务。很多图书馆都会开设社交媒体账号，方便与读者进行沟通交流。还有不少图书馆除了借阅图书外，还提供乐器、游戏机等图书之外的物品外借服务。

如今，美国人对图书的消费方式以及他们获取知识的方式都在发生深刻变化，图书馆所代表的意义也在悄然发生变化。本书作者之一的乔尔·斯特克尔最近在为他的孩子们物色合适的学校，他们考察了格林尼治村附近的恩典教会学校，却发现那所学校图书馆的书架上几乎没几本书。然而，尽管图书馆在发生变化，其在免费获取知识方面发挥的作用却不可忽视，它们仍旧是人们获取知识的重要途径与载体。恩典教会学校的图书馆里虽然书不多，却有很多电脑，供学生们免费上网查找他们需要的知识，这大概就是新时代图书馆适应读者新需求的一种创新吧。

格林尼治公共图书馆就是与时俱进，实现转变的典型代表。南希·贝特尔是一家杂志社的创始人，也是格林尼治公共图书馆的前任董事会主席。她认为："格林尼治公共图书馆已经有 100 多年历史了，在我们这个常住居民只有 6.2 万人的小镇上，一直是知识和文化的代名词。这个图书馆大概是整个康涅狄格州最繁忙的图书馆了，甚至比耶鲁大学图书馆还要忙，我们每年都要传阅 120 万册图书。如果你住在格林尼治，或者在这里工作、求学，你就可以办一张图书馆借书卡，然后免费享受图书馆提供的所有服务。图书馆规模很大，有一个主馆，还有两个分馆，除了提供纸质图书借阅，还提供电子图书服务。现在，越来越多的人习惯登录我们的官网来借书，而不是直接上门来借阅了，这大概就是时代发展所带来的变化。在 21 世纪，图书馆的概念正在发生深刻变化，图书馆仍旧提供图书借阅服务。但是，我们也在不断创新，不断满足读者们的新需求，为他们提供新的服务。那种图书馆是一个大书店的想法已经过时了。在我们看来，图书馆就是帮助人们获取信息的地方，而采取什么样的形式获取信息，是纸质书籍还是电子书籍，并不重要。"

格林尼治公共图书馆自 2011 年起，开始探索如何在新时代更好地服务读者，他们不满足于过去传统的工作模式，而是着眼于未来发展的大趋势，从技术上与文化趋势上，紧跟时代发展的步伐，不断提高与读者之间的黏合度。随着技术的进步，读者们的阅读习惯发生了巨大变化，读者们感兴趣的东西越来越丰富，阅读口味越来越杂，这就迫使图书馆必须不断改善服务方式，丰富服务种类，以满足读者们的新需求。贝特尔说道："读者们的需求一直在变，技术也一直在进步，这对我们来说是巨大的挑战。现在的读者们不仅希望图书馆提供安静独处的空间，也希望能有可以讨论交流的地方，不仅要有能看纸质书的地方，也要有能连接各种电子设备，实现网上作业的地方。读者的需求一直在变化，我们能做的就是不断了解他们的需求，在不超出预算的前提下，尽可能满足他们的新需求。由于预算有限，而需求太多，所以我们必须要认真考虑优先满足哪些需求，这是一项技术活。如今，技术进步与全球化视野催生了许多新事物，我们也在不断学习，不断掌握这些新事物。"

格林尼治公共图书馆针对当前影响图书馆发展的关键因素，制定了长期的战略规划，以不断满足社会发展需要，最终形成图书馆与社会的良性互动。下面，详细分析一下这个长期战略规划：

扩大馆藏书籍：继续扩大馆藏，并简化读者借阅馆藏书籍的程序。将新技术与社交媒体引入到馆藏工作中，提高读者对馆藏资源的认知与兴趣。

充分应用新技术：充分运用科技手段，增强图书馆各项服务功能，提高工作效率。提供内容丰富、形式多样的技术培训；完善硬件设施，增加数字化资源，满足读者新需求。

倡导终身学习：为格林尼治地区的居民提供更多学习机会，满足居民终身学习的需求。通过各种方式，提高儿童早期读写能力，培养儿童对阅读的热爱。

提供社区服务：结合科技发展，重新定义图书馆的公共服务职能，根据读者们阅读习惯的改变来改进图书馆提供的服务内容。重视读者反馈，满足读者新需求。

增强互动联系：增强读者与图书馆、读者与读者之间的互动与联系，强化读者群体。发挥图书馆的纽带作用，将志同道合、志趣相投、理念相合的读者群体联系到一起。发动读者与居民，为格林尼治地区的建设一起努力。

这是一个充满干劲的长期规划，格林尼治公共图书馆经过了大量的基础研究与战略分析，才做出了这个具有前瞻性的计划。他们对自己的优势有着非常清晰的认知，他们明白成功的衡量标准并不是借出了多少本书，而是图书馆能否肩负起满足当地居民不断变化的新需求。他们对图书馆现有资源、读者需求、社会变化趋势等做了详细分析，并在此基础上形成了具有针对性的战略规划。

这份战略规划充分体现了图书馆在格林尼治地区发展中所扮演的重要角色，并以此为基础，加强了图书馆与读者、当地社会之间的互动关系。在经过了长达18个月的地区调查、读者调研、员工调研、抽样调查及反复论证与分析后，2012年6月，格林尼治公共图书馆董事会正式通过了这个长期战略规划。

结合上文提到过的5个因素，详细分析这一规划：

（1）充足的资金。格林尼治公共图书馆的资金主要来自一系列的公共资金与私人资助，在资金使用时，明确要求其使用目的必须符合预算要求及捐赠者的特别要求。多年来，格林尼治公共图书馆一直是资金使用方面的典范，而实施这一规划并不需要额外的资金，更多的是对现有资源的重新整合利用。

（2）进取的心态。格林尼治公共图书馆一直努力营造热情、开放、包容、互动的氛围，希望让每一个读者都感到像在自己家里看书那样舒适自在。在过去 10 年里，格林尼治公共图书馆连续获得了《图书馆杂志》评选的"五星级图书馆"称号，这一成绩表明读者们对图书馆的设施、员工及服务都感到非常满意。本地居民称呼图书馆为"本地之宝"，这也从一个侧面反映了居民们对它的认可，体现了其在地区发展中发挥的作用。

（3）明确的目标。他们制定这个战略规划的目标之一就是让这个规划在今后一段时间指导工作，因此，它肯定是具有操作性的，而不是只能束之高阁的。在执行过程中，不断根据当前的实际情况，对这个规划进行完善与调整，以更好地指导实践。

（4）持续的行动力。格林尼治公共图书馆的员工都以实行这一规划为己任，积极参与，并将之实践到日常工作中去。而图书馆管理层则加强对员工的培训与激励，鼓励他们投入到这项工作中来。

（5）卓越的领导力。格林尼治公共图书馆的领导是复合型的，是由员工、志愿者与董事会共同合作完成的。图书馆董事会与员工通力合作，一起制定发展战略，既能进一步促进图书馆完成转变，变得更开放更包容，又能保护图书馆 200 多年来的历史传承不被中断。尽管图书馆总是给人一种保守的印象，但是格林尼治公共图书馆的董事会与员工却在努力与时俱进，他们通过这个长期战略规划，展示出了求新求变的积极心态。

这个长期规划逐渐落地，其效果初现端倪，贝特尔说："我们深知这不是一次性的工作，而是一项长期的正在进行中的工作。在实施过程中，我们不断根据当前情况变化，对规划进行重新调整。但是，无论怎么调整，我们的初衷都没有改变。我们希望把这个图书馆建成格林尼治地区的中心，居民们通过图书馆实现彼此间的互动与沟通。很多人将我们图书馆视为社区大学，这里是知识和文化活动的汇聚地，也是信息与学习中心，吸引着人们汇聚到这里来。这就是我们的最终目标。"她还认为，格林尼治公共图书馆从本质上来说是一个图书馆，随着时代的发展变化，图书馆的竞争对手也发生了变化，它的竞争对手已经不是另一家图书馆，而是像谷歌、亚马逊、苹果之类的新兴企业。她说："收集书籍仍旧是我们的工作之一，归根结底，这是图书馆的基础业务，还是有读者会来图书馆借阅书籍的。不过我们现在在做书籍的电子化工作，特别是那些珍贵图书的电子化，我们希望能将这一块工作发展成我们的一个优势。"

技术对图书馆的影响无处不在，技术也改变了图书馆的服务与管理模式，格林尼治公共图书馆推出了自己的图书馆软件，他们也是康涅狄格州第一家推出软件的图书馆。读者们通过这款软件，可以不用亲自来到图书馆，就办理相关业务。它不仅支持在线搜索、查看电子书，还能实现互动交流。贝特尔认为："这款软件能将图书馆变成读者的个人图书馆，改变了以往图书馆运作模式，大大改善了读者体验。"

此外，格林尼治公共图书馆还推出了技术培训，旨在提高工作人员与读者掌握、使用新技术的能力。通过培训，所有的读者都能熟练掌握与使用新技术，提高搜索效率，改善学习体验。图书馆专门开设了一块区域，放置各类电子设备，并开展有针对性的教学演练，帮助读者们学习新技能。他们还推出了一个互助项目，邀请年轻读者们来帮助年老读者们学习掌握如何使用新设备。通过这个项目，将不同年龄层的读者们聚集到一起，相互沟通，相互学习，有利于读者之间的互动交流。格林尼治公共图书馆还是整个格林尼治地区唯一提供免费打印、免费下载、免费培训的机构。

贝特尔在谈到如何支撑这些培训项目时说道："为了不超预算，我们对推行的每一个项目都进行了认真评估，通过对现有资源进一步整合，将资源利用效率最大化，从而合理使用每一分经费。我们在不超预算的前提下，成功推行了这些培训项目。"

为了进一步满足读者的新需求，格林尼治公共图书馆推进了内部设施调整计划，以便更合理、更灵活地使用图书馆内的公共空间，以满足不同活动的需要。贝特尔说道："在内部空间上，我们希望能尽量简洁。太复杂的内部结构容易过时，特别是在今天这样一个瞬息万变的时代，我们不可能总是随着外界变化而改变内部结构。因此，我们希望内部空间简洁明了，更具有灵活性，能适用于不同的活动需要。"格林尼治公共图书馆正在与一家建筑企业合作，重新规划馆内空间，他们理想中的图书馆是动静皆宜的，希望安静看书、写材料、办公的人可以不受打扰，而希望与别人讨论、交流、互动的人也能找到地方、找到志同道合的人一起交流。

格林尼治公共图书馆制作上线了自己的网站，读者可以从中找到自己想要的资源，其中，电子书种类非常丰富，包罗万象，各个类别各个类型都能找到。这也从一个侧面反映出了格林尼治公共图书馆的进取心，尽管他们已经被当地居民交口称赞，但是，在面对不断发展变化的外界环境与读者需求时，他们还是保持了积极进取的心态，全力推进图书馆实现转变。他们还具有强大的执行力，花费了 18 个月时间，从管理层到普通员工，一起齐心协力，反复研讨论证，最终制定了一个符合未来发展趋势的长期战略规划。

对此，贝特尔认为："我们一直努力跟上时代步伐，一直努力提高图书馆与读者之间的黏合度。我们希望能更好地服务读者，更好地满足读者不断出现的新需求。因此，我们向读者们学习，每一次情况发生变化，需求发生变化，我们就学到一点点。但是，总是这样被动学习，肯定不是长久之策，因此我们主动出击，实现转变，希望由此掌握发展的主动权。"格林尼治公共图书馆在实现转变这条路上表现出了强大的竞争力，有理由相信在他们的不懈努力下，一定会成功实现转变，迎来新的辉煌。

# 第九章

## 09

# 成功不是终点

成功实现转变，并不是终点，而是新的转变的起点。在这样一个快速发展的时代，一切都如逆水行舟，不进则退。要在激烈的市场竞争中始终保持领先，就必须要时刻关注消费者的新需求，不断提高与消费者之间的相关性，并且要将这种对消费者的重视以恰当的方式传达给他们，不断增强消费者的认可度。在消费者与企业的关系中，消费者掌握着绝对主动权，赢得消费者的心，不仅是实现转变的前提，也是始终保持企业竞争力的基础。

在上一章中，我们介绍了成功实现转变的企业所具备的 5 个要素，但是，同时具备这些要素并不能让企业一劳永逸永远保持领先优势。对企业来说，要想保持领先，就要不断往前。弗利特伍德麦克乐队有一首歌叫作《不要停止期盼未来》，正如这首歌唱的那样，只有不断往前看，才能一路走下去。优秀的企业管理人员应该同时具备前瞻性与全面性，在准确判断未来发展趋势的同时，能全面掌握当前情况，及时发现并抓住机遇，带领企业实现一次又一次转变。他们善于自我突破，善于接受挑战，将可能改变业内生态的颠覆性挑战视为新机遇，并从中找到有利于实现转变的契机；而优秀企业所倡导的创新文化，又反过来给他们提供了实现转变的基础。

本章将要分析的这些案例，都是在成功实现转变后，仍旧积极进取、步履不停的成功企业。他们将实现转变与满足消费者的新需求结合起来，以此为驱动力，在快速发展变化的市场环境中，不断求新求变，提高与消费者之间的黏合度。虽然他们在具体实施过程中采取的方法各不相同，但是，在他们实现转变的背后有着一个基本共识：成功不是终点，而是新的开始。

## 第一个案例：始终关注新需求，以伊拉克战争和阿富汗战争退伍军人协会为例

本章的第一个案例并不是成功的上市公司，而是一个非营利性组织：伊拉克战争和阿富汗战争退伍军人协会（IAVA）。这个协会的官网上写着这样一行醒目的大字：加入我们的运动。在 IAVA 看来，帮助退伍军人的工作是一项目标明确、意义深远的社会运动。IAVA 协会是在"9·11"事件后逐渐兴起的非营利组织，其成员众多。协会的目标在于帮助这些退伍军人发声，帮助他们及他们的家人解决生活中面临到的各种问题。退伍军人可以通过这个协会彼此联系，相互支持，并且以协会为基础，形成了一个强大且互惠的社群。协会官网这样概括其为之的终极目标：通过教育、倡导和社区建设，努力创建一个尊重和支持退伍军人的国家。

该协会拥有 280 万会员，都是伊拉克战争和阿富汗战争的退伍军人。协会通过各种途径为他们发声，不仅引起了媒体与普通国民的关注，也提高了官方对这个问题的重视。IAVA 协会关注的主要问题，包括退伍军人的精神损害问题、重新就业问题、女性退伍军人的健康保障问题、继续教育问题等。IAVA 协会是一个完全由退伍军人创立与负责日常管理的组织，致力于花费最小的成本，为更多的退伍军人解决实际困难。其官网显示，该协会自成立之后 11 年来，主动联系过 127 万退伍军人，为他们提供过帮助，而其资金主要来自个人、组织、企业的捐款。因此，在开展工作时，他们特别注重资金的合理使用，善于用最小的成本发挥最大的效益。

保罗·瑞克贺夫是 IAVA 协会的创始人，也是一名作家、社会活动家，他曾在军中服役，参加了美国对伊拉克的战争。2003 年至 2004 年，他在军中担任陆军中尉，负责指挥一个步兵排。他在战场上养成了敏锐的洞察力，

能用前瞻性眼光来看待问题，对待工作富有激情。他的这些能力，不仅帮助他闯过了枪林弹雨的战场，还帮助他在退伍后创办了这个协会，他因此成了美国国内退伍军人问题的关键性人物。IAVA 的工作重点主要有四个方面：退伍军人的自杀问题，女性退伍军人问题，推动政府机构改革问题，争取退伍军人再教育经费问题。华盛顿州的参议院帕蒂·默里认为："瑞克贺夫是一个无所畏惧的人，他每次拿着新提案来找我，我知道自己必须为此全力以赴。"

瑞克贺夫在谈到 IAVA 协会的目标及实现的转变时说道："我们创建IAVA 协会时，希望能通过一小部分人的努力，帮助大部分人解决难题。因此，我们从创建那天开始就是充满进取心的组织。我们使命始终如一，就是倾听退伍军人的需求，积极为他们发声，通过推动改革来解决他们的实际困难。这听起来很简单，却是支撑我们这个协会一路走到今天的信念。退伍军人是一个不被大众关注的群体，他们的呼声很多时候没有被认真倾听。我们希望能通过努力，构建一种机制放大他们的呼声，让他们的呼声成为社会改革与进步的催化剂。我们的工作都是围绕这些重点问题展开的，我们相信，只要我们坚持正确的理念与目标，我们的工作就能一直坚持下去。这个道理无论是放在我们这样的非营利组织，还是放到营利的企业身上，都是通用的。只有坚持目标，并持之以恒地努力，才有可能取得成功，而只有保持与时俱进，不断自我革新，才能在快速变化发展的时代中，占有一席之地。在战场上，我们总是说'要么变，要么死'，意思就是说，当大环境改变了，战场形势改变了，如果你还是死守过去的那一套，不愿意因势利导进行转变，那么就只能束手就擒。管理与运行一个非营利组织，也是这样。"

IAVA 协会的执行力非常强，大概是由于他们都上过战场，纪律严明、令行禁止的职业习惯被他们带入到协会的日常管理中，成为他们保持强大竞争力的关键因素。瑞克贺夫认为："我们在战场上学会的就是要不断提高自己，不断适应外界环境，不断战胜困难，这种职业特征让我们在开展协会日常工作时受益良多。多年来，官方对退伍军人的政策一直在改变，我们也在不断适应这种改变。这也是我们内部文化的一部分。"

IAVA 协会擅长利用媒体，特别是社交媒体，提高公众对退伍军人问题的关注。对此，瑞克贺夫说道："我们是承担了远超过我们资金水平的巨大工作量，我们的预算是额定的，但是我们的工作量在增加，这就迫使我们不得不使巧劲，借助媒体的力量，来唤醒美国公众对退伍军人问题的关注。当然，我们也知道，媒体所能发挥的作用是有时效性的，因此，我们要在公众失去兴趣之前，尽可能简洁明了、言简意赅地将我们想要传达的讯息快速传达出去。"

在向公众传达讯息时，IAVA 也非常注重方式方法，他们通过选择典型的方式来吸引公众的注意力。一个鲜活的人物以及他曲折的事迹，肯定比枯燥的说理要吸引人得多。与其向公众灌输那些他们根本不会全部记住的论点、论据、数据，还不如直接抛给他们一个鲜活的典型，引起他们的情感共鸣，从而引导公众来关注退伍军人问题。瑞克贺夫说道："我们通过身边的人、身边的事来吸引公众的关注，例如，我们曾经通过讲述克莱·亨特的故事，来推动《预防退伍军人自杀法案》的出台。克莱·亨特是一名来自得州的海军陆战队队员，他在伊拉克战场上受了伤，回到国内。伤愈后，又被派往阿富汗执行任务。在阿富汗战场上，他目睹了几个军中好友被杀害，回到国内后，一直患有战争后遗症。他来到我们协会，在协会里工作很积极。但是很可惜，他还是没能从战争的阴影里走出来，没能战胜战争给他带来的后遗症，他在 2011 年结束了自己的生命，那一年他才 28 岁。我们希望能为他，为像他这样受不了战争后遗症而自杀的军人做点事。于是，我们就花费两年时间去说服官方重视这个问题，后来出台了《预防退伍军人自杀法案》。在整个推动法案出台的过程中，我们将克莱·亨特作为一个典型案例进行宣传报道，引起了社会广泛关注，从而助推了这个法案的出台。"

据统计，自杀是引发美国军人非自然死亡的主要原因之一，2012 年，有

349名美国军人自杀，数量比当年在战斗中牺牲的军人数量还要多。2015年2月，美国官方出台了《预防退伍军人自杀法案》，规定官方机构要为退伍军人提供高质量的、持续性的心理咨询与心理健康干预服务，加强有针对性的预防措施，减少军人自杀概率。

IAVA协会的这个方法非常有效，他们选择的案例也很有针对性与震撼力，既能引起媒体报道的兴趣，也能激发公众的共鸣。相较于理念宣传，案例宣传更直接、更有效、更能打动人心。瑞克贺夫说道："我们在选取案例时，经过了充分考量，选择那些最能引发共鸣的案例。我们希望通过我们的努力，做到别人不能做或者做不成的事。我们始终保持与时俱进的心态，为我们所代表的退伍军人群体大声呼吁，希望通过我们的努力，帮助他们解决实际困难。"

在资金预算有限的前提下，IAVA协会通过这种巧妙的方式，以最小的成本，达到了满意的效果。瑞克贺夫说道："在行动前，我们都会认真评估，优先解决那些最需要解决的问题，特别是那些事关退伍军人根本利益的事情。飞行员总是喜欢说要聚焦目标，其实我们也是这样，我们在全面考虑各种综合性因素后，选择最应该优先解决的问题，然后全力以赴去解决它。我们协会是为了退伍军人而存在的，我们的核心目标就是为他们服务，所以，我们以他们的根本利益为做事的原则与基准。"

在瑞克贺夫的带领下，IAVA协会目标明确、策略得当，逐渐成长为深受退伍军人信任、广受媒体与官方关注的非营利组织。他们时刻关注退伍军人群体的核心利益与新需求，不断改变自己做事的方式方法来适应时代的发展变化。正如瑞克贺夫所说的："只有始终明白前进的方向，才能在这个时代中不迷路。无论前路如何崎岖坎坷，只要方向正确，就一定能到达目的地。"

## 第二个案例：永不停止向前，以美国电视网为例

埃里克·凯斯勒是美国电视网的前任总裁兼首席执行官，他在谈到美国电视网多年来始终在行业内保持领先地位时说道："我们非常了解整个行业，也知道我们的目标是什么，优势在哪里。技术一直在发展，而且业内竞争越来越激烈，我们看到了这些变化，也知道面对这些变化必须保持沉着冷静的心态。不经思考而盲目行动，很可能会犯错，而有些错误一旦犯了，就再也没有弥补的可能性了。美国电视网是一个高品质的品牌，我们有一流的人才，一流的技术，一流的产品，而且我们仍旧在不断努力，保持与竞争对手的差异性，从而在竞争中保持优势地位。"凯斯勒在美国电视网供职超过27年，在这27年里，整个行业发生了翻天覆地的变化。在就任首席执行官后，凯斯勒带领美国电视网成功实现转变，取得了无数成就。

娱乐行业是发展变化最快的行业之一，美国电视网之所以能在这个行业中始终保持领先，要归功于他们"创造突破性的娱乐"的核心理念，他们时刻关注观众的新需求，不断解读时代发展变化的新趋势。美国电视网始终在求新求变，与时代共同前进。它的这一品牌特质，也在消费者心目中树立起了创新的形象。对娱乐品牌来说，要赢得消费者长期的青睐，就必须不断寻找方法做出转变，而美国电视网正是以永不停止向前的态度，不断实现自我突破。凯斯勒说道："从1946年电视出现，到最近这十几年，人们看电视的方式几乎没有发生根本性的变化。1951年，出现了彩色电视，2000年，出现了高清电视。经过半个世纪的发展，电视的外观发生了变化，从原本笨重的正方体，变成了超薄的壁挂式电视。以前，人们想看电视，就只能待在客厅。但是，近几年来，随着技术的进步，人们观看电视节目的方式发生了变化，越来越多的电子设备让人们能随时随地观看节目，而不必特意守在电视机前了。当然这种变化也给我们带来了更多的竞争对手，除了传统电视频道

之外，我们还要与新兴媒体竞争。"

为了适应新技术带来的变化，美国电视网正在逐渐改变过去依靠有线电视订阅进行推广的营销模式。为了不得罪康卡斯特等有线电视巨头，美国电视网所推行的这一转变是渐进式的，毕竟在现阶段，美国电视网还要依靠这些有线电视网进行市场营销。2010 年，美国电视网推出了一项针对订阅用户的服务，允许订阅用户随时随地观看所有美国电视网的节目。凯斯勒说："我们推出这一项目的主要目标就是满足观众的新需求，观众只要购买我们的这个服务，就可以免费观看所有的节目，而且可以用自己喜欢的方式、节奏、速度来观看。这在电视领域是全新的概念。我们利用技术进步，准确把握住了消费者的需求，为消费者提供了全新的服务。"

美国电视网通过这种方式，牢牢吸引住了目标群体，增加了观众对美国电视网的忠诚度。2014 年，美国电视网推出了在线影视服务，在此之前，美国电视网一直拒绝推出在线服务，原因主要有两个，一是有线电视网仍旧是美国电视网的主要盈利方式，二是美国电视网认为在线影视服务的受众非常少。但是，美国电视网现任首席执行官理查德·布莱勒则认为，随着互联网技术的发展，越来越多的观众开始在线观看剧集，在线影视服务的前景非常光明，美国电视网越早进入这个领域，越能在未来的竞争中掌握主动权。因此，在他的推动下，美国电视网推出了在线影视服务，允许用户在线观看美国电视网制作的热门剧集，而不用开通有线电视。

美国电视网通过不断创新节目内容，增加节目可看性，来吸引更多的观众关注。他们通过提高产品的差异度，来提高自身的竞争力。凯斯勒说道："我们制作节目的标准就是，人无我有，人有我优，我们不会去做那种人人都在做的大路货。我们希望用创新赋予普通的产品新的内涵，从多个维度去看问题，去制作节目。因此，我们的节目与其他节目相比，具有明显的美国电视网特色。"

20 世纪 90 年代开始到 21 世纪初，美国电视网经历了技术与内容两个层面的创新与转变，从原本依赖别人，变成了现在的自主制作。美国电视网从一个播放别人节目的平台，转变成了一个能自己产出节目，具有原创作品的娱乐公司，制作出了一系列脍炙人口、广受欢迎、带有鲜明特色的作品，至今已经制作了100多部剧集，20多部迷你剧，迎来了属于自己的黄金时代。

正是这种不断创新、与时俱进的特质，让美国电视网成为最受美国民众喜欢的娱乐公司之一，其订阅用户数量已经超过了200万。不仅如此，美国电视网还紧紧抓住互联网时代的特征，迎合消费者观影习惯与方式的转变，大力推进线上服务，与亚马逊、微软、三星、任天堂等公司合作，加大线上服务推广力度。美国电视网对未来发展趋势有非常清醒的认知，与其坐等竞争对手占据先机，还不如先下手为强，率先推出线上服务。

美国电视网在业内以创新者自居，其作品通常具有鲜明的特色，多次获得艾美奖与金球奖，也在观众中收获了广泛的关注与喜爱，不少作品都是现实生活中与社交媒体上热议的对象。美国电视网的作品种类涵盖很广，原创剧集、迷你剧、纪录片、电影等均有涉猎，而每推出一部作品，都能获得让竞争对手梦寐以求的收视率与关注度。然而，美国电视网并没有因此而自满，在所有的竞争对手中，美国电视网是技术投入力度最大的，他们舍得在技术上花钱，希望组建自己的在线服务平台，打造全新的应用软件，来提高观众的观影体验。凯斯勒说道："无论是美国电视网还是其他电视网，都应该在技术层面不断进步。我说的技术，并不是指传统的电视传播技术，而是指以软件应用和数据分析为主的新兴技术，是能提高观众观影体验的技术。为此，我们不断引进各种高新技术人才，以适应这种新发展的新需要。美国电视网的企业文化就是让正确的人在正确的时间做正确的事，因此，我们非常重视人才的投入与培养。我们要竞争的已经不仅仅是传统的电视网，而是像脸书、苹果之类的新公司。我们一直有一种不断创新不断学习的企业文化，因此，我们引入了实习生制度，招实习生并不是希望教会他们什么，而是反过来希望他们告诉我们新一代的年轻人到底在想什么。这是个急速前进的时代，一旦开始掉队，就有可能再也赶不上时代前进的步伐了。因此，我们时刻保持警醒，保持与时俱进，在人才与技术方面，持续不断地投入。在娱乐行业，保持竞争力的最好方式就是不断做出转变。"

没有哪个行业像娱乐行业这样，时刻都在经历翻天覆地的变化。在娱乐行业，要推出叫好又叫座的作品，既需要在技术上不断创新，又需要迎合观众不断变化的口味。美国电视网所面临的行业竞争，已经远远不是传统意义上的电视网之间的竞争了，他们所面临的竞争是从内容到形式，从价值到包装的全方位竞争。凯斯勒认为："在这个行业里，要想取得成功，就要比别人走得远。第一个看到机遇并抓住机遇的人，具有先发优势。而要做到这一点，必须从时代发展的角度出发，花费大量的时间精力，不断提高作品的质量，提高作品的差异度。美国电视网一直很有远见，能够及时抓住时代发展的新变化，勇于尝试新鲜事物。如果一味依赖经验与传统，很快就会被这个时代所淘汰，也根本无法在娱乐行业中生存下去。"

在本书前几章，我们已经探讨过，在快速发展变化的今天，没有哪个企业能在毫不改变的前提下，保持强大的竞争力。特别是在以技术为主导的行业里，改变对企业来说，是维持核心竞争力的关键。

## 第三个案例：125 年来一路向前，以通用电气为例

在通用电气最近推出的一则广告中，出现了美国首位获得国家工程科学奖章的女性科学家米莉·德雷斯尔豪斯，广告中，她像是偶像明星一样受到记者们的追捧。这则广告表达了通用电气重视女性科学家的理念，他们推出了一项提高公司内部女性员工比例的项目，希望通过努力，到 2020 年，公司内从事科研、技术、工程与数学工作的女性员工能增加 2 万人，届时在初级技术项目上男女比例能达到 50∶50。通用电气还希望借助这则广告，激发女性青少年立志成为科学家，从而为实现公司目标打下基础。

琳达·柏夫是通用电气的市场总监，也是这一项目的发起人，她在接受采访时说道："我们认为，女性科学家比女明星重要得多。米莉·德雷斯尔豪斯就是女科学家的典范，她非常令人钦佩，做出了许多卓越的贡献。我们希望通过宣传这样的正面典型，来推动科研、技术、工程与数学领域的男女平等。数据显示，女性在 IT 与工程领域的地位明显不如男性，这不是通用电气一家的问题，是一个全球性的问题。我们希望通过发起这个项目，让更多的人关注这个问题，如果能因为我们的抛砖引玉，而推动这个问题的解决，就是我们最大的贡献了。"

通用电气成立 125 年，一直保持着这种与时俱进的品质。在谈到如何百年如一日地实现转变、保持领先时，柏夫说道："不断进步是我们的企业文化。我们希望通过努力解决一些问题，推动世界朝着更美好的方向发展。不断创新是我们能在行业中存活 125 年的根本原因，也是我们最大的竞争优势。同时，我们也非常重视给消费者带去优质的服务，125 年来，我们不断思考能给消费者带去怎样与众不同的服务体验，提高消费者的消费体验一直是我们前进的驱动力之一。随着时代的发展，我们也在求新求变，但是，我们的核心价值体系不会变，我们企业 DNA 不会变，因为这些是通用电气之所以为通用电气的关键所在，也是我们赖以存在的基础。"通用电气的这一理念与本书第六章中介绍的 IBM 的案例非常相似，这些成功企业之所以能一直在行业中保持领先，确实有其优于竞争对手的地方，就通用电气来说，不断与外界环境保持同步，不断实现转变，是他们保持竞争力的重要因素。

柏夫认为，通用电气并不是一个目标驱动型的企业，不以解决某个具体的问题为发展的核心，其发展的核心驱动力在于创新，而对通用电气来说，所谓创新就是根据时代的发展与外界环境的变化，提出符合未来发展趋势的理念，并加以实践。她说道："我们的企业 DNA 是不会随着时代发展而变化的，但是，我们做事情的方式，我们要面临的市场环境，却是一直在变化的。因此，我们必须时刻关注外界环境变化，关注新鲜事物与新的理念，勇敢走出舒适区，将时间与精力花在了解消费者新需求与社会新趋势上，而不是花在开会与写材料上。对一个企业来说，勇于尝试新鲜事物不叫冒风险，不去尝试新鲜事物、墨守成规才是在冒最大的风险，这个风险就是被时代与竞争所淘汰。"

通用电气曾经取得过许多辉煌的成绩，这些成绩的取得要归功于与时俱进、不断创新、不断实现转变的企业DNA。1876年，托马斯·阿尔瓦·爱迪生在新泽西州创立了一个专门研究电的实验室，他在这个实验室里发明了改变人类生活的电灯。1890年，在整合各项业务的基础上，爱迪生成立了通用电气公司，这就是通用电气的前身。从成立之日起，通用电气就形成了重视创新与科技的企业文化，研发并制造出了许多改善人类生活的产品，提高了人们的生活质量。

最近20年来，科技进步速度明显加快，科技产业出现了几何级增长，经济全球化趋势越来越强劲，对通用电气的发展提出了巨大的挑战。通用电气主动适应外界环境的发展变化，调整经营模式，加大科技投入，业务范围从过去的电灯、冰箱等领域，拓展到了交通运输、健康服务、消费金融及影视娱乐等领域。新的时代、新的形势、新的市场，需要通用电气以新的理念、新的方式、新的发展来应对。在当时的公司首席执行官杰弗里·伊梅尔特的带领下，通用电气重新重视创新精神，提出了"只要想得到，就能做得到"的口号，全公司上下30万员工一起努力，推动公司实现转变。

直到今天，创新仍然是通用电气的核心理念之一。在面对科技快速发展、经济快速转型的大环境时，通用电气主动适应大数据、人工智能等新技术带来的挑战，从互联网这一领域入手，推动公司从过去的传统工业领域向数字产业领域转变。柏夫认为，通用电气之所以能在百年发展史上一直保持领先，关键就在于不断创新，不断实现转变。相较于竞争对手，通用电气总是能先人一步看到机遇，并果断抓住机遇。现在，通用电气又将目光投向了数字化、医疗服务、可再生能源等新兴领域。这也意味着，从20年前就一直在努力实现转变的通用电气，还将继续在创新之路上快步向前。

此外，通用电气还在市场营销方面花了大量的精力，力图改变人们对通用电气的陈旧看法。他们在广告中虚拟了一个年轻的通用工程师形象，这位工程师在广告中不断向亲朋好友解释自己的工作不是造灯泡，而是为交通运输系统、电力系统、设备运行系统编写代码。通用电气希望通过这个广告，转变消费者对通用电气的刻板印象，他们希望告诉消费者，今天的通用电气不再是单一的制造型企业，而是一家全方位的多元服务公司。同时，这也是一则招聘推广广告，那些原本对通用电气不感兴趣的年轻人，在看到这个广告后，很有可能会选择加入通用电气。

如今，通用电气正在组建数字化部门，作为公司数字化战略推进过程中的重要一环，该部门的主要职责是为客户提供最优化的工业解决方案及软件解决方案，并推出了针对互联网的操作系统。对此，通用电气投入了2万名研发人员参与系统开发，到2017年，这个人数增加到了3.5万名并且还在不断增加中。通用电气还收购了一些出色的软件公司，弥补了公司在数字化方面的不足，吸收了许多优秀的高新科技人才，进一步推进了数字化战略的落地。在通用电气实施数字化战略而大规模招兵买马的过程中，他们提出了大量聘用女性工程师从事科研、技术、工程与数学工作的理念。通用电气一向以敢想敢做著称，因此，当他们提出这个理念之后，就立刻着手实施。在通用电气之前，确实也有不少公司提出了缩小男女员工比例的目标，但是，只有通用电气迈出了坚定实施的第一步。为此，通用电气加大了市场营销力度，以提高社会公众对这一公众的关注与重视程度。在实践操作中，通用电气扩大了从女性比例较高的学院和大学招聘员工的力度，并且提出了一系列措施提升女性员工的竞争力，尽可能将女性员工留下来。柏夫说道："目前，我们公司有1.5万名女性工程师，在公司中从事科研、技术、工程与数学工作，我们希望未来这个数字能再增加36%。我们推出这些广告的目的就是吸引社会公众对这个问题重视，吸引更多的女性来从事技术工作。我们的市场营销活动是公司当前发展战略的一种反应，我们的价值体系、企业文化、发展趋势都应该在营销活动中体现出来。"

从爱迪生发明灯泡，到推出数字化部门，从生产冰箱灯泡到关注医疗服务、物联网。通用电气一次次成功实现了转变。帮助他们成功实现转变的，除了上文提到的创新精神与核心价值体系之外，还有具有远见卓识的领导层。正是这些优秀的领导者，带领着通用电气，从原本的单一制造企业，转变成了能提供多元问题解决方案的公司。通用电气已经这样一路创新、一路转变，走过了125年，有理由相信，在未来的125年，他们仍旧能继续稳步向前。

成功永远不是终点，只是新征程的起点。万豪集团的前任首席执行官，创始人之子比尔·马里奥特曾说过这样一段话："我父亲在世时，我们经常会一起讨论公司经营情况。每次公司取得成绩时，他都告诉我不要沾沾自喜，并且告诉我，成功永远不是终点。父亲的这句话让我明白，不管之前取得了什么样的成绩，获得了怎样的成功，未来还是有很多高峰等着我去攀登，还有很多新领域等着我去征服，我们的产品与服务还是有很多空间可以提升。"

无论是营利的企业还是非营利的组织，都面临着人口结构、市场环境、科学技术以及经济全球化的新挑战，外界环境正在快速发生变化，而消费者的需求与期望也随之发生着深刻变化。只有不断创新，保持与这个时代的同步性，才能在这个瞬息万变的时代中，保持产品与服务的相关性，提高自身的竞争力。本书的目的就是将实现转变所应该具备的知识与技巧都展现给各位读者，希望大家能在日后的工作中学以致用。

# 后记一

我收到过许多忠告与建议，其中最让我受益匪浅的一个，是奥美的首席执行官肯·罗曼在我事业的起步时期教给我的。时至今日，他的这个忠告仍旧在我的工作与生活中发挥着巨大的影响力。

当时，我还是一个刚刚研究生毕业的新人，去奥美公司面试，奥美在当时就已经是一家享誉业内外的知名公司了。我当时去面试时有点紧张，我知道自己很优秀，但是，在面对奥美这样的大公司时还是会有点心里没底，特别是这个大公司还很有可能成为我的第一个东家。面试过程很漫长，我一整天都在回答关于市场分析、媒体分析等方面的各种问题。最终，我进入了最终环节，去罗曼的办公室与他面谈，这是整个面试的最后一个环节，也是决定性的环节。我在心里默默准备了一大堆台词，打了无数个腹稿。但是，在见到罗曼后，他却问我最近看的一部电影和一本书是什么，以及我对它们的看法。谢天谢地，我当时反应还算快，顺利地回答出来了。后来，罗曼解释说，他之所以会问这个问题，是因为奥美所需要的人才必须是对外部世界有丰富感知、能与外界环境保持与时俱进的人才，这样的人才应该跳出条条框框去看问题。他希望用这个问题来考察我对社会发展、文化变迁、客户需求的敏感度。优秀的市场营销人才，不仅需要刻苦勤勉，还需要对外界环境变化保持好奇心与敏感度，只有对外界环境有充分的了解与认知，才能不负客户所托。

与罗曼的这次面谈，让我茅塞顿开，他给我上的这一课，也让我在日后的工作中受益良多。我明白了，只有跳出条条框框、走出舒适区，真正去了解外界环境的发展变化，才能为客户提供更优质高效的服务。后来，随着职位的晋升与角色的转换，我在面对下属与同事时，也将这个道理复述给他们，提醒他们在埋头于文字材料、表格数据、电子邮件、工作会议时，不要忘了去了解外界的发展变化与客户的新需求。现代人被忙碌的工作与生活步步紧逼，都患了"忙碌综合征"，活在自己的舒适区里不愿意轻易走出来。

为了撰写这本书，我们与很多业内的精英进行了深入的对话，他们都认为，只有勇敢走出舒适区，真正了解外界环境变化与消费者的真实需求，才能保持强大的竞争力。而本书中探讨的那些成功实现转变的案例，也告诉了我们同样的道理。因此，我真心感谢我的罗曼，感谢他当初给我上的这一课，让我能一直保持对外界环境的好奇与敏感，也让我明白了实现转变的重要性。我希望通过本书，将他给我的这一启发，也送给读者们。

艾伦·亚当森

# 后 记 二

我现在是纽约大学斯特恩商学院的一名营销学教授，但是，40 年前，我在大学里主修的却是数学与物理。从我的本性上来说，我是一个技术宅。而促使我从技术宅转变成一名营销学教授的原因，就是我对自己的了解，我知道我是什么样的人，擅长什么样的工作。

20 世纪 70 年代末，在我上大学的时候，读研究生的名额非常多，那时的学生没有现在的学生这样努力。我在大四的时候发现自己并没有数学方面的天赋，再努力也不可能成为一名顶尖大学的数学教授，因此我决定另找出路。我也不想去医学院或法学院，所以犹犹豫豫之下，在最后一刻报名去了商学院，参加了沃顿商学院的 MBA 课程。现在回头去看，当时我做出去商学院的选择，纯粹是因为没有其他更好的选择了。

入学后我发现自己并不喜欢商学院的课程，我当时 21 岁，对商学院那一套枯燥的理论一点都提不起兴趣。对我来说，在经过了本科四年数学与物理课程的训练后，商学院的课程其实并不难，但是我就是提不起兴趣，而我最不感兴趣的课程，就是营销学。

为了缓解商学院课程的无聊，我还选修了数学系的课程，对我来说，用微积分来解方程要比研究供需曲线有意思得多。幸好，后来我遇到了改变我一生的三个人。第一个是统计学教授阿巴·克里格，当时克里格教授想找个学生做助理，而我刚好想赚点生活费，于是我就去做了他的助理。克里格教授对我关怀备至，他为我引荐了营销学教授伦恩·劳德士，他的研究方向正是基于数学模型的营销工作。伦恩·劳德士是改变我人生的第二个人，在认识他之前，我根本不知道原来数学可以与营销结合到一起。于是我又做了劳德士教授的助理。在他的鼓励与帮助下，我在研究生课程结束后，继续读了博士。现在看来，这真是太正确不过的决定。后来，克里格教授又向我引荐了营销学教授杰瑞·温德，这是改变我人生的第三个人。我后来在他的指导下完成了我的博士毕业论文。

现在回过头去想，如果我当时没有去读商学院，没有遇到克里格教授，会怎么样呢？那么我就不会遇到劳德士与温德，就不会有现在的我了。我永远忘不了与劳德士教授的第一次见面，他为我打开了一扇通往新世界的大门，我一脚踩进去，就来到了市场营销学的广阔天地。我从一名理科生，变成一名营销学教授，实现了人生的一次转变。我的数学基础与理科思考模式帮助我在营销学的研究上比别人更有优势，我能够通过建立数学模型，分析营销数据，然后得出比较科学、客观的结论。今天，我将我学到的这些技巧与自己的研究成果都教给我的学生们。虽然当年我在营销学这门课上分数不高，但是，营销学经过这几十年的发展变化，已经不再是过去让我感到枯燥无聊的那门课程了，我的学生们将从我这里学到全新的、吸引人的营销学知识与技巧。

乔尔·斯特克尔